珍藏本
纪念版

汉译世界学术名著丛书

论财富的分配

〔英〕乔治·拉姆塞 著

李任初 译

张友仁 校

2017年·北京

George Ramsay, B. M.

AN ESSAY ON THE DISTRIBUTION OF WEALTH

Augustus M. Kelley Publishers

Clifton New Jersey 1974

根据美国凯利出版公司 1974 年重印本译出

汉译世界学术名著丛书
（120年纪念版·珍藏本）
出 版 说 明

2017年2月11日，商务印书馆迎来120岁的生日。120年前，商务印书馆前贤怀揣文化救国的理想，抱持“昌明教育，开启民智”的使命，立足本土，放眼寰宇，以出版为津梁，沟通中西，为中国、为世界提供最富智慧的思想文化成果。无论世事白云苍狗，潮流左右激荡，甚至战火硝烟弥漫，始终践行学术报国之志，无改初心。

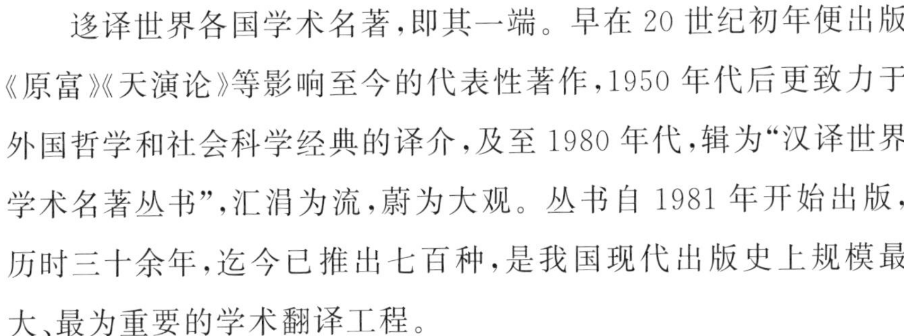

迻译世界各国学术名著，即其一端。早在20世纪初年便出版《原富》《天演论》等影响至今的代表性著作，1950年代后更致力于外国哲学和社会科学经典的译介，及至1980年代，辑为“汉译世界学术名著丛书”，汇涓为流，蔚为大观。丛书自1981年开始出版，历时三十余年，迄今已推出七百种，是我国现代出版史上规模最大、最为重要的学术翻译工程。

丛书所选之书，立场观点不囿于一派，学科领域不限于一门，皆为文明开启以来，各时代、各国家、各民族的思想与文化精粹，代表着人类已经到达过的精神境界。丛书系统译介世界学术经典，

引领时代思想，为本土原创学术的发展提供丰富的文化滋养，为推动中国现代学术和现代化进程做出了突出的贡献。

为纪念商务印书馆成立120周年，我们整体推出“汉译世界学术名著丛书”120年纪念版的珍藏本，寄望既利于文化积累，又便于研读查考，同时向长期支持丛书出版的译者、编者和读者致以敬意。

两甲子后的今天，商务印书馆又站在了一个新的历史时间节点上。我们不仅要铭记先辈的身影和足迹，更须让我们的步伐充满新的时代精神。这是商务人代代相传的事业，更是与国家和民族的命运始终紧密相连的事业。我们责无旁贷，必须做好我们这代人的传承与创造，让我们的努力和成果不仅凝聚成民族文化的记忆，还能成为后来人可以接续的事业。唯此，才能不负前贤，无愧来者。

商务印书馆编辑部

2017年10月

拉姆塞《论财富的分配》汉译本序

陈 岱 孙

乔治·拉姆塞(1800—1871)是十九世纪中期英国资产阶级经济学家。《论财富的分配》* 是他的主要经济著作。在经济学说史中,拉姆塞只能是一个次要的经济学家。但是,把他贬低为一个完全不值得一提的人物,认为他的经济学说不过表达当时经济学界流行的观点等看法,却是资产阶级经济学史家的阶级偏见。十九世纪的三四十年代是资产阶级古典经济学迅速庸俗化的时期。资产阶级所要求的是为当时辩解所急需的经济学说。于是,鼓吹"节欲论"和"最后一小时论"的西尼尔成为时代的宠儿,而缺乏这种作用的甚至有背道而驰倾向的同年代的拉姆塞的著作,不免于湮没无闻。因此,拉姆塞的《论财富的分配》一书,在其初版后一百三十

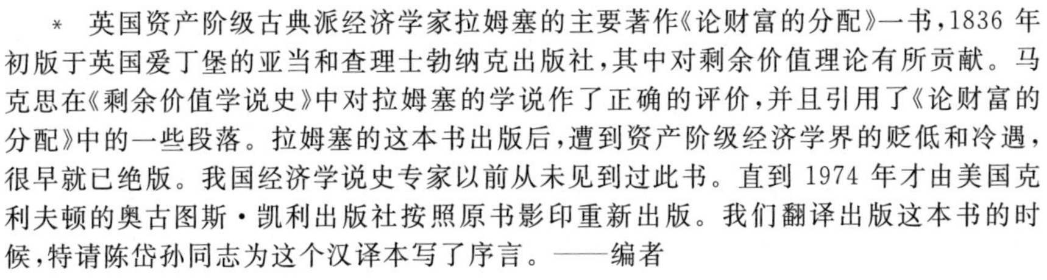

* 英国资产阶级古典派经济学家拉姆塞的主要著作《论财富的分配》一书,1836 年初版于英国爱丁堡的亚当和查理士勃纳克出版社,其中对剩余价值理论有所贡献。马克思在《剩余价值学说史》中对拉姆塞的学说作了正确的评价,并且引用了《论财富的分配》中的一些段落。拉姆塞的这本书出版后,遭到资产阶级经济学界的贬低和冷遇,很早就已绝版。我国经济学说史专家以前从未见到过此书。直到 1974 年才由美国克利夫顿的奥古图斯·凯利出版社按照原书影印重新出版。我们翻译出版这本书的时候,特请陈岱孙同志为这个汉译本写了序言。——编者

八年(1974年),以一本"经济古典名著"的形式重版,有值得称道的意义,而汉译本的出版也自是值得欢迎的。

拉姆塞在本书的前言中指出,他这本书的目的在于企图对他认为不大完善的李嘉图的分配论提出补充。1820—1830年间,英国经济学界进行的一场大论战,虽然也涉及分配问题,却是以围绕着李嘉图学说中价值的确定和价值对资本的关系等问题的展开为重点的。拉姆塞的书也提出价值论作为前提,但重点却在于分配论,而在分配论中,补充的重点则为利润学说。本书出版于1836年,当然不属于大论战中的范围,但在某一意义上,却不失为大论战的后续著作。

拉姆塞把社会分为四个阶级——工人、雇主、资本家和地主。四个阶级在生产中起了通力合作的作用,也就分享了生产的成果。分配的问题就是生产总量在四个阶级中所得份额比例的决定的问题。工人得到的是工资,雇主得到的是利润,资本家得到的是利息,而地主得到的是地租。把我们总称之为利润者划分为利息和企业利润不始于拉姆塞。西尼尔在同年发表的《政治经济学大纲》中,同样地作了这样的划分,而由于他是一个纯粹的辩解论者,独以此享名。实则这一划分在十九世纪二十年代初年已为一些资产阶级经济学家所提出。拉姆塞的特点只在于他明确地强调了雇主在生产中从而在分配中的主导作用。拉姆塞这一观点为后来资产阶级经济学家所接受,只是后来的英国资产阶级经济学家不用拉姆塞的"雇主"一术语,而采用了拉姆塞也已提出的,源于法国的"企业主"一术语。作为分配的主导者,雇主是社会财富分配的枢轴。他可以自己不拥有地产、资本和劳动,而通过在市场中购买这些所谓生产要素的方式，从社会总产品中，分别支付给其他阶级以地租、利息和工资。买卖的契约规定了地租、利息和工资的定量，而支付后的余额构成了企业利润。

在表面上，雇主似乎以生产要素的购买者的身份构成契约的一方和以地主、资本家、工人作为地产、资本、劳动提供者构成的契约的另一方相对立。但拉姆塞却以独特的方式论证实际的对立存在于劳资两方之间，而以包括利息（他称之为纯利润）和企业利润二者的总利润，作为生产的剩余收入，来理解剩余价值。

拉姆塞首先把地租排除在分配的实质性分析之外。他认为在存在着大量无主土地的早期社会，地租还没有出现。随着土地占有的普遍化，出现了地租。地租固然是对社会总产品的扣除，却对于实际工资、利息率和平均企业利润不产生影响。地租，对资本主义生产来说，是不必要的、多余的形式。

然后，拉姆塞忘记了他自己所作的以作为生产要素购买者为一方的雇主和以作为生产要素出卖的另一方的工人、资本家、地主之间的阶级对立的分析。他把雇主和资本家合成为一个联合体，把利息和企业利润合成为“总利润”。这样，在分配上，工资和“总利润”成为相互消长的对立物，而工人和“雇主—资本家”成为利益相反的两个敌对阶级。

拉姆塞并没有研究清楚剩余价值的本质，但他却从他对于固定资本和流动资本的理论中，对于剩余价值分析提供了一个新起点。

资产阶级古典学派经济学家是从流通过程得出流动资本和固定资本的区别的。拉姆塞保留了这两个术语，但却从生产过程中予以界说。他认为，流动资本是在工人完成他们的劳动产品以前已经预付给工人的生活资料和其他必需品；固定资本则包括机器和工具、劳动用的或保存劳动成果用的建筑物、役畜和种畜、各种原料和工业燃料、种子和肥料等。由此可见，拉姆塞所谓“流动资本”，无非是可归结为工资的那一部分资本，即可变资本；而固定资本则归结为劳动资料和劳动材料的那一部分资本，即不变资本。当然，等同了从直接生产过程得出的资本的划分与从流通过程中产生的区别，是错误的。但拉姆塞却事实上由之把生产资本区分为可变资本和不变资本。在这基础上进一步分析分配份额，拉姆塞就得出工人所得的工资等于流动资本（实为可变资本），雇主—资本家所得的“总利润”等于商品总价值减去工资和固定资本（实为不变资本）的补偿后的全部剩余的结论。这也就实际上提出了商品总价值等于 c＋v＋m 这一公式。

在这公式的前提下，拉姆塞接近了正确地理解剩余价值的来源。他明确地说“流动资本所使用的劳动总量要多于先前用于它本身的劳动”（《论财富的分配》本书第 32 页）。这就是说，资本家总是用较少的物化劳动同较多的活劳动相交换；这个无偿的活劳动余额，构成了商品价值超过商品生产中消费掉的资本价值的余额，换言之，构成了剩余价值。这就是在认识资本主义生产方式的道路上前进了的一步，也是本书中最有意义的贡献。当然这也恰是过去资产阶级经济学史家所视而不见的。

目　　录

第一部分　绪论

第二部分　财富的分配

序　言

在公开发表《论财富的分配》时，我以为说几句开场白是必要的。对于我着手研究一个已经引起这么多有才能的政治经济学家注意的题目一事，可能还要作一些解释，这种尝试本身就足以表明，我认为他们的著述并不完全令人满意。确实，尽管已经有了这些著述，我仍然确信还有很多工作要做。如果我们考虑到，这门科学比较起来还是一门新的学科，并且像李嘉图所说的那样，“财富的分配”已成为有待解决的重大“问题”，那么，我的这种尝试也就没有什么奇怪了。如果一旦彻底弄清了这个问题，那么其余的问题就可迎刃而解。自亚当·斯密时代以来，上面提到的这位作者对澄清这一复杂问题所作的贡献可能比任何人都多。但是，虽然他已作了很多贡献，在我看来，同样可以肯定的是，他还是给他的后继者留下了大量工作。我想，这一点不仅已为这位杰出作者的著作，而且也为他的追随者和自称为他的门徒的著作所证实。例如，穆勒先生，虽然他的“要义”[①]那么著名，也只是对他的前辈，特别是对李嘉图的著作作了明白的概述，他尚且如此不满意于最初

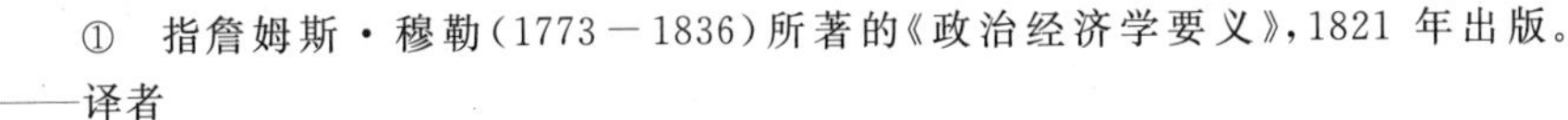

① 指詹姆斯·穆勒(1773－1836)所著的《政治经济学要义》，1821 年出版。——译者

所作的在利润方面的论述，以致在第二版中对这个问题作了实质性的改动。但是，如果前者对这一重要问题的论述是不精确的话，那么，毫无疑问，我认为后者更是如此。这些话也许足以说明，这个问题的探讨还远没有穷尽。

在本文中，究竟有多少创见，当然尚须待读者去决定。一个人在经过长期的阅读并思考某一科学部门的问题之后，要确定什么应归功于别人，什么是由于他自己的深思熟虑所致，不是一件容易的事情。常常有这样的情形，有人认为是新的东西，事实上可能别人在以前就已经说过了，甚至也许在很久以前的某个时期他就已经读到过。偶尔也会有人在尚未意识到这种情形时，竟把这些东西宣布为创见。当然，目前没有人在尚未首先浏览或回想一下这门科学的大师们的著作，特别是亚当·斯密、李嘉图、马尔萨斯、麦克库洛赫、萨伊、施托尔希、杜克、托伦斯等人的著作的情况下，敢于撰写政治经济学的。对于我从这些卓越的作者的著作中得到的益处，请允许我在此永志感谢。同时，由于这门科学几乎完全成了论战的领域，使它在“公众”的心目中大大失去了信誉，所以我总是尽可能避免这种情况。这就使我比以前较少地注意前辈的著作，但这是为了刚才所说的理由，而决不是想贬低他们的著作，或者想否认我对他们的无限感激。相反，凡是出现了前辈著作中所特有的论点的地方，我均留意提及；但是，我也同显赫的权威所支持的某些错误论点进行了论争。

关于“利润”的理论，也许由于它是这门科学中最复杂的理论，正如人们所设想的那样，已经引起了许多争论，对此，我也特别加以注意。我有着这样的希望，人们也许发现，这一十分棘手的问

题，现在已得到了满意的说明。

但是，我特别要提到的一点是地产的分割。它在本书中占着如此突出的一个部分，为此，在此介绍详细论述这一问题的理由也许是必要的。这一问题的巨大重要性和迄今为止在探讨这一问题时所采取的草率态度，以及欧洲两个最著名的国家——法国和英国对于这个问题所持的完全相反的见解，都促使我把它作为着重研究的对象。我想，没有人会否认这个问题的重要性，因为它在伦理学和经济学中都占有非常重要的地位，并且是政治学的真正基石。在我看来，这一问题也没有得到公正的论述。不论篇幅长短，我只见到过两篇论文，一篇搜集在早先一期《威斯敏斯特评论》里，另一篇则是在德斯塔埃尔先生的《有关论英国的书简》中。[①] 这两位有才能的作者都为平等辩护。英国和法国之间的意见分歧是众所周知的。在一国，长子继承权受到了非常普遍的赞同；而在另一国，则更为普遍地被认为是可憎的。既然这个问题不仅同政治经济学有关，而且与伦理学和政治学有关，那就不可能在没有考察它的一切倾向的情况下妄加臆断。从一种观点来看，这个制度是好的，而从另一种观点来看，它则可能是坏的。在这种情况下，我们必先把有利的一面与不利的一面加以权衡，才能看到判断的天平向哪一方倾斜。为了讨论这两种对立的制度在政治上和道德上的后果[②]而稍微偏离了这一性质的著作的正题，我相信是能取得读

① 我曾得悉麦克库洛赫先生在其《国家的财富》一书的增补本中有一篇关于这一问题的论述，但我却一直没有机会拜读这篇文章。

② 由于《财富的分配》涉及政治经济学和政治学，所以偶或进入相邻的学科领域是难以避免的。

者的谅解的。在探讨政治问题时，应该避免极端简短和特别冗长这两种陈述的不同的缺点。这里存在着一个主要困难：非常简短的陈述决不能对这样一个问题作出公正的剖析；而面面俱到的考察则又会导致远离本文的要旨。我在避免这两种极端方面究竟取得了多少成绩，须由读者来断定。那些想要更进一步探讨政治问题的人，最好去阅读《政治论》一书，该书篇幅大大超过了本书，并且大到这样一种程度，以致必须用分册的形式来出版。

不管人们对地产分割的研究可能有什么样的看法，我希望他们至少会发现它具有一个公正的优点。我想本书已给了那些和我意见相左的论点以应有的说服力。用这种方式探讨问题至少可以期望有一个优点，这就是，即使发现结论是错误的，论述本身也不会被抛弃。

虽然"财富的分配"是本文的正题，但在我看来，预先用一些定义和解释来为它铺平道路还是绝对必要的。这些定义和解释如果是正确的，我们就会发现它们是有用的，它们不仅将适用于其后各章，而且也同样适用于政治经济学的其他部分。在此，我对曾引起很多争论的价值学说进行了考察。人们可能会觉得本书的绪论部分最为枯燥无味，读者也许会发现，在领会本书的其余部分时，如能很好地理解它，就不会有什么麻烦了。在一开头，弄清一些概念，会使我们以后的进展变得非常顺利，并借以结束一场内容空洞的文字战那样的哲学的耻辱。

第一部分

绪　论

第一章　导言

政治经济学这门科学的研究对象是“财富”，这个财富既不是个人的财富，也不是由特定的人们所组成的阶级的财富，而是整个国家的财富，甚至是整个世界的财富。因此，我们首先必须对财富的性质确立精确的概念。

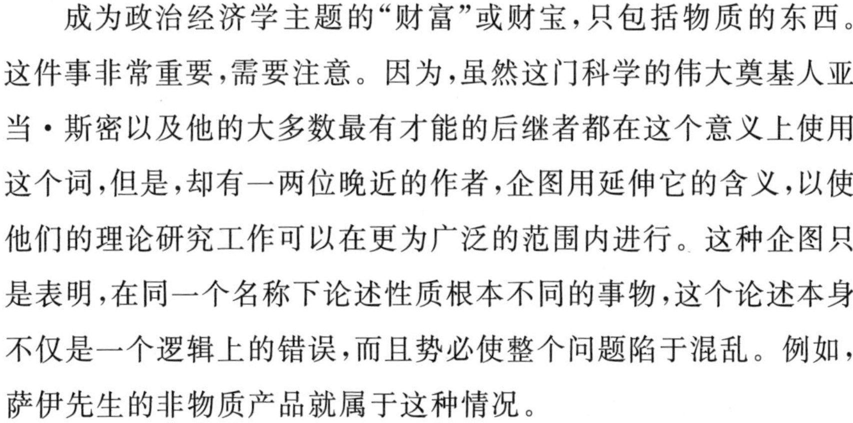

成为政治经济学主题的“财富”或财宝，只包括物质的东西。这件事非常重要，需要注意。因为，虽然这门科学的伟大奠基人亚当·斯密以及他的大多数最有才能的后继者都在这个意义上使用这个词，但是，却有一两位晚近的作者，企图用延伸它的含义，以使他们的理论研究工作可以在更为广泛的范围内进行。这种企图只是表明，在同一个名称下论述性质根本不同的事物，这个论述本身不仅是一个逻辑上的错误，而且势必使整个问题陷于混乱。例如，萨伊先生的**非物质**产品就属于这种情况。

并非所有物质的东西都构成财富。它们必须具有效用，从而能以各种方式来满足人们的各种需要。从来没有绝对无用的东西竟能成为物质财富的一部分。但在这些有用的东西中，有些是并不借助于人类的努力来提供，而是由自然界自发地提供的，它们在数量上是无限的，足够满足每个人的需要而绰绰有余，这些便是我们呼吸的空气以及阳光、水等等。显然，如果所有具有效用的物质都是这个样子的话，那就决不会产生政治经济学这门科学了。这门科学是管什么用的，是为了增加这些东西的数量，或者改变其现有数量的分配，并以比每人所要求的更大数量来分配给所有的人的学问吗？要是这样的话，富有与贫穷的概念一定同样不为人所知了。这门科学只能与那些不是由自然界自发地、无限丰富地提供的东西有关。由于这些东西中的大部分（如果不是全部的话），通过人的努力，容许有某种程度的增加，所以政治经济学不仅仅是一门理论性的科学，而且也是一门实践性的科学。至于上面所提到的其他东西，因为它们不以任何方式构成这门科学研究的对象，当然必须从我们财富的概念中排除出去。

根据以上的看法，“财富”可以被规定为：

那些为人所必需的、有用的、适合于他们需要的，而且不是由自然界自发地、无限丰富地提供的物质。

如前所述，自发，就是不借助于人的努力。

因此，财富这个观念实质上仅仅包括物质、效用和某种程度的“稀缺”这些具体概念。

在对财富的含义作了这样的规定之后，我们对这门研究财富的科学便能有一个较为确切的概念。

由于我们的生存和舒适所需的物质并不能自发地奉献在我们面前，因此我们首先要知道，它们是怎样被创造出来的，或者用这门科学的术语来说，它们是怎样生产出来的。但是，我们必须赋予生产这个词的确切含义又是什么呢？

众所周知，人没有力量创造出或者消灭掉物质的一颗粒子，他所能做的一切，只是通过与自然界的协作去促进各种物质的一定变化。一个栽树的人，就其行为说来，是要有利于树的成长，尽管树的生长取决于土质和气候条件，可是，它的生长多半还得由修剪者或整枝者的不时的细心照料来帮助。天才的手能把不成形的木料改变成栩栩如生的人体塑像，虽然这样做的时候脑子要计划一下，器官要凭借适于加工原材料的工具来执行这种计划。总之，自然和技艺必然促成奇迹般的结果。

生产的目的是促进这种物质的变化，使之适于人的需要。所以，生产可以下定义为：通过人的劳动创造出物质产品的效用。因此，政治经济学的第一部分是论述促进和便利生产的一般原因的。

由于在一切最低限度地脱离了野蛮状态的社会里，不同阶级的人都是直接间接地在生产活动中结合起来的，所以第二个问题必然是，全部产品在这些不同集团的人们之间是怎样进行分配的？是按什么比例分配的？于是，调节财富分配的一般原因便构成本学科的另一个部分。

如果我们假设每个人或甚至每一群人都协同工作，生产了他们所需要的一切商品，那么在生产和分配了这些各种各样的物品之后，剩下的只是消费它们了。但是，社会在其一切比较发达的阶段上，事情决不是这样的。每个人或每个生产组织所生产的各种产品通常都是很有限的，并且常常不超过一类商品。于是，每个人所需的大部分物品，必须通过用他自己的劳动成果交换他人的劳动成果来取得。因此，决定商品交换比例的原因便构成了财富科学的一个重要部分。

最后是消费，它的性质、它的不同类别以及它们各自对国民财富的影响构成了本学科的第四个部分。

综上所述，我们便可给政治经济学下定义为：

政治经济学是研究财富的生产、分配、交换和消费的一门科学。而这四个方面便构成了这门科学的四个主要组成部分。

第二章　生产

我们已经提到，人类能够通过与自然力相结合，为自己取得生活必需品，或简单地说，能为自己生产生活必需品。

那么，第二个问题是，这些自然力是什么？创造财富的各种源泉是什么？

财富的源泉如果不是原始的，就是派生的。财富的原始源泉有两类：

第一类，包括地球上的土地和水，由此取得农产品、矿物和鱼类。尽管土地极为肥沃，地底下蕴藏着丰富的矿藏，江河湖泽也盛产各种水生物，可是所有这一切都可能对于人类的生存和舒适毫无用处。因为，这些财富的源泉先要通过一定的手段的作用才能造福于人类。这些手段便构成了第二类原始的源泉，它包括所有通过合理的运动而结合在生产中的那些力量。这些力量或是无生命的，或是有生命的。前者是：

1. 风；

2. 水流；

3. 水蒸气，即蒸汽。

有生命的是人，人的劳动是生产必不可少的因素。

财富是从这些原始的源泉中取得的。财富既可以被白白耗费掉，也可以被用来进行新的生产。在今天，用来进行新的生产的财富就叫做“资本”。因此，资本也是财富的源泉，但它并不是财富的原始源泉。

以上这些便是国民财富喷涌而出的源泉。通过它们之间的结合，必将使物品发生某种变化，以便使它们适合于满足人们的需要。但这些变化的性质是什么呢？

如果我们注意观察整个生产过程，我们将会发现由生产的目的所导致的变化[①]均可包括在两个总项目之下——形态的变化和地点的改变。所谓形态的变化，我的意思是指在物质的自然状态方面的任何一种变化，不管是化学变化还是物理变化，也不管是在物质内部成分方面的变化还是外部形状和外表方面的变化。这些变化便构成了农业和制造业的生产活动。利用前者，土壤和水被未知的、神秘的过程转变为人们使用的植物产品；凭借后者，这些产品进一步经历变化，常常是许许多多复杂的变化。例如，从第一步亚麻整理，直到把织物裁剪成衣服。

商品在完成所有这些变化或其中的一部分变化之后，还须把它们运到最需要的地方去。这种改变则是生产的第二个大部门，通常叫做商业。

对许多人来说，证明商业，即地点的改变也完全像形态的变化一样是生产，或许是多余的。但对这个问题一直存在着非常模糊和错误的见解，因此略作说明也许是必要的。我们已经知道，生产

① 我感谢德斯蒂德特拉西先生，因为他在《政治经济学概论》第二章中作了这一真正符合逻辑的分类，该书确实是这门科学中短小精悍的著作之一。

就是借助于人的努力去创造出物品的效用。每个人都会承认，在农业和制造业过程中，物质所经历的形态变化都是生产的例证。但堆积在某地的成堆商品有什么效用呢？它们最多只能满足那些住得很靠近的人们的需要。因为这些人可以亲自到现场获得他们所需要的商品。凡不能以这种途径分配的商品，必然会留在原地直到烂掉为止。如果不增加确实无疑的效用，那么谁会把这些剩下来的商品从一个对任何人都毫无用处的地点运到有助于满足许多人的需要的地点去呢？虽然这种效用具有不同的性质，它不像从亚麻纺成纱，或从纱织成麻布一样显而易见，但是，倘若没有效用，又有谁去做那种蠢事呢？在一个国家的某个地区，谷物的收获量可能会多到远远超过周围居民所能消费的数量；而在另一地区，人们则可能正在因饥饿而死亡。有人会不会说，这个时期的谷物在后一地区比之前一地区并不具有高得多的效用呢？事实上，如果不能运出，大部分好收成至少暂时会完全失去效用，要是像马铃薯一样易于腐烂的话，则可能永远失去其效用。

因此，贸易，即商品从一个地区到另一地区的运输，完全像物质形态的变化一样，也就是说像农业和制造业一样是一个生产部门。

我要提一下对所有在夜间到过煤矿区的人都熟悉的情况，作为证实以上这些话的一个规模很大的例证。无论谁在日落以后经过纽卡斯尔周围的旷野，都会被照亮整个夜空的、好像从上百个火山口喷出的无际火焰所震惊。这些熊熊大火是从井口搜集的次质煤燃起的。因为运费的关系，它们不能运往远地。这样，在其他地方有助于许多人的健康和生活舒适的商品，在纽卡斯尔竟成了累赘。在许多地方，给生活带来幸福而受到热烈欢迎的东西，在这里却连废物都不如。

在提出了一个规模宏大的例证之后，请允许我再提一下另一个例证，它虽然是完全切题的，但相比之下则确实是微不足道了。为了要拿到山下市场上去出售而在山坡上采集野草莓的孩子，给予了这些野草莓某种程度的效用，而野草莓如果不从山上采集下来是不具备这种效用的。因此，用政治经济学的语言来说，这个孩子便是一个生产者。在这种情况下，整个生产就在于将果实从一个地方搬运到另一个地方。[①]

在论述这一问题的著作中，常常出现含糊不清的主要原因，是把商业（即运输）与流通（即交换）混淆起来，但它们却是完全不同的两码事：只有把商品从一地转运到他地才是生产性的，而在它们运集在一起之后所进行的交换则不是生产性的了。[②]

在提到了资本是财富诸来源中唯一不是原始的而是派生的源泉之后，对于我们来说，形成关于资本性质的精确概念就变得非常必要了。

我们已经知道，资本是已经用来或旨在用来进行再生产的一部分国民财富。但它是以何种方式起着这种作用的呢？资本在那些用它来提高其产量的商品完成之前经历了何种变化呢？它是否同时对任何人都有利，它的效用是否完全以它的结果来

① 在萨瓦山间，我曾见到，成群的女孩登上几乎和本尼维斯山那么高的四千英尺的山顶去摘草莓，拿到山脚下的小镇上去出售。

② 关于这一点，详见交换一章。穆勒先生是在《政治经济学要义》一书的交换中，而不是在生产中论及对外贸易的。

衡量的呢？这是一个最为重要的问题。我们将发现有两类很不相同的资本：一类在再生产过程中经历着各种各样的、或多或少的改变，然而这种资本本身对任何人没有丝毫用处，因为这样使用的资本不能给任何人直接提供生活必需品或者生活享用品。而另一类资本，在它导致（虽然更加间接）共同结果的过程中，同时又满足着人们最必不可少的需要。第一类资本在生产未结束前为其所有者或雇主所占有；第二类资本只有在与其所有者分离并转让给他人时，才能为其所有者所要达到的目的服务。前者我称之为固定资本，后者称为流动资本。一类只有从它的结果来看是有用的；另一类，则不论在直接的意义上还是在间接的意义上都有用处。

固定和流动这两个词，人们并不总是以这里所赋予它们的明确含义来使用的。它们通常仅仅是指物体的或大或小的耐用程度。在这样区分的基础上，不可能建立十分确切的分类。由于耐用的程度如此不易觉察地交错重叠，即使不是不可能划分，也将难于说出在什么地方去划出一条界线。我知道，大多数分类可能都有相同的缺陷，不过程度不同罢了。但像我这样来使用固定和流动这两个词，就有着明确的界限，不以任何很勉强的方式来使它们脱离这两个词的一般意义，而且非常精确地表达了它们的一个特性。一类资本固定地为其所有者或雇主所占有，另一类资本则在所有者与工人之间流动。再者，只根据资本或大或小的耐用程度来把它分为固定资本和流动资本这种陈旧的划分法，无论在推理方面还是在实践方面都没有多少用处。然而，我们在上面提出的划分方法，则具有头等重要的意义，并充满着饶有趣味的推断，这些推断将随着我们论述的深入而逐步展现出来。[①]

固定资本主要包括:1.农业的种子和制造业的原料,它们可以被认为是产品的基础;2.用来进行劳动的各种工具和机器;3.进行生产或贮藏产品所必需的建筑物;4.为增值财富而饲养、繁殖和训练的马、牛或任何其他家畜;5.从增加头数或从增膘中牟利而饲养的牛羊等等。此外,还有固定资本的其他各种组成部分,原来它们是难以分类的。例如,各种有机肥料、农业所必需的栅栏以及工厂中消耗的燃料。

流动资本则完全是由在劳动产品完成以前垫付给工人的口粮和其他必需品所组成的。

显而易见,固定资本在消耗过程中无人受益。埋在土里的种子,决不能成为人的食品;做衣服或家具的原料,在最后一个阶段以前的各个改变阶段中,任何人都不能把它当做衣服或家具使用;工具和建筑物也不是被用于生活用途的情况下耗损的。

同样清楚的是,流动资本通过它的被消耗过程本身,就维持着大量人口的生存和支持他们的体力。

由此便得出一个重要的结论:严格说来,只有固定资本而不是流动资本,才是国民财富的源泉。把资本和劳动都说成是财富的源泉,同时把使用后者所支付的报酬包括在前者的项下,当然是荒

① 李嘉图认为,这两种资本之间按当时一般人所理解的那种区分是没有什么用处的。他在一个注脚中说,"这种区分不是本质的区分,其间不能划出明确的界限。"(见《政治经济学及赋税原理》第一章,第四节)尽管马尔萨斯先生给这两种资本所下的定义与我的完全相同(见《政治经济学的定义》),可是,就我所知,至少他并不知道这样的精确划分所能得到的重要推论。

谬的。按照这种说法,不仅劳动,即人的胳臂和手的努力是生产中的一种力量,而且作为对他劳动的补偿而应归劳动者得到的那部分收入,也是生产中的力量。然而,这种收入虽可构成对劳动者的诱因,即勤劳的动机,但显然不是生产中的直接力量。无疑,它将通过刺激劳动者去尽力劳动来间接地对生产作出贡献,但仅仅如此而已。这个道理是这样的千真万确,以至于倘若我们假设直到产品完成以后才给劳动者支付报酬,那么流动资本就无用武之地了。在创造出新的财富之前,由于上述阶级能依靠他们以前的劳动报酬来生活,所以这时产业的规模同劳动者不得不依靠他们同胞中的富有等级所垫付的报酬来生存时的产业规模一样大。毫无疑问,在前一种情况下的国民财富的源泉与在后一种情况下是一样多的。上述情况有力地证明,流动资本不是生产中的直接力量,甚至对生产也不是必不可少的,而只是大多数人的赤贫状态使它成为一种必要的便利条件而已。如果他们富裕些,那么流动资本显然不是必需的,因为那时他们可以等待,直到用一部分完成的产品、以实物或以上述产品在交换中获得的其他东西来给他们支付报酬。[①]

作了这些论述之后,现在我们就能谈一谈被恰当地称之为生产成本的某些概念了。

生产成本可以下定义为:为了增加任何商品,社会不得不作出的牺牲。它确实是一种牺牲,因为它本身并不包含直接的补偿,而是为了获得预期的结果而承受的牺牲。但这种牺牲是什么呢?它

① 有关这一问题的论述,详见“论国民收入”一章。

只是由两个要素组成的：个人安逸的牺牲和称之为资本的那一部分财富的牺牲。人人都爱安逸，不愿意把它白白放弃。如果有人同意放弃它，只能出于指望取得补偿。用亚当·斯密的话来说，如果劳动不是取得一切东西所支付的全部买价的话，它至少是这种买价的一个主要部分，即工人作出的牺牲中的主要部分，但这还不是他们所作牺牲的全部。显然，财富一有积累，任何一部分从人的消费中即从满足人类本性的各种必需品中抽出的财富，不管是贮藏起来还是消耗掉，只要它们同时没有给任何人带来利益，就至少是一种财富的暂时放弃，换句话说，是一种牺牲。毫无疑问，这种牺牲虽不同于个人安逸方面所作的牺牲，但也不亚于这种牺牲。这种牺牲确实出自这样一种情况，即若不是希望取得补偿，则谁都不愿承受这种牺牲的。如果没有这样的前景，我们所说的这部分前途未卜的财富占有人肯定非常情愿把它消费掉，或用于满足他自己的需要，或用于雇佣工人，因为他从工人的劳动中也许有希望得到更多的收入。但我们已经知道，固定资本如上面所规定的那样，是唯一的一部分并不直接有利于任何人而消耗掉的财富，而流动资本则是用来满足劳动人口需要的财富。因此，从国民经济的观点即从政治经济学的观点来看，唯有前者才构成生产成本的一个要素。因为我们将会发现，属于某个特定阶级的人，例如资本的使用者对它的看法是不同的。这一点将在以后详细说明。[1]

---

① 参阅“论毛利润”一章。这种区别很重要。我们已从先前规定的明确区分固定资本和流动资本中得到了另一个推断。必须把从全国观点来看的成本同资本使用者计算的成本严格区别开来。它们是很不相同的。这一点我们已有所了解，并将在探讨利润和收入时再作更为详尽的说明。

除了这两种为了生产的需要而牺牲的财富源泉之外，是否没有其他财富源泉需要牺牲了呢？为了弄清这一点，完全有必要对它们作一些探讨。

至于风和水，它们虽然被看做直接满足我们需要的东西，但正像上面已经提到过的那样，一般说来，它们是无限的，而前者更是如此。然而，当它们被看做是生产财富的力量时，它们肯定不是这样的，因为风常常是平静的，而水则不能经常多到足以运转所需的全部机器。但是，它们又并不因为被用做动力而在数量上有丝毫减少，运转碾磨机后的水同作为这种用途之前的水是一样多的。因此，为此目的来使用它们，对于这种财富来说，不可能构成丝毫损失或牺牲，也就是说，不可能构成成本的一部分。至于土地，情况也完全相同。虽然除了新殖民的国家外，土地并不是无限的，但它不能被拿走，也不能被减少，而且如果不去开垦和耕作的话，那么也是毫无用处的。所以把它用来耕种，对任何人决无损害或损失，因而也与成本无关。

就蒸汽来说，它并非自然界自然而然地赐予我们的礼物，而是需要耗费劳动的，这里情况就不同了。毫无疑问，如果我们能够留住蒸汽以备日后使用的话，那么它将构成财富的一部分。但从蒸汽的性质来看，这是不可能的。如果蒸汽不在它产生的时刻就用于它之所以被创造出来的特定目的，那么它必将一去不复返，因而也就不能转化为财富了。所以成本并不在于蒸汽本身，而在于产生蒸汽所必需的燃料和劳动。①

① 对某些人来说，这些缜密的考察也许是多余的，而对另一些人来说则过于抽象。好在它们并不冗长，而且可能有助于澄清我们在这一复杂问题上的概念，想必会得到读者的谅解吧。

综上所述，可以断定，只有劳动和固定资本才是生产费用的不可缺少的要素，但由于后者不是财富的原始源泉，而是从前者派生出来的，因此劳动也许看来像而且确实经常被说成是最终构成成本的唯一要素。因为资本本身就包含着某种牺牲的结果，比如说，劳动和固定资本牺牲的结果，而且当时的固定资本已经使前一次也许还是这两部分的牺牲成为必要，直到我们追溯到单独由劳动生产出来的资本为止。这样，归根结底，最初为生产任何商品需要作出的牺牲，把它本身分解成为直接地或间接地花费在它上面的劳动。然而，严格说来，我们将发现这一点并不完全正确。这种说法的局限性就在于，固定资本被保存在或者不能满足其所有者或者不能满足他所雇佣的劳动者的直接需要的状态愈久，则它的所有者所承受的牺牲愈大，换句话说，成本就愈大。这一点的明证是，若非期望最后取得足够的补偿，固定资本决不会被保存这么长的一个时期。因此，成本不单是由所花费的全部劳动量来计算，而且还要由在劳动产品被用来满足人们需要之前所需的时间长度来计算。为了进一步阐明这个道理，我必须在下一章中论述。

然而，在进一步阐明这一问题之前，确定消费的严格含义可能是恰当的。实际上，消费是生产的反面。正如我们所知，生产是借助于人的努力创造了物品的效用，而消费则是通过人的作用而破坏物品的效用。正如我们所知，这里所说的效用就在于形态的变化和地点的改变，而且前者总是在消费时受到损坏，从而在我们用食物、燃料、衣服或家具来满足我们的日常需要时，我们就或快或慢地破坏了它们的全部效用，即我们使物质丧失了借以满足我们共有的本性所决定的各种需要的形态。同样，当工具在我们手中磨损时，我们也夺去了它那么多的效用，也就是说，我们使它在将来不适合于帮助我们生产财富。上述这些情况是十分明白的。但通过各种加工工序把羊毛或棉花改变成毛织品或布匹时，初看起来在某些工序中似乎并不存在效用的破坏。如果确实有什么怀疑的话，那么这种怀疑的原因就在于，在这种场合生产紧紧地跟随着消费，致使后者在前者的过程中易于为人们所忽视。要是羊毛或棉花本身并未受到破坏，即没有使它们失去原有形态所特具的那种效用，也就不能把它们制成毛织品或布匹了。

这一情况使我注意到，有两种消费。正像最后两种情况一样，当一个新商品立即从旧商品的破坏中产生时，我们说这种消费是生产性消费；当没有获得这样的结果时，它就被称为非生产性消费。根据这一定义来看，只有固定资本的消费才是生产性的，因为只有它才按其破坏的比例立即被新的结果所代替。严格地说，这种说法也是正确的。但是，由于构成流动资本的食物等，既使劳动者能够进行劳动又能诱使他们去劳动，人们一直认为把它们的消费也看成是生产性消费是有实际意义的。果真如此，那么很明显，只不过在程度上比较间接一些而已，因为劳动而并非维持劳动的食物等等是生产的直接力量。不过，由于这种消费确实导致了生产，并且也并不十分间接，因此在流动资本维持着用自己的双手实际上创造着构成财富的某种物质产品的劳动者的情况下，这种流动资本的消费仍然可以被认为是生产性的。

可是，为了表明在使用科学术语时离开抽象推理的精确性有多么危险，我也许注意到了不仅给直接的生产性消费，而且也给另一类比较间接的生产性消费都命名为生产性消费这一事实本身，

已使某些作家把它的正确含义引申到了完全推翻这门科学的真正基础的地步。这样一来，没有丝毫造诣的政治经济学者已经主张陆军军人和海军军人等等的消费也是生产性消费了。因为他们认为国家的安全对全面繁荣是不可缺少的，从而军人对财富的增长也像它所能做的其他好事一样是不可少的。没有人否认，一定数量的这一类人是有用的，但由于他们的劳动并不直接创造物质产品，因此在经济意义上来说，它们完全是非生产性的。因为政治经济学并不是研究每一种效用，而只是研究那种与物质不可分地联系在一起的效用。一国的财富决不会与陆军和海军数量成正比例地增长，反而是与之成比例地减少的。因此，一个国家所拥有的军队越少，对于该国的财富越有利；而健壮的劳动者人数的一切增加都是财富方面新发展的源泉。由于这个真理是这样明显，如果不是有时有人对它表示异议的话，我就不会用这一问题的论证来麻烦读者了。

对陆军军人和海军军人等等适用的论点也同样适用于医生、律师、演员、歌唱家、音乐家等等。萨伊先生认为所有这些人是生产性的，[①]似乎由医务人员的忠告或律师的辩护所取得的利益，由一支乐曲或一首歌所引起的愉快都是财富！唉，逻辑呀！你要飞到哪里去啦？几个词的一条正确定义就足以永远结束这种争论了。

① 我想，麦克库洛赫先生在《政治经济学原理》第四部分中，也采纳了同样的见解。

第三章　论交换

商品生产出来以后，必须在消费之前进行交换和分配。很明显，它们或者可以首先进行交换，然后以交换得来的东西再进行分配；或者可以在交换之前进行分配。由此看来，本文以何种顺序来论述交换与分配是无关紧要的。然而，由于在所有发达的社会中，职业的分离已确立之后，工业产品总是用来交换已经分配在各阶级成员之间的某种一般等价物，以代替原来的商品的，所以在这样的社会状态里，如果事先没有了解交换的一般理论，就想去探索财富分配的简单原理的作用，那将是不可能的。

那么，我就来开始论述这个问题。在此之前，我必须指出，通常还没有把交换列为政治经济学的一个基本部分。一般说来，有时把它和生产混杂在一起，有时又把它与分配相混淆，尽管它在事实上与两者都有着本质的差别。正如我们所看到的那样，由于把交换与商业相混淆，有时便会对后者的性质产生错误的看法，它一直被草率地认为带有前者的一切性质。但把商品从一地运送到他地，同集中在一起互相交换的作用是完全不同的。只有前者属于生产，而后者则完全不属于生产。说实话，如果妄言商业就是交换，那么说农业和工业是一回事也同样是正确的了。我充分意识到，人们通常喜欢使用这种含糊的语言。这样，在我们谈到商业的时候，我们是指某种生产性的职业。但当我们说到商业繁荣的时候，应理解为商品销路广，出售快，换句话说，交换或流通活跃。①

交换也不同于分配。因为，比方说一个农场，在工人、农场主和地主之间分配产品，与不管在产品分配之前还是在分配之后把这部分产品交换成货币或其他商品，是完全分开的两桩事情。②

但本学科的这一部分，不仅根本不同于其他部分，而且具有重要性；而其研究范围，事实上包括了与流通有关的每一个问题。这就足以证明，它具有独立的地位是完全正确的。它包括了货币和作为它的工具的信贷的全部理论，特别是通常所说的交换学说和银行原理。因此，完全可以肯定，它构成了这门科学的一个主要部分。我确信，这些理由将足以证实我的分类是准确的。

交换大致上可通过三种途径：

第一，通过物物交换；

第二，通过一种为社会全体成员乐意接受的一般商品的中介，这就是货币。**流通媒介**这个词极好地反映了它的特殊作用；

第三，通过信用。

由于本论文的目的不是论述政治经济学的每一个部分，而是

---

① 我们发现，在法语中同样存在着这类模棱两可的话，有时商业表示运输：但当商业被宣称为 Le commerce va bien（生意好——译者注）的时候，意思是指商品在手头留不长。

② 施托尔希先生在他非常令人钦佩的《政治经济学教程》中所作的分类，比其他人更为近似于我自己的分类。我承认它是一部很有教益的著作。虽然他是在分配的标题下论述流通的，但他注意到了用第二次分配的名称来把前者与后者区别开来，并分别加以论述。确实，穆勒先生把交换作为一个独立的部分，可是在我看来，他并没有指出它的恰当界限。

要特别论述分配，我只是对正确理解这门科学的各个部分而不是一个部分所必不可少的、本绪论中所提出的这些论题作一些附带的说明。因此，在本题中只有一点要在这里讨论的，而这一点是整个问题的基础，而且至今还是经济学作者的最大绊脚石，这就是非常重要的价值学说。在确定了本题这一部分的界限之后，现在我就着手仔细考察作为交换基础的价值。

如果没有以一物交换他物的便利，物质舒适品的增长显然就不会有多少进展。每个人或至多每个家庭必须通过他们独立的劳动，为他们自己取得生存和便利所急需的每一种物品。然而，一个要干许多活的人，做每件工作的技能是这样低，而在从一件工作过渡到另一种工作上所损失的时间又那么多。因此，用这种方式只能取得很小的财富，以致最必不可少的需要也只能得到很不充分的满足。毫无疑义，这样就出现了另一种选择。无论是谁也许都会同意建立一个分工的社会，把他们的全部劳动产品作为全体成员的公共财产，或者在他们之间进行平均分配。然而，这种制度多半会有与公社财物相关的一切不便，也缺乏足够的刺激，即由无可争辩的、与个人不可分割的劳动产品所产生的那种刺激，以及不害怕迫在眉睫的贫穷，不久便使每个人日趋懈怠，比依靠他自己更多地依赖他的伙伴的努力来供给他生活必需品。这是因为我们天生地易于具有这种懈怠的倾向。

甚至在今天还有人试图建立这种制度，但我们完全可以设想，他们只能以失望而告终。因此，这种打算和原始的简单方式，都不能成功地把人类生活提高到远远高出于野蛮生活状态，也不可能提供哪怕是最普通的生活必需品来维持很少人的生活。在财产权建立以后,交换的产生比之任何其他原因对国民财富的发展作出了更多的贡献。它使每个人能够只专心从事一种工作或至多只做很少几种简单的工作。因为他确信可用自己的劳动产品来获得他所需要的其他产品。没有交换,绝不会出现分工。

一种商品与任何数量的另一种或多种商品,或者与任何数量的劳动一交换,用政治经济学的语言来说,在交换中,就具有了价值的性质,即交换价值。

价值的大小是由该物品具有交换其他商品或劳动的整个数量的一般能力来估计或计量的,换句话说,是由它的一般购买能力来计量的。一定份额的物品所能交换到的商品或劳动的整个数量越大,它的价值也就越大。因为在计算物体的比重时总要用相同的体积为前提,在估计物品的价值时也是如此,需要以相等的数量为前提。这门科学所说的数量,有时是指分量,有时是指重量。当我们把一匹绸缎的价值与一匹亚麻布的价值相比时,我们说一码绸缎值一码亚麻布的两倍或三倍,这里是以分量来计算的。而当我们断言一磅茶叶比一磅咖啡更值钱的时候,当然是以重量来计算的。于是在商品价值进行相比的一切场合,总是用我们所说的重量或分量来推算它们之间相等的数量的。

另一方面,正如计算比重时须以某一物体作为比较的标准一样(这种标准通常是水),在计算价值时也是这样,通常要用称之为货币的特殊商品作为标准。大家知道,在化学中由于一定体积的水并不总是具有相同的重量,其重量是按照温度的变化而变化的,因此常需注意规定温度,一旦作了规定,在所有实验中就永远不再更动。对经济学家来说,不幸的是他们并没有一个标准,价值不像在一定温度下一定体积的水的重量那样不易变动。像最初看到的那样,恰当衡量价值的标准是一定份额的物品所换得的整个商品量或劳动量。但因这个数量在日常实践中是完全难于掌握的,于是确定某个商品作为衡量价值的标准就不可避免了。它必须是我们所能找到的商品中最不易起变化的一种商品,于是就选中了贵金属。这样,用金和银来计算的价值便是价格。[①]

我在给财富下定义时曾说过,有一些物体不但非常有用,而且对人的生存是不可缺少的,但由于它们是由自然界无限丰富地自发提供给我们的,所以使我们免除了为获得它们而引起的一切麻烦,从而使它们不能成为实用科学的研究对象。因为这种科学的目的是要去增加缺乏的东西而不是去增加已经是过多了的东西,所以我们把这些东西排除在我们的财富定义之外。正是这些东西才没有交换价值,因为没有人愿意拿出任何东西来交换能白白得到的东西。

同样明显的是,有价值的东西必须具有某种效用,因为没有人会购买绝对无用的东西,这种东西不会以任何方式构成生活必需品、舒适品或者仅仅是一些奢侈品。因此,为了使一个物品具有价值,它必须:一、有效用;二、不是由自然界无限量地自发提供的。但是,价值与效用是否成比例呢?

---

① 马尔萨斯先生曾提议把劳动作为价值的最佳标准。我承认我不知道这一意见是否贴切。劳动本身远远不是不变的,在不同的国家里,它有着很大的差别。请比较一下,一个美国人用一天的劳动为他自己所能取得的东西和一个穷苦的爱尔兰人在他本国所能得到的东西,我们不难看到它们有多大的差别呀!可惜我们没有机会去注意到印度和中国的情况来证实这一点。

我们已经看到，有些最有用的东西完全没有价值；另一些东西，例如宝石，虽有很大价值，却没有多少效用。因此，价值并不与效用成比例。那么任何商品的价值是与自然界自发提供的不足成比例的吗？如果没有办法来增加这种自发的供给，情况确实是这样。在这种情况下，价值将完全取决于稀缺。但如果技艺能减轻这种稀缺，如果人的努力能把追加的供给增加到无限的程度，那么这种物品的价值取决于生产它所需的牺牲。这种牺牲越大，产品的价值就越大。倘若不然，就会完全停止生产这种商品，或者至多只是少量地制造这种商品。其不可避免的后果是，或者完全得不到这种商品，或者即使能得到也得付出很高的价格。因此，为了发现是什么东西在调节价值，我们必须指出什么是生产所必要的牺牲。

我已在适当的地方对这些牺牲作了明确的规定，[①]请读者去查阅一下已经说过的东西或许就足够了。但在谈到一个这样重要的问题时，我与其有可能不为人们所充分理解，倒不如不怕重复地再次阐明一下某些相同的理由。

我们已经知道，在财富的源泉中，劳动占着突出的地位。劳动是人为了取得那些他所需要的物质享用品而作出的最初的唯一牺牲。牺牲所有人都喜爱的安逸。如果没有获得补偿的希望，就没有人愿意放弃这种安逸。

但是，在此之后，通过劳动与自然力的结合，财富的创造和保存达到了一定的程度。正如我们所知，这件事本身可能有助于促

---

① 请参阅“生产”一章。

进以后的生产，在这种情况下，财富便取得了资本这一名称。但如果它的所有者不从他自己的个人消费中抽出这部分财富，那么它就不能用做资本。他是在预期能获得足够收益的情况下牺牲这部分财富的。只有牺牲是肯定的，收益则是没有把握的。同样明白的是，不管碰巧获得了多大收益都必须事先承受这种牺牲。因此，人在生产过程中被迫作出的牺牲有两种：一、安逸的牺牲，二、一部分财富的牺牲。这就是说，劳动的耗费和资本的耗费。劳动与资本的耗费愈大，他预期的收益也愈大，换句话说，产品的价值就愈大。在通常的情况下，事情也应当是这样。由此可见，商品价值的大小必定由生产中花费的劳动量和资本的价值量来调节。但有人会说，倘若不借助于劳动，资本本身也就不可能被创造出来。如果产品是在没有资本参加的情况下仅仅是由劳动生产出来的，那么它的价值必将完全由劳动量来确定。这样，最初是劳动量调节着资本的价值，后来这个资本的价值又与追加的一部分劳动一起决定了制成品的价值，看来，价值最终只是由劳动量决定的。如果前一个资本本身是由劳动与更前面的资本协作生产出来的，那么这种情况也没有什么实质上的差别。因为在每种情况下追溯到财富的原始源泉时，我们将发现资本并没有包括在这一类财富里面。因此，最先创造出来的产品价值应该是由在它之前的东西来确定的，这种东西只可能是花费在产品上面的劳动量。劳动是最初的牺牲，即"为了取得一切东西而支付的买价"。

那么，从这种情况来看，劳动量似乎不只是调节着那些单单由它生产出来的商品的价值，而且还调节着那些在创造并结合了资本之后所生产或创造出来的商品的价值。总之，劳动是价值的唯

一调节者。

但不管这个结论看来多么有理，它绝不是普遍正确的。固定资本的使用在很大程度上修改了价值取决于劳动量的原理。

因为有些花费了等量劳动的商品，在它们适合于消费之前所需的时间是很不相同的。但是，由于在这段时间内资本不能带来收益，而为了使该行业不至于比其他在较短时间内就能准备好产品以待售的行业赚钱少，因此在这种商品最后拿到市场上去的时候，必须把这一时期内受到阻碍的全部利润加到该商品的价值上去。这一事实最清楚地说明了资本是怎样在劳动之外独立地调节着价值的。我们就以酒这一商品为例，假定有两桶酒要出售，它们是同一批酿制的，用的又是同一个葡萄园的葡萄。一桶在酿成之后马上出售，而另一桶一连好几年都没有拿出去出售。在这段时期内，把它保存在地窖里以便使它完全变醇。现在，这桶酒便构成了固定资本。但这位商人要是不指望它的价值在这个时期结束的时候大大增加的话，他肯定不会把它保存得这么久。事实上，这桶酒的价值也许是另一桶价值的两倍或三倍，[①]而花费在每一桶酒上的劳动量是完全相等的。要提出一个更有说服力的实例，来反驳劳动是价值的调节者这一原理的普遍性是不可能的。十分明显，资本是独立于劳动之外的价值源泉。我们可以设想，在这桶酒贮藏在商人地窖中之前，它的全部价值全靠种植葡萄和酿酒时所花费的劳动创造的，但其后来的价值是靠什么得来的呢？不是靠

① 过去，我出去买一些白兰地。各种样品都摆在我面前，它们原先的质量和价格全都一样，即一法郎半瓶。但现在按照它们贮藏的年数，已分别涨到四、五法郎甚至六法郎半瓶了。

劳动。因为那里一点劳动也没有。除了靠留下来的资本之外，还能靠什么呢?①

现在，让我们观察一下从最初的原始时代以来财富的发展，以便追溯价值最初出现的各种原因。

在最初的社会状态里，不存在资本。在这种情况下，生产商品时所花费的劳动量，是使不同阶级的成员之间进行交换的唯一依据，他们力图为各自的商品交换到尽可能多的东西而进行竞争，并且通过竞争导致一个结果。正是通过竞争的中介，才能确定每个人所要交换的其他一切东西的量，或换句话说，确定商品的价值。毫无疑问，可能发生这样的情况，即由于某一物品偶尔过剩，或者由于对它的需求强度意外地下降，也就是说，需求者为了取得它所能并愿意作出的牺牲意外地下降了，从而使这种物品的价值跌到花费了同等劳动量的其他商品的价值以下。但这种情况不可能长期持续下去，谁都不会永远同意他的操劳比别人实现得少些。于是这种物品不是完全停止生产，就是降低产量，直到供给的减少促使它的价值回升到一般水平为止。另一方面，由于供给的突然短缺，或者由于需求强度的增加，使物品上升到一般价格以上。这时，为巨大的收益所吸引，追加的劳动量就会马上转到这方面来，

① 一位颇有声望的作者，试图用宣称在地窖里的那桶酒的劳动为发酵的劳动来把这种情况和他特别喜爱的原理调和起来！也许没有地方能够找得到比之强迫自然过程闯进钟爱的制度更为伟大而果断的例子了。可是，它对哲学家又是这般平常。只要说一下（如果真是值得一说的话，因其诡辩是这样明显）他的谬误就在于给了劳动这个词以完全不同于迄今为止的政治经济学家普遍接受的新含义。劳动，真的！除了上面提到的这位作者之外，所有作者都用这个词来指人的劳动而不是指酸和碱的劳动。在提到了这一点之后。我们难道不想再一次惊呼：唉！逻辑，你要飞到哪里去啦！

结果更多的供给使价值迅速降低到它的一般状态。因此，在资本产生以前，劳动量是决定价值的唯一依据，它按照各种情况，通过增加或减少供给来发挥这种作用。

后来，有些固定资本，例如工具和原材料，开始积累起来。人们自然会推测：最初，资本的所有者本人也是个劳动者，他身兼二职。他当然希望他的劳动与资本相结合的产品，将不但足以给他补偿前者，并且也足以替代全部在生产过程中消耗的后者。但是，如果他这么做的结果还是一无所得，则没有人愿意从满足他的需要和享受物中牺牲他的一部分财物。如果资本仍按原状返回到他手中，那么情况就是这样。为了使他愿意从他个人的消费基金中把这部分财物分出来，他必须为财物增长的前景所引诱，即为利润所引诱。在通常情况下，他的劳动和他的资本共同生产的产品必须给他的劳动提供一个合适的报酬，即通常的报酬；又须在替换他的资本的损耗之后，在实物上有所增加，或者，如果产品与消耗的资本不是同一种东西，那么它的价值也必须比上述资本的价值还要大一些。在这种社会状态中，不同生产者在交换他们商品时一定会互相竞争，直到这些商品的价值稳定在不仅与花费的劳动量而且与消耗的固定资本的价值非常接近时为止。然而，由于固定资本本身的价值在很大程度上取决于花费在它上面的劳动量，所以劳动量最终还是决定价值的主要依据。我说是主要依据而不是唯一的依据。因为，我们已经知道，物品的价值部分地取决于在它们能够上市之前必须经过的时间长度。如果价值仅仅与所费劳动成比例，那么资本被占用的时间愈长，最终完成的产品价值偏离它应有的价值就愈远，因为在整个价值中利润部分必将愈大。

在最后也是最发达的社会状态中，资本，即固定资本和流动资本，都开始积累在属于一个特定阶级人们的手中。这时，劳动者已不再为他自己劳动，而是受别人的雇用。在产品制成以后，他不再把它们看做是他劳苦所得的补偿，因为他是以另一种形式预先领到报酬的。让我们看一看这一新的情况是否会在调节价值的原因方面引起任何变化。

十分明显，现在能确定商品相对价值的唯一直接原因，或者是实际花费在商品上的固定资本和流动资本的总价值，或者是还没有完全消耗掉仍然在生产中使用着的固定资本和流动资本的总价值。对资本家来说，花了多少劳动量是无关紧要的，除非这种状况已影响到了他所需要的流动资本量。他所关心的一切是去收回资本的价值，以及取得尽可能大的利润。除此之外，他们就什么也不关心了。现在，全部或部分所用资本和所费资本的总价值，已成为使各个资本家之间的竞争导致一个结果的唯一依据。每个资本家力图为自己取得尽可能多的利润，而这种竞争将这样调节着价值，以致给每个资本家的预付资本额都提供相应的利润。

也许有人会说，尽管容许有这样的说法，即在固定资本和流动资本积累起来以后，产品的价值是直接地、完全地由使用的这两种资本的总价值来调节的，可是资本的价值就其本身来说也是由劳动量来决定的。因此，归根结底，花费在商品上的全部劳动是商品价值的唯一依据。根据我在论述生产成本时所说的那些话，读者可能早已有同样的想法。但本章已经表明，这完全是一种错误的见解。为了更好地证明这一点，让我们再一次更为精细地观察一下我们眼前的这一情况，即同时使用着固定资本和流动资本的情况。

我以为，同时拿出两个毋容置辩的事实便可证明，在这种情况下所生产的商品价值并不是完全由劳动量来调节的。它们是：第一，倘若在相比的情况下两种资本同时完全被耗费掉，那么在使用着固定资本和流动资本的场合，价值的唯一直接因素是这两种耗费掉的资本的总价值。这一点已经证明过了。第二，流动资本所使用的劳动总量要多于先前用于它本身的劳动，因为如果它不能雇佣多于从前花费在它上面的劳动，那么所有者把它作为流动资本来使用还能得到什么好处呢？使用流动资本这件事情本身最明白地证明了从中可得到一些利润。如果确有利润，那么流动资本所能支配的劳动量就必定大于生产它的劳动量。[①] 确定了这些原理之后，我们就来进一步考察讨论中的那个论点。

我们假定商品是由这两种资本的结合生产出来的。为了简单起见，假定固定资本的价值全都由花费在它上面的劳动量构成的。尽管我们从本章前一部分中已经看到，这绝不是一定正确的，但还是让我们姑且承认这一点吧。从而产品的价值部分地取决于间接的劳动，部分地取决于直接使用的劳动。直接使用的劳动是由流动资本维持的，而且我们已经知道它必定比从前花费在该流动资本上的劳动量还要多。但是，倘若情况正好与此相反，目前的这部分固定资本也是流动资本，很明显，它所维持的劳动也就一定多于原先在它上面所花费的劳动。因此，总的看来，与一部分资本是固定资本的情况相比，该产品应当是更多劳动量的产物。但是，正如

---

① 托伦斯先生在《论谷物的对外贸易》中，提出并运用了这一原理。

假设的那样，在这两个假设中的资本都具有相同的价值，并且都在同一时间内完全耗费掉，所以在上述两种情况下的制成品的价值应当是完全相等的。因此，价值并不完全取决于劳动量看来已经十分明显了。列举一两个例子将会使这一点变得更加清楚，让我们首先提出一个最有力的例证。

假定有两个相等价值的资本，每个资本都是由100人在一定时间内生产出来的。但是，其中一个完全是流动资本；而另一个则完全是固定资本，并且也许是由为了改进质地而保存着的酒所构成的。正如我们所知，这个由100人的劳动生产出来的流动资本将雇佣更多的人手，比如说150人。因此在这种情况下，来年年底的产品将是150人劳动的结果，但它的价值绝不会比在同一时期结束时酒的价值多一点，尽管在酒上仅使用了100个人的劳动。显然，这是一个极端的例子，而且是以最强有力的观点来说明价值可能在多大程度上背离劳动量的。

现在让我们再举另一个例子，它是更为经常发生的实例之一。

像上面一样，我们假定有两个价值相等的资本，每一个资本都是由100人的劳动在一定时间内生产出来的。在这两个相等的资本中，我们设想一个是由50人劳动所生产的固定资本和50人劳动所生产的流动资本构成的。另一个资本是由80人制造的固定资本和20人生产的流动资本构成的。由于这两个资本的价值相等，依据上述原理便可推断：假定固定资本都同时完全消耗掉，那么它们产品的价值也一定是相等的。但这些产品会不会是等量劳动的结果呢？像我们先前所看到的那样，流动资本，即50人劳动生产的食物和其他生活必需品，可雇佣50个以上的人手。我们假定它可雇佣 75 人。在这个例子中，固定资本为 50 人劳动的结果，因此用于完成该产品的全部直接和间接的劳动量为 125 人的劳动，其中流动资本占绝大部分。

另一个资本是由 80 人劳动所生产的固定资本和 20 人劳动所生产的流动资本所组成的。按上面的比率来计算，如果由 50 人生产的流动资本可雇佣 75 人，那么 20 人劳动生产的流动资本可维持 30 人。但 80 人的劳动是花费在固定资本上的，因此，从整体来看，该产品使用了 110 人的劳动，其中花费的流动资本只占较小的部分。我已说过，由于两个产品都是由相等价值的资本产生的，并假定它们都是在同一时间内完全耗费掉的，因此这两个产品必将具有相等的价值。但一个是由 125 人的劳动生产的，而另一个则是由 110 人的劳动生产的。这样，110 人劳动的产品将可交换 125 人劳动的产品。

由此，我们已明白无误地证明了：依据在产品上所花费的固定资本的相同或不同比例，两个等价的物品可能是或可能不是等量劳动的结果。

除非断言流动资本雇佣的劳动量仅仅等于先前花费在它上面的劳动量，否则就无法回避这个结论。但我们已经知道这是不可能的。因为，倘若果真如此，这种资本就不会产生利润了。事实上这等于说，所花费的资本价值等于产品的价值，这是根本不可能的。

如果后一个例子中的固定资本的比例更大一些，那就会证明价值将会更少地取决于劳动量。

我确信，现在我们将毫不犹豫地承认劳动量调节价值这个一般原理,是在很大程度上受着所使用的固定资本限制的。让我们来看一看关于流动资本是怎样一种情况吧。

为了弄清流动资本是否在限制这个一般原理方面有任何影响,就必须比较两种产品:一种是利用流动资本生产的,另一种则完全没有流动资本,即劳动者为自己生产的。后一种情况不仅仅是可能的,也不只是社会初期所特有的,而且目前在欧洲的许多国家里还实际存在着。在那里,许多土地是由小所有者耕种的,他们除了自己的家庭成员之外,没有任何人的帮助。这样的小所有者,在法国、瑞士和萨瓦非常普遍。毫无疑义,用这种方式生产的产品比在使用流动资本的条件下生产的产品具有较少的价值,因为为自己耕种土地的农民,并不把他个人消费掉的东西而仅仅把他的劳动看做他生产费用的一部分。他认为他个人所消费的东西只是直接满足他需要的基金,并不期望它带来收益。但雇佣劳动者的资本家不单单要把资本的价值收回,而且还要取得与其资本相应的利润,所以他不能像靠自己来劳动的人一样出售的那么便宜。例如,假定某一个国家的谷物是以上述方式来生产的,而制造业的产品则是通过流动资本的介入来生产的。假定100个乡下人100天的努力劳动能生产价值500镑的谷物。为了在100天的相同时间内,以同样的费用雇佣相同数量的制造业劳动者,资本家必须为此垫付一笔同样的金额。但如果他的产品所值不超过500镑,而这一数额恰好等于他的支出,他当然就不能获得任何利润。因此,他的商品必须具有比这一数额更大的价值,即在价值上要高于完全等量的劳动所生产的谷物。如果利润为10%,那么前者也将比后者高出这么多。因此,流动资本的使用,看来也影响着价值的一

般原理。①

但是，这里必须看到，在普遍使用流动资本的任何一个地方，人们并不会感到这种影响，因为对所有企业都有影响也就好像对谁都没有影响。为了在结果上使人感觉到任何不同，就得在先前应有所不同。举例来说，如果所有商品都是通过流动资本的媒介生产出来的，它们都提价10%，那么它们相互之间的关系就不会有任何变化。事实上它恰恰证明了普遍提价这一假设是荒唐的。所以在那些一直使用这种资本的国家里，它作为限制更为一般的价值原理的一个原因的这种作用可能完全被忽视了。

总之，我们知道，在社会未产生和使用资本以前的最初阶段，价值完全是由劳动量调节的。

在某些固定资本积累在那些辛勤工作的人的手上以利于他们的生产活动之后，我们又进一步知道了价值开始部分地由直接使用的劳动量，部分地由资本的价值直接决定的。我们也谈到了这种资本本身的价值在很大程度上是由生产它的必要劳动量决定的，因此这一资本的产品的价值可最终追溯到同一个来源。但与此同时，由于在产品完成以前固定资本被占用的时间不同，这一原理就会受到很大的限制。无论如何，这样占用的资本最后必须连同利润一起被收回，而这种利润可能构成整个价值中一个不小的部分，结果是等价的产品所花费的劳动量可能有很大差别。关于这一点，我们已用窖藏年数不同的酒作为例子加以阐明了。这样，

① 根据这里所说的情况来看，土地由小私有者耕种必定具有阻碍另一个阶级的成员——具有农事经验的资本家——经营农业的倾向。因为前者的售价可以比后者低。

我们便可得出结论：资本是一个独立于劳动之外的价值源泉。

我们还进一步展示了，在流动资本也像固定资本一样积累在一个特殊阶级成员的手中、劳动者不再为自己而劳动之后，生产中使用的这两种资本的总价值便完全成了决定价值的唯一直接原因。

各个资本的总价值相同，但构成它们的固定资本和流动资本的比例不同，如果它们同时完全被耗费掉，则也会导致产品的价值相等而所费劳动量却有很大的差别。固定资本愈大，劳动就愈少。因此，又可得出这样一个结论：固定资本是一个与劳动截然不同的价值来源。

最后，我们考察了流动资本的情况。我们发现，与其他独立劳动者生产的产品相比，流动资本确实会提高那些用它来生产的商品的价值，但在普遍使用流动资本的情况下，它的作用变得难以觉察了。

但是，这些结论绝不能证明劳动量已不再是价值的一个来源。它们仅仅表明劳动量不是价值的唯一来源。正像我们已看到的那样，在发达的社会状态里，价值的直接来源是使用的固定资本和流动资本的总价值。但这些资本的价值量是由什么来决定的呢？显然，生产所需的资本的总价值必须由两个东西来决定：所需固定资本的价值和必要的劳动量。在必要劳动量这一方面的任何增加或减少必然会扩大或缩小为此目的所必需的流动资本，并通过流动资本的媒介，必然相应地影响到产品的价值。此外，固定资本本身的价值至少在很大程度上必须取决于一切时间内花费在它上面的劳动量。因此，产品的价值在很大程度上必将最终由自始至终施加在该产品上的劳动总量来调节。

我们已经知道，资本的引入在三种特定的情况下限制着价值的这一最初来源。这三种特定情况是：

第一、单独使用固定资本，而等量资本的产品所需的完成时间有很大差别；

第二、资本也都相等，但组成它们的固定资本和流动资本的比例不同；

第三、流动资本被用于国家的某些产业部门，而在另一些产业部门则不用流动资本。

在第二种情况下，与其自身所包含的劳动相比，流动资本总是可以维持更多的劳动，多就多在实现的全部利润。而固定资本则只能代表原先赋予它的劳动。但是，给它的所有者提供的补偿，必须像它被用来雇用比最初生产它时更多的人数所提供的补偿一样多。好像它已脱离了主人赐予它的固定形态而去雇用工人似的。

但是，第一种情况和第二种情况基本上是相同的。正如我们在前面所举的例子中所看到的那样，固定资本对流动资本的比例愈大，价值完全取决于劳动量的程度愈小，直到我们达到像为了使酒变醇而把它窖藏起来达许多年之久这样一种情况为止。在这种情况下，全部资本为固定资本，这里价值确实大大地背离了作为它调节者的劳动量。因此，主要由于固定资本——不能养活劳动者的资本，换言之，一部分从直接满足人的需要中抽取出来的财富的存在（只有一种情况除外），才使劳动量不成其为价值的唯一来源。现在这部分暂时牺牲的财富必须给以报酬，即把一个与存在于固定资本形式中的一部分财富所占用的时间相一致的价值附加到该产品上去，否则资本家就绝不会作出这种牺牲。

可见，全部秘密是这样的：不论资本是否用来维持劳动，它必须把通常的报酬给予它的所有者。所以，如果资本以任何时候都不能用来直接满足需要这样的形式，就像机器，或保存着以待改善的酒这样的商品形式，固定了好几年之后，它将提供一种产品，其大部分价值不是取决于劳动，而是取决于所有者长期放弃使用这么多本可用来雇佣劳动的财富所作出的牺牲。因为，如果用它来雇佣劳动，随后他便可逐步实现接连不断的利润。所以，他忍受的牺牲是由他本来可以用等量的资本，在同样长的时间内维持劳动者所实现的利润量来计量的。这样，结果还得把这部分利润给他补足。

由此可知，价值最后取决于：

1. 自始至终花费在商品上的全部劳动量。

2. 任何一部分作为固定资本的劳动产品存在的时间长度，即资本以一种虽然有助于生产未来的商品，但并不以维持劳动者的形式存在的时间长度。

但正如以前指出的那样，这些都正好是生产成本的要素。[①]因此，价值是由生产成本调节的。现在，大家都已知道生产成本的组成部分了。[②]

可是，这个原理，即价值取决于生产成本，还有一个例外，这就是前面所说的第三种情况。在那里，我们把商品作了比较，一批是

① 见“生产”一章。

② 有关成本的更为详尽的论述，见“论毛利润”一章。

通过流动资本的媒介生产的，而另一批是由独立劳动者生产的，这里价值可能不完全相同。像先前已解释过的那样，尽管从全国范围来看，这两种情况下的生产成本应当是完全一样的。正如我们所知，因为只要在不涉及固定资本的场合，劳动便是生产成本的唯一要素。

然而，在所有这些场合，价值无论以何种程度背离劳动量，其原因都在于除非资本提供利润，否则它不能继续作为资本来使用。现在，这种利润须与资本的大小成正比，而不须与维持的劳动量成正比。即使在它完全与劳动量成比例的场合，商品的整个价值量也要高于独立劳动者生产的商品价值，因为独立劳动者只需得到工资而没有利润。

因此，如前所述，生产成本调节着商品的价值。但它是以何种方式来起这种作用的呢？是直接调节商品的价值，还是间接调节商品的价值呢？这个问题已在前面几页中作了回答。它是按各种情况导致供给的增加或减少来影响价值的，当价值超过了生产所需牺牲的一般报酬时，导致供给的增加；而在相反情况下，便导致供给的减少。那么生产成本只是间接的调节者，是决定价值的间接原因，而供给和需求之间的比例则是直接的调节者。但是，需求这个词是什么意思呢？影响价值的那种需求是什么呢？确定这一点具有重要意义。

显而易见，如果说这个用语的意思仅仅是指需求的数量，那么光是这一点决不能调节价值。因为如果一个很大的数量被消费掉，只是因为价格很低，那么价格一开始上升，需求量就下降，那时便不能维持原有的价值，价值必然立刻降低到它先前的水平。因而在特大丰收的年景，例如小麦的大丰收，消费也许按供给的比例大大增加，但价格非但没有上升，而且比通常情况还要低得多。出现这种情况的原因就在于人们之所以消费得更多，只因为谷物已经跌价，而如果价格稍有上升，他们就会以比较少的小麦来满足自己了。他们只愿意花从前同样多的钱而不是花更多的钱来买面包。因此，如果他们的钱能买到较多数量的面包，那再好也没有；如果不能，他们就只好买得少一点。只要这种心理倾向保持下去，这个国家的全部小麦就不会交换到比在通常年景或歉收年景所能交换到的更多的东西。在价格可能上升之前，购买者必须既能够又愿意买进比平常更多的数量，即使以高一点的价格也在所不惜。如果这种决心保持下去，那么他们的渴望必将使销售者能够提高他们的粮价。为此，必须考虑需求的强度。

刚才已经说明，像这样一种将会引起商品增加的需求，部分地取决于它的强度。同样肯定的是这种需求也部分地取决于需求的数量，因为这种情况大大影响着强度本身。因此，如果人们看到许许多多的人想要得到某种商品，这一事实本身就具有增加购买者愿意作出牺牲的趋势。因此，虽然需求强度是最终决定价值的唯一原因，但由于这个原因本身受到需求量的很大限制，所以这种情况也必须包括在我们调节商品价值的需求概念之中。于是需求是由两个要素组成的：大小和强度。[①]

这里也许值得一提的是，当商品生产成本增加时，为了使价格上涨，不一定要减少上市量。毫无疑问，最初情况很可能会减少上

① 见马尔萨斯《政治经济学的定义》第六章。

市量，因为销售者发现购买者极其不愿意比平常多出一些价钱。但在后者发现他们不能用从前一样的价格买到商品之后，前者再拿出原有的商品数量也不致引起跌价。因为决心不接受低于合理利润的销售者的顽固将最终克服购买者的固执。一方有坚定的决心，而另一方则没有。因此在估计影响价格的供给时，我们应当不仅仅考虑上市量，而且还要考虑销售者卖掉他们产品的迫切程度。毫无疑问，前者影响到后者，但像我们刚才所看到的那样，并非永远如此。因为拿出的数量可能是一样的，但出售的渴望可能会少一些。所以，与需求的构成相对应的供给是由下列两个因素组成的：第一，供给量；第二，销售者不愿在一定的价格以下出售他们货物的坚决程度。生产成本方面的变化总是限制着后一个因素，即销售者的坚持性。必要时也限制着第一个因素。生产成本通过这些因素中的一种或者两种来调节价值。①

---

① 有些作者把实际价值与相对价值区分开来，看来前者是指生产成本。但是把同一个词运用在原因和结果上究竟会带来什么益处，我承认，对我来说是费解的。这只能使一个已够复杂的问题变得更加混乱。另一种更好的分法是分为自然价值与市场价值。前者表示生产成本所决定的价值的通常状态。而后者的意思是指，无论何时何地，根据供给和需求的变化或多或少地不同于通常水平的商品实际价值。不过，商品的实际价值还是经常趋向于它的通常水平的。当然，自然价格和市场价格与自然价值和市场价值之间是相互关联的。

第四章　论交换(续)

在探讨调节商品交换价值的原因时,没有谈到工资的上升或下降,难道这一点对价值没有影响吗?

我们在前面已经看到,工资是用流动资本来支付的。自从在生产中使用了两种资本以来,价值就由既有固定资本又有流动资本的资本总价值来直接调节。工资愈高,生产或制造商品所需的流动资本量必然愈大,反之亦然。由此看来,价值首先必须随工资的上升或下降而发生相应的变化。

但是这里我们忽略了工资的上升或下降,在不只是影响着一种而是影响着所有商品生产所需流动资本量时对价值的作用。无论工资是升还是降,只要以相等程度影响着所有商品,就都不会改变它们之间以前的相互关系。如果产业生产力大大增长,用以前同样多的劳动和资本能生产或制造两、三倍数量的各种货物,那么这个国家就比以前富两三倍,但每种物品的价值仍旧不变。一定量的谷物,比如说一夸特,还是值那么多的布、五金、酒或其他奢侈品。如果劳动和资本的生产能力普遍以同等程度下降,价值也依然相同。与其他国家的产品相比,无疑是会有差别的。但在这里无需考虑这种情况,因为根据以上的推断,所有国内的商品也同样会有这种差别。

因此，如果工资的上升或下降，通过增加或减少所需的流动资本量以同等的程度影响着一切产业部门，那么它们产品的相对价值就不会改变。但是，它的影响程度是不会完全相同的。正如我们所知，正是两种所用资本的总价值直接决定着产品的价值，而这两种资本的比例在不同场合是很不相同的。假定总价值相同，某些行业大部分资本是由固定资本构成的，而在另一些行业中大部分资本则是由流动资本构成的。显然，流动资本比例大的行业，比这种资本比例小的行业受工资上升的影响就要大得多。

我们假设有两个属于不同行业的资本，各值 1,000 镑。在一种场合，其中的一半是由原材料、机器和属于固定资本的其他物品组成的；另一半是维持劳动的生活必需品。而在另一场合，这两部分资本分别为 800 镑和 200 镑。由于这两个资本的总价值是相等的，假定它们的产品也是在相同的时间内完成的，因此产品的价值也是相同的。但是，假定工资上升 10%，由于这一缘故，一种产业如果不花费 1,050 镑，就不能以从前相同的规模办下去；而另一种产业则只需花费 1,020 镑就足够了。既然预付资本不再相等，而且也没有造成利润本身总是趋于均等的例外，以前具有相同价值的产品就不能再继续保持同一价值了。因此花费了较大比例流动资本的产品与另一种产品相比，价值必然上升，或者换句话说，后者的价值比起前者就必然下降。

这里，我们可以说再一次为我以前试图建立的论点，即对于价值甚至在最终也并不仅仅取决于劳动量这一论据提供了又一个明证。因为，在这种情况下，产品价值的变化，并非因为在每种产品上花费的劳动有丝毫改变，而只是由于劳动报酬有了变化。

在这两种商品的例子中所说明的问题应该适用于任何商品，即适用于产业部门的全部产品。与所费固定资本比例大的其他商品相比，工资的上升将提高所有那些花费流动资本在比例上大于固定资本的商品的价值。当然，工资的下跌又必然导致相反的结果。以一种商品与另一种相比时，在固定资本与流动资本比例相同的情形下生产的商品价值不会有任何变化。当两种商品的生产都需要增加完全相等的流动资本时，它们在交换中的相互关系仍保持不变。

像前面一样，假定两个资本各值 1,000 镑，双方的固定资本均为 600 镑，流动资本均为 400 镑。显然，如果工资上升 10%，那么，要维持与从前相同的生产规模，现在各自必须垫付 440 镑，而不是 400 镑来维持劳动。这时，两种场合所用的总资本都达到了 1,040 镑，而不是 1,000 镑。由于两个资本的价值仍然是相等的，所以它们产品的价值也应相等。由此可见，工资的上升并不改变它们相互之间的交换比例。假定这些产品是小麦和大麦，如果在劳动报酬增加以前，一夸特小麦可以换得二夸特大麦，那么在劳动报酬增加之后，一夸特小麦仍然可以换得这么多的大麦。

根据现在所说的情况，可以得出结论：如果有一类商品在生产过程中的固定资本和流动资本差不多各占一半，由于工资增加，在生产中使用的流动资本比例上超过一半的所有商品与第一类商品相比，价值就会上升。反之，成本的主要部分是由固定资本构成的其他商品与第一类商品相比，同样由于工资的增加，价值势必下降。如果我们可以假定货币就是第一类商品，那么因工资的增加，所有前一类产品的价格就上涨；所有后一类产品的价格则下跌。

正如我们所知，因为价格只不过是以商品交换的货币量来计量的物品的价值。因工资增加而引起的商品跌价这件事情，最初看来确实非常奇怪，但这一事实就是这样容易地得到了解释。

让我们看一看那些使用着最大比例固定资本的产业部门的情形吧。在一切早已建立了大规模制造业并积累了大量资本的国家中，大量价值被用于为进行广泛工作所必需的建筑物、代替人力的机器以及可认为是成品基础的原材料上。在几乎不到一年的时间内，就发明了以无生命动力转动的机器来代替节省下来的劳动。因此，在这些生产部门中，直接劳动以及与此相关的流动资本所占的比例不断减少，而固定资本的比例则相应增加。所以，随着工资的上升，这样一些制造业的产品价格下跌得最厉害。另一方面，由于农业资本大部分是由维持劳动者的生活必需品构成的，所以它的原产品便有涨价的趋势。但是，至于牛羊等等，情况就不同。因为在牧场里，相对于固定资本来说，流动资本仅占很小的一个部分——也许比任何制造业部门还要小。[①]

毫无疑问，所有这一切都是以这样一种假设为依据的，即在商品生产的条件下，货币是在交换的两极之间起中介作用的一种商品。如果生产中使用的固定资本比流动资本多，而这些曾使用许多机器来生产的物品价格却几乎保持不变，那么同前一个假设中的情况相比，农产品价格就上涨得更多了。另一方面，如果用来交换货币的农产品需要把大部分投资用于直接劳动，因而投资的大部分是流动资本，可是农产品价格却只有很小的变动，那么制造业

① 注意到这一点是很重要的。

产品价格的下跌就更加可观了。然而,在所有这些场合,农产品与制造业产品之间必将以不同于原先的比例来相互交换。除家畜之外,农产品比工资上升前可换得更多的制造业产品。

我们在以上所证明的有关工资上升而影响商品价值的原理,反过来当然也应该适用于在工资下降时的情况。在生产中,固定资本的比例比流动资本大的商品,同在相反情况下生产的其他产品相比,价值将上升。适用于这一情况的论据是同适用于前一情况的论据相同的。

所以,总的来说,劳动报酬的提高或降低,在它并不引起在固定资本与流动资本的比例相同情况下所生产的商品的相对价值改变的同时,看来它确实改变了在这些比例不同情况下所生产的商品的交换关系。此外,我们知道价格方面也将发生相应的变动,不是价格的普遍上涨或下跌,而是有一些商品的价格上涨,另一些下跌,同时还有一些商品价格则一点也没有变动。

我们也已经阐明,通过某些行业比另一些行业以更大的幅度来增加或减少所需资本的总价值,是使工资的变动影响价值的手段。如果一切部门以同等幅度增加或减少这一资本,那么在结果上不会有任何改变。

这样,工资的变动对价值的影响与上一章里建立的学说是完全一致的。正如我所指出的那样,这些学说是与那些认为劳动量是价值的唯一调节者的观点颇有矛盾的。

在结束这个问题之前,最好还要注意到固定资本更大的耐用程度同它更大的比例有着相同的作用。因为,不需修理的时间愈长,更确切地说,即在一定时间内必要的更新愈少,维持正常状态所需要的劳动量当然也就愈少，从而作为这一部分费用的流动资本也就愈少。因此，这种情况与前者没有本质上的差别。[①]

现在就来结束这一长篇的考察。在回顾前一章的时候，我们将发现，该章已论证了这样一个论点，即无论在哪里，只要投入商品生产的固定资本与流动资本在比例上不同于与之相比的各种场合，价值的变化总是不会与劳动量的变化正好相同。固定资本的比例愈大，价值背离一般原理就愈远。本章所作的阐述也完全证实了上述结论。因为我们知道，在我们所假设的那种情况下，劳动报酬方面的变化会引起与劳动量方面的变化相同的影响。这样，我们现在已发现，价值取决于劳动量这一原理受到了更进一步的限制。根据这一长篇论述的全部内容，便可得出如下结论：劳动量调节价值这一原理为下述三个原因所限制：

1. 被固定资本的使用所限制。

2. 也被流动资本的使用所限制，但只是在特定情况下才是这样。上文已有说明。

3. 当伴随着本章中所说的那些特殊情况时，又被工资的上升或下降所限制。

实际上，流动资本与最后一种情况无关。因为，如果我们假设流动资本未被使用，而固定资本则又属于劳动者自己，那么结果仍是相同的。问题的实质全在于，在进行比较的情况下固定资本相

① 所有这一部分关于工资的增长影响价值的问题，李嘉图均已作了出色而彻底的论述，因而没有必要在此赘述。

对于直接劳动来说,在一种场合比在另一种场合占着更大的比例。

上一章已经提到,流动资本只有在一种情况下,就是通过流动资本的媒介所生产的商品与另一种由劳动者为自己生产的产品相比的情况下,才能影响价值。正如我们所知,固定资本的影响不仅更为普遍,而且要大得多,即使工资没有发生涨落,人们也感觉得到固定资本的影响,因为在上一章提出的例子中并没有假设有这一类变动。因此,这最后一种情况(工资的变动——译者)完全是一个与前两种情况截然不同的独立的原因,尽管其中并不存在固定资本的变动或发现它占着相同的比例,因而它的影响是感觉不到的。因为,正如前面已看到的那样,相比的物品所共有的东西就如同谁都没有一样。为了在结果上有所不同,就得在前提上有所不同。因此,工资的变动确实是第三种原因,它限制着价值取决于劳动量这个一般原理。

最后,只剩下一个问题要指出,如果价值必须与劳动量成正比,而并不像我所表明的那样与所用资本成正比,那么除了最简单、最必不可少的固定资本之外,就决不会有固定资本的积累了。固定资本被积累起来这一事实最有力地证明了价值并不是仅仅从劳动中得来的。让我们假定一个制造业主每年支出1,000镑来维持工人。现在,如果他像很多别的制造业主一样用机器来代替人力,这种做法显然是想获得至少相等的利润。如果他依靠从前的资本得到了10%的利润,那么在作了这种改变之后,他当然希望实现同样多的利润,如果不是更多的话。假设他用500镑购买机器,用剩下的500镑来维持劳动者。现在,替代他的固定资本和提供至少10%的利润所必要的年产值须取决于该机器的耐用程度。

假定每年需以 100 镑用于维修机器。那么每年要耗费价值 600 镑的固定资本和流动资本，而价值相当于 400 镑的资本还是原样不变。因此，该制造业主为了获得整个资本的 10%的利润，年产值必须至少等于 700 镑，其中 40 镑是价值依旧为 400 镑的机器所要求的利润。如果除了代替实际所费的资本再加一个适当报酬的 660 镑之外，他没有赚到这 40 镑，显然这准是个亏本的生意。

但我们知道，人们实际上用着十分耐用的机器，我们可以肯定，一般说来没有这样大的损耗。由此可见，价值不仅须与实际所费的资本而且须与仍旧未变的资本成正比，一句话，与整个所用资本成正比。如果这一点是正确的，那么我确信像在前面几页中已经充分证明了的那样，价值绝对不可能完全取决于劳动量。

根据上面的例子，我们马上可以得出一个重要的结论：随着机器的采用而来的往往是工业总产值的下降。当制造业主把 1,000 镑用于维持劳动者的时候，为了他能赚到 10%的利润，年收入必须等于 1,100 镑。但是，正如我们所知，在添置了机器之后，年收入 700 镑就足以达到这一目的了。如果我们假定由于这种改变利润会成倍地增加，那么年产值仍然不会超过 800 镑。这是一个极为重要的论点，它说明了雇主的利益与劳动者的利益可能常常是很不一致的，因为后者受益于总产值的量，而前者只关心利润。机器的发明可能增加了资本家的收益，却至少在最初的日子里普遍损害了劳动者的利益。关于这一点，今后再作进一步的阐述。[①]

① 见李嘉图《政治经济学及赋税原理》，第 31 章《论机器》。

第二部分

财富的分配

第一章　分配的一般概念

现在，在我们理解了为阐明分配这一重大问题所必需的价值和交换的一般原理之后，便可开始研究构成本理论特定对象的这一部分财富科学了。

分配有两种：一种可恰当地称之为初次分配，另一种则为二次分配。初次分配是指不同财富源泉的所有者之间所进行的分配。那么，第一个问题是，谁是这些财富源泉的所有者？第二个问题，也是远为复杂的一个问题则是，这些阶级成员中的每个人所分得的份额在整个产品中所占的比例是由什么原因决定的呢？

全部产品在不同生产源泉的所有者之间进行了分配之后，每个所有者可能把他们的一部分财富分给另一类从事有助于他们的利益或娱乐的人，但这部分人与国家的财富增长无关。他们是各种陆军和海军士兵、公务员、律师、医生、牧师、音乐家、演员等等。尽管这些人在其他方面是很不相同的，但他们都不参加财富的生产，因此，在初次分配中无权取得任何份额。于是，他们必须依靠那些确实参加财富生产的人来取得他们的生活资料，即他们必须通过二次分配，从别人的贮存品中取得他们的财富。

这里，我们必须把注意力完全集中到初次分配上，严格说来，只有它才属于政治经济学研究的范围。[①] 如前所述，初次分配是在不同财富源泉的所有者之间进行的分配，他们中间没有一个人愿意无偿地致力于物质财富的生产，而是想要获得一部分产品。

正如我们所知，在社会的最初阶段，从事生产活动的人都同属于一个阶级。打猎和捕鱼是获得生活资料的唯一手段，而且所有的人都从事这些活动。因为只有一个阶级，全部产品必然属于这个阶级，所以就没有分配的问题。但资本一产生，资本的所有者形成了一个独特的等级，于是社会开始由资本家和劳动者所组成，各自占有他们特有的财富源泉。如果在每个行业中，这些阶级都通过各自特有的财富源泉进行协作，显然，产品就必须在他们之间进行分配。但后来又产生了另一批人，尽管他们有可能而且一般地说也确实占有一些资本，但他们并不一定占有资本，而对产业的发

① 虽然亚当·斯密在他论工资一章中已经论述了调节政治经济学称之为非生产劳动者的报酬的原因，但这并不能说明它们必须包括在这门科学的论题之内。因为大量国民财富与这部分人工作的主要目的只有间接的联系。然而，该章在论述本题时所说的一切是如此出色，以致我敢于肯定没有人愿意删去一行。施托尔希先生曾论述了他称之为内在财富，即非物质产品的理论，但非常恰当地把这一理论同国民财富的理论仔细地区别了开来。如果萨伊先生也这样做，那么他的著作就会更好些。趁此机会，我请读者注意施托尔希先生的巨著（《政治经济学教程》——译者）的第二部分《论文明》。自从我仔细阅读过该书以来，至今已有好几年了，但它卓越的论述仍给我留下了非常深刻的印象。在此，我也注意到他称之为二次分配的东西不仅包括我归纳在该词之下的一切内容，而且另外还包括了交换的全部学说。按照我在适当场合所说明的理由，我一直认为交换学说应构成这门科学的主要部分之一。

展却作出了巨大的贡献。他们就形成了一个不同于普通劳动者的等级。这些人就是农业、制造业或商业企业的经营管理者。应该承认这些人的劳动在性质上不同于普通工人的劳动，因为全面的指导和监督是与体力劳动不同的。他们也不一定是资本家，也许是利用借入的资金来经营他们的企业的。事情即使就像这样，除开资本的利息之外，还必须为他们的特种劳动，或者我们最好把它叫做劳神以及他们所冒的风险取得某种报酬。他们要取得报酬是显而易见的，否则借钱还有什么利益呢？同时谁又能怀疑他们不断借进资本是为了把它用于生产的目的呢？

英语很需要一个特殊的词来表达这一类的人。法语把他们叫做企业家(entrepreneurs)。因为缺少一个恰当的词，请允许我把他们称为雇主(master)。于是整个产品将在劳动者、资本家与雇主之间进行分配。雇主可视为另一种高等阶层的劳动者。但是，他们的报酬所受的规定是与后者非常不同的。

我在列举财富的各种源泉时，曾提到土地也是其中之一。像美国边远的殖民地的情况一样，当一个国家人口还很稀少并有大量沃野未被占用的时候，当然任何人都无需为可以自由占有并随意耕种的土地交付报酬。但在一国的全部土地或者至少最肥沃最适于耕种的那部分土地都变成了私有财产的时候，一些不愿耕种自己土地的所有者，便能把它们出租给别人。租地人则因其使用了土壤原有的肥力，而同意交付其产品或产品价值的一定部分。现在，在总产量的分配中，除了属于另外三个阶级的人之外，又有了第四个阶级要在其中攫取一个份额。劳动者、雇主、资本家和地主分别拥有三种财富源泉——劳动、资本和土地，而劳动则是前两种人所共有的财富源泉。

但是，除了这些之外，是否没有其他源泉了呢？前面已经提到了还有我称之为无生命动力的风、水流和蒸汽。但恰巧这些财富的源泉，要么是由自然界无限丰富地自发提供的，要么是由于它们不能被固定而具有不可能被占有的性质。因此，不论哪一种情况，无人有幸为他自己而独占它们，并强迫使用者从这些源泉帮助创造的产品中支出一部分来。在人口稠密而运转机器的动力又非常缺乏的国家里，为了利用水流可能还会给河堤的所有者交付一定的报酬，但是决不会因使用风力而支付报酬。水蒸气也同样如此。现在，水蒸气的利用产生了惊人效果。虽然它不是自然界的自发恩赐，但由于它甚至片刻也不能被固定或控制在手上，所以也决不能被占有。

但我们应该记得，对土地说来是正确的东西，如同适用于地壳的表层一样，同样也适用于矿藏以及在陆地上养殖鱼类的水域，两者都可以像土地一样被占有。因此，要使用它们就得向所有者交付一部分产品或者它的价值。

在指出了参与分配企业总产品的各个不同阶级的人之后，尚需探索支配每一部分人所得份额的原因。这是政治经济学中最重要的问题之一，而对于这个问题所引起的许多争论一定使我们认为它也是最复杂的问题之一。尽管已有许多关于这一问题的论著，可是分配的理论是否已得到了彻底的阐明，还是大可怀疑的。也许李嘉图的著作比任何其他作者的著作对政治经济学的这一部分阐述得更为明确，但我仍然确认，他的观点也并不全都正确。如果李嘉图的见解并不十分精确，那么他的追随者的意见就更是如此了。他们通常与其门徒一起，在许许多多问题上把他们老师已经阐明的原理引申得更要远得多，以至于完全忽视这位杰出的作者已经指出的那些例外和限制。也许没有人比托伦斯先生在他的很有才干的著作《论谷物的对外贸易》中把李嘉图学派的错误表明得更加清楚了。但是，我的目的不是去讨论在这个问题上所有业已发表过的互相抵触的意见，而是利用我所能找到的有助于说明这个问题的一切见解，提出尽可能精确的财富分配理论。

我们已经提到，总产品应该在劳动者、雇主、资本家和地主之间进行分配。总产品中给地主的那部分份额叫做地租。正像在以后还要详细表明的那样，由于在一切新成立的国家中仍有许多未被占有的好地，因而在那里就不存在地租。显然，在交付地租之前，在另外三个阶级之间也一定存在着支配产品分配的原因。因此我们可以首先论述这些原因而暂时不去考虑作为社会上一个特定等级的地主。于是就剩下了劳动者、雇主和资本家。我所熟悉的所有英国的政治经济学作者都认为后面的两种人只构成一个阶级，而把最后一个词加到这些人的身上。如前所述，这是绝对不正确的，因为拥有资本的人和指导工作的人可能而且确实常常是不同的，所以他们各自应该有权在共同的产品中取得一个不同的部分。[①] 英国作者称之为利润的东西，实际上是在补偿生产中消耗的全部固定资本和流动资本之后给资本家和雇主留下的全部余额。我并非对这个词的这种用法有什么异议，而仅仅是想明确指

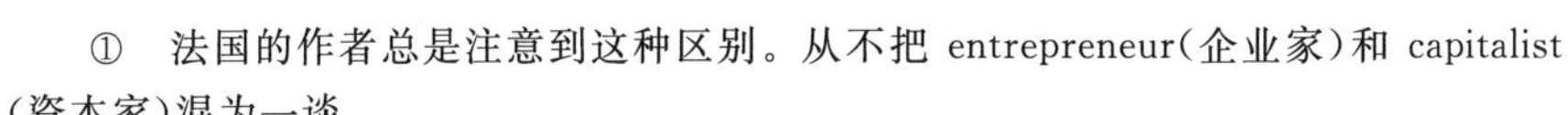

① 法国的作者总是注意到这种区别。从不把 entrepreneur（企业家）和 capitalist（资本家）混为一谈。

出它所包括的成分。不管雇主是否就是他主管企业的资本的所有者,无论如何,全部剩余或者说利润,首先要到他的手里。如果资本确实属于他自己的,那么全部剩余当然归于他;倘若不是他的,那么就还要在资本家与雇主之间再分配。

但是在目前,我们没有必要去论述再分配,这是以后要考虑的事。无论这两者是否结合为一体,现在我们需要研究的是全部产品中属于这两个阶级的那部分产品。因此,我们可在以后的叙述中把他们看做是结合在一起的,并且用雇主—资本家的名称来指明他所具有的双重身份。在我们单独使用“利润”一词而不附带任何限制时,我将采用英国作者赋予它的含义,但我将用“雇主—资本家的利润”或“毛利润”来代替根本不正确的“资本的利润”这一用语。由于我们假设两个阶级已合在一起了,所以目前我们只需要考虑劳动者和雇主—资本家,以代替参与整个产品分配的三个阶级,即劳动者、雇主和资本家。

第二章　论工资

因为劳动是财富的一种原始源泉，是唯一取决于人的原始源泉。而至今劳动者又是社会上人数最多的一个阶级，他们人数和状况的变化对利润有着很大的影响，所以从探讨决定工资率的原因来着手论述“分配”问题，看来是可取的。

劳动者的实际工资即实际报酬是，他的劳动使他能够支配的生活必需品、舒适品和奢侈品的数量。如前所述，在社会的早期，资本尚未积累在特定阶级的人们手里，全部劳动产品完全属于劳动者。在那个时期，事实上没有初次分配，因为财富的源泉只掌握在一个阶级的人的手里。但是，当拥有足够数量的固定资本和流动资本的另外一批人一出现，雇佣劳动者就成了他们的常事。现在，劳动者不再完全为他们自己，而是也为他们的雇主而工作了。如果在一个生产阶段尚未结束之前，劳动者靠他们自己的基金来生活的话，显然产品必将在他们与固定资本的所有者之间按照某种事先的安排来进行分配。如果在这一段时期内，他们没有必要的钱来维持他们自己的生活，那么，在他们完全放弃领取一份制成品的条件下，资本家可以供给他们食物和其他生活必需品，而给他们的这部分食物等等应该相当于工人应得的份额。如果有什么扣除的话，那么也只能是在垫支上打一点折扣。显然，这种垫支可能是以谷物、被服、家具等等付给，也可能是以可用来取得这些东西的货币来付给的。这是工业和财富已相当发达的一切国家普遍采用的方式。几乎在所有的情况下，劳动者总是在工作完成之前领取报酬，而且通常是用货币来支付的。

但是，由于有各种原因影响着贵金属或其他商品的生产，在不同的时期里货币所能支配的生活必需品和舒适品的数量是很不相同的。因此名义工资即货币工资的升降，并不一定意味着劳动实际报酬的相应变化。诚然，工人得到的货币量，在很大程度上还是取决于实际工资率，所以现在我首先来解释调节实际工资率的各种原因。

决定工资率的**直接**原因是劳动的供给和需求之间存在的比例。

但是这种比例本身，一方面取决于生产生活必需品的产业部门的生产力，另一方面取决于气候条件所要求的或社会舆论认为劳动人民生存所必要的生活方式。所以上述产业部门的生产力、气候条件和社会舆论的状况是调节工资率的根本原因。

在考虑决定工资率的直接原因时，我将首先研究需求的性质以及这种需求的变化对劳动报酬所产生的影响。

要构成对劳动的需求，像构成对任何商品的需求一样，光是凭想要得到它是不够的，而是必须拿出一个等价物。一方面要给工人提供一个等价物，以补偿他对安逸所作的牺牲；另一方面也要给货物的所有者提供一个等价物，因为他放弃了占有的权利。但是，可作为前者的唯一等价物是工人的必要生活费。那么在任何一个国家中，留做雇佣劳动之用的基金愈多，对劳动的需求就愈大。如前所述，实际用于或者打算用在生产上的那部分国民财富称为资本。然而，资本有两种，即固定资本和流动资本。前者是原材料、工具、机器、建筑物以及其他各种已列举过的组成部分，后者是劳动者需要的食物和其他生活必需品。对劳动的需求显然只取决于后一种资本的数量。所有构成固定资本的各种物品的数量不管有多大，都不能直接影响到另一种资本所能维持的人数。我们已经说过，原材料、工具、机器等在消耗的时候，它们并不给人带来利益。因此资本家为了获得预期的利润，无论如何总得承受国民财富的纯粹损失，或者说牺牲。对资本家来说，假如他能获得相同的利润，那么以何种形式来垫付他的资本，是固定在耐用的机器上还是用来维持很多人的衣食，确实是完全无关紧要的。但是，对国家，至少对劳动阶级来说，这件事决不是不重要的。因为他们从一种资本的增加中得不到任何直接利益，而另一种资本的每一增加都立刻会引起对他们劳务的需求。

由此看来，在任何一个国家里，对劳动的需求正好与该国的流动资本的数量成正比。如果劳动的供给保持不变，那么由于资本的所有者都不愿留着他们的资本不用而引起他们之间竞争的加剧，就使这些基金的每一次增加都有着提高工资率的趋势。当这种基金减少时，由于每个劳动者都害怕失业，他们之间的竞争也就加剧起来。如果劳动的供给一直保持不变，那么流动资本的最后数额必将是：通过支付给每个工人的工资的相应变化，在原来支付给工人的工资总额上加上全部增加额或减去全部缩减额。这个问题看来已够明白了，无需详加论述。

我必须要坚持的一个论点是：一般说来，虽然对劳动的需求是随着资本的增加而增加的，但仍然不能得出结论说，它们是以相同的比例增加的。随着社会的发展，用在生产上的大部分资金是投放在机器和固定资本的其他组成部分上的。在财富和工业发展的早期，固定资本在整个国民资本中只占比较小的一个部分。但是随着私人资本的增加和劳动分工的日趋完善，为了提高商品的质量或降低生产成本，就逐渐采取了各种改进措施。总的说来，这些改进就在于用机器来代替体力劳动。在每一次发生这类变化时，有关国家总是靠牺牲流动资本来增加固定资本的。现在，雇主兼资本家不再有必要把这么大的一部分资金保存在食物和其他生活必需品的形式上。既然已一劳永逸地雇用许多劳动者来制造机器，从此原先在劳动期间垫付给工人的流动资本的价值就变成了固定资本的价值。其中大部分不能用来满足劳动者的消费，也不能每隔一个短时期被他们再生产出来。恰恰相反，它们可以持续好几年，只需要稍加维修就行了。现在小得多的年产值足以给雇主兼资本家提供通常的利润，这才是他唯一关心的东西。因为每年只消耗掉他一部分资本，如果他把这一部分资本的价值收回并能获得全部资本相应的利润，那么也就足够了。其余的资本价值则是由机器来体现的，而机器差不多还是像它原来的样子。但由于机器不能使任何人温饱，因此十分明显，维持劳动的基金暂时会绝对地减少。由此可见，机器的采用虽然可以增加净产值，却有着减少总产值的趋势。①

于是上述变化的第一个影响将是对劳动需求的减少，以及由此引起的工资率的下降。在这里，根据一般原理的推理所证明的东西已为所有国家的丰富经验所证实。在这种情况下，工人的不

① 请参阅《论价值》一章的结尾部分，以作为这一论点的例证。至于对净产值本来含义的确切解释，则需查阅《论国民收入》一章。为了彻底弄懂它的性质，事先必须熟悉分配的全部理论。

满和苦难常常以最可怕的暴力行动爆发出来，主要是直接反对那些不能说话的工具，他们把这些工具视为他们一切痛苦的根源也不是毫无理由的。后来，使用机器所引起的工业生产力的增长，无疑地促进了流动资本的积累，使之恢复到原有的数量，并重新雇用遣散了的工人。在这种情况将要发生的时候，总的说来，国民资本将会增加，但是对劳动的需求和劳动报酬仍将与过去相同。

这种情况足以说明，工人阶级不仅不会因资本的增加而得到任何利益，反而因前一时期工资的下降而暂时受到损害。直到新的发明推动了工业的发展，流动资本增长到超过原有的数量时，才会出现对劳动更大的需求。那时，虽然对劳动的需求将增长，但它并不是与总资本的积累成比例地增长的。

在工业已很发达的国家，固定资本相对于流动资本来说，总是逐渐占着越来越大的比例。所以在社会发展过程中，用于再生产的国民资本的每一增加，对劳动者的生活状况的改善所产生的影响总是越来越小。

正如上面所证实的那样，固定资本的每一增加是以牺牲流动资本为代价的。我认为这是一个很重要的原理，它包含着一些重要的推论。从这一原理得到的第一个推论是：这样一种转化的最初影响总是对劳动需求的缩减。但最终的后果将是什么呢？人们常常说，劳动阶级所经历的灾难不过是暂时性的，也就是说，虽然他们中间有许多人也许一度遭受失业的苦难，但他们的劳务或迟或早将会重新被需要的，而且因资本的积累而增加了设备，不久以后对他们的需求将变得比以往任何时候更大些。但是这种情况在很大程度上取决于采用固定资本的产业部门的性质。举例来说，在农业上这种变化的最终影响与制造业中可能发生的这种影响会有很大差别。机器的发明给工业劳动者带来的这种灾难也许只是暂时的。可是,由于不断作出新的改进来节约劳动,因而这种灾难又容易不断重复发生。工业中的灾难之所以可能只是暂时的,这是因为有如下这些原因:第一、与过去的耗费相比,采用新机器的雇主—资本家,能凭借这些手段制造出更多的商品量,他们可一直享有超额利润,直到其他雇主—资本家的竞争降低了这些商品的价值为止。他们从超额利润中积蓄资金的能力以及把这种资金追加到资本上去的能力将因此而增加。这些积蓄的一部分可以投入固定资本,而其中另一部分也将用做流动资本,因为前者总得要一些后者去开动。第二、随着制成品的价值或价格按生产成本减少的比例而逐渐降低,这些商品的每一个消费者用他收入中更小的一个份额将足以买到他个人所需的一切,结果增加了他的储蓄能力,从而大大促进了资本的积累,其中有一些可能进入制造业的渠道。这样,手头就有了增加制造品的供给和雇用更多工人的资金。第三、毫无疑义,工业品价格的下跌必将引起对它们需求的增加。

根据一般原理的推论来看,制造业中采用机器形态的固定资本,尽管暂时会解雇大批工人,可是经过了或长或短的一个时期之后,多半会重新雇用同样数量或甚至大大超过这一数量的劳动者。经验也充分证实了这一事实。请把现在拥挤在曼彻斯特和格拉斯哥工厂里的许许多多工人同阿克赖特的珍尼纺纱机发明以前棉纺工业所供养的稀少人口比较一下吧!

但是,农业方面的情况则迥然不同。对原产品的需求不可能像对制成品的需求增长得那样快。关于这一点,亚当·斯密提出的简明理由是：人的肠胃的容量很小，但人在其他方面的欲望则是多得难以满足的。所以，由于农业机器的发明而解雇的劳动者根本不可能重新雇用于农业。也许要经过很长时间，人口才能增加到足以引起对食物提出新的需求。但对一国人民来说，所有变化中最为致命的变化是把可耕地改变为牧场，因为在牧场上所能雇用的劳动人数确实是很少的。几乎所有原先用来供养工人的基金，现在都投放在牛羊和其他固定资本的要素上。一片草地所能饲养的牲畜头数必然是有限的，雇用来放牧的人数因而也是有限的，决不会出现对农业劳动进一步需求的任何机会。因此，那里牧草替代了庄稼，那里的农村人口就顿时并且持久地减少。我们不难设想这样一种改变不能不带来非常巨大的苦难，所以人们是否真正希望最终有这样的结果是十分令人怀疑的。对于这个问题，在以后讨论地租理论和收入的性质时还要作进一步的说明。在这两个问题中，我将阐明在此情况下必然发生土地总产量的减少。尽管地主的收入有增无减，可能还是不会像制造业中机器的改善一样可以由净结果的增加来补偿。写到这里也许已足以表明，在社会发展给劳动阶级带来的一切灾难之中，没有一种可与把可耕地变为牧场给他们带来的灾难相比拟的了。①

① 我一点也不想使人认为，我上面所说的意思是在为反对农业机械辩护。因为总的看来，好的东西总是以部分的弊病换取的，这是一条自然规律，因此我们应该尽量减轻我们不能防止的灾难。反对使用农业机械确实是一种奇特的论点，如果遵照它去做，那么人类将注定只能永远使用铲子和钉耙。在那个时代，犁和耙是最伟大的革新了，并且至今还是最有用的机械。想必在从前也像今天反对更为复杂的发明一样曾经反对过这些犁耙吧。如果抱着同样的态度，那么纺锤的支持者也许早就用武装暴动来反对手纺车了。

在充分阐明了对劳动的需求以及这种需求的波动对劳动报酬所产生的影响之后，我们将继续考察决定劳动的供给和需求比例的另一个条件，即供给。在考察了利润这个问题之后，读者必将更好地懂得，我对劳动人口在各种投入资本形式中受到的影响所作的更为详尽的论述。

劳动的供给是由两个要素组成的：第一、劳动人口的总数；第二、按惯例一年中应劳动的天数以及一天中应劳动的时数。

劳动的供给是随着既能够又愿意为维持他们生活而去劳动的人数的变化而变化的，这一点肯定无需加以证明。这仍然不是构成供给的唯一条件。一个国家的劳动人民可能比另一个国家要少些，但如果前一个国家的居民在一天或一年中只给他们自己很少一点休息时间，而假定后一个国家的居民更爱好安逸，或者更想娱乐，那么在一定时间内，前一个国家的居民带到市场上去的劳动量可能像后一个国家在市场上的劳动量一样多。

如果我们假设对劳动的需求保持不变，从而用来维持劳动的基金量也保持不变，那么工人人数或者他们在整年或整天中劳动的时间长度的每一次变化，都将引起工资率的相反变化。

如果劳动人口增加，而刚才提到过的那种基金却没有增加，显而易见，他们就一定会更加贫困，因为等量的食物、衣服、燃料等要在更多的人中间进行分配。这种灾难只有在两种情况下才能降临到人民的头上。一是老工人继续领取与原先相同的报酬。在这种情况下，没有东西留给新的劳动者，因此这些人必不可免地因贫困而死亡，或者只能依靠他们的亲友或上层人物的施舍过着朝不虑夕的生活。另一种情况是，如果所有人都得到工作，而把维持劳动的基金相当平均地在他们之间进行分配，那么每个人的收入必定比先前更要少些，也就是说工资必定下降。一般说来，劳动者就是在这种情况下遭受不幸的。随着人口的增加，如果用来维持这些人生活的流动资本保持不变，那么每个工人在寻找工作方面便开始经历愈来愈大的困难。由于雇主发现有的是待雇的工人，他们就变得更加难于对付了。但是劳动者不愿意接受更少的劳动报酬，因此可能要失业一个时期，直到饥饿开始迫在眉睫日子非常难熬的时候，才不得不屈从于那些先前已经拒绝过的条件。与此相反，如果流动资本仍保持不变，也许因移民而引起了劳动者人数的减少，显然其结果必然相反。同样数量的食物和其他生活必需品必将在较小的一批人中间进行分配。整个说来，那些留下来的人的状况必将因此而获得改善，而且这种利益不会仅限于少数人，而是遍及众多的人口。

由此看来，劳动者的状况，也就是每个国家中绝大多数人的状况，在很大程度上必定受他们**人数的限制**。

但是，决定劳动报酬的劳动供给也部分地取决于整年劳动的天数以及一天中劳动的时数。假定两个国家目前的人口和资本都是相同的；假定在一个国家里，工人一年到头劳动没有任何休息；而在另一国家，每隔六天就有一天休息时间。我想后者的居民与前者相比，按他们劳动的比例来说，一定得到更多的工资。从而在这种国家中的工资率比另一种国家更高些，因为工资率就是指付出的劳动量（它是由劳动强度和劳动时间的长度这两个要素构成的）和劳动报酬之间的比率。对某些人来说，这种利益乍看起来似乎确实比它可能有的要大得多。因为，按照假设，目前两个国家中用来维持劳动的基金是相同的，而人口也是相同的，因此有人或许会鲁莽地作出结论说：如果把这两个相等的基金总额平均一下，那么这两个国家中每个劳动者所得的份额是相同的。举个例子来说明这个问题，在某一个国家里，每个工人每年有 365 个劳动日，而另一国则只有 315 个。但是劳动日减少到这种程度是极大的浪费。因为我们应该记得，劳动天数愈少，所做的工作也就愈少，因此倘若减少了 1/7 的劳动，那么在产量中也应减去一个相同的比例。如果我们假设工人劳动天数尽管少了这么多，雇主还得付给他的工人们原先一样的工资总额，那么他丧失的不仅是全部利润，而且也包括他的一部分资本。如果我们假设某个雇主用 1,000 镑来雇佣劳动，利润为 10%，那么年产值为 1,100 镑。倘若以后工人在一年中不是像先前一样要劳动 365 日，而是不超过 315 日。显然，这一时期内的产值就得减少 1/7，也就是说，减少到 943 镑。因此，如果劳动者所得的工资总额仍旧一样，那么在年底雇主除了损失他的利润之外，还要从口袋里拿出 57 镑。这一点给我们说明了工资的提高有一个自然限度，也就是说，它绝不能超过，甚至也不能达到工业生产力发展的程度。而我立刻就要谈到这一点。

那么，我们所能下的结论就是，劳动日数的限制具有提高工资率的趋势，可是很难说这种提高到底能达到何种程度。

为了简明起见，在我刚才所说的例子中都假设两个国家中的资本和人口是相等的。但这种情况是不可能的，或者至多这只是暂时的。既然在劳动量上，从而也在完成的工作上存在着这样的差别，那么要在资本方面不致迅速引起差别则是极不可能的。315 天的产量必定比 365 天的产量少得多。除非在前一种情况下储蓄已变得更加普遍，否则在这两个例子中的全国的资本额不可能长期保持相等。现在，可以这样说：阻碍资本发展的这种做法将足以抵消起初人民从限制劳动时数中所得到的一切利益。如果他们劳动少些，那么他们的所得也将按比例递减，因为他们赖以生活的那部分基金积累得更慢了。但是，这是我们在研究调节工资的最终原因时就要分析的一个问题。为了我们当前的目的，只要说明这样一点就足够了，即在劳动量方面的限制，不管是怎样引起的，都具有提高劳动报酬的倾向。

上面的原理也同样适用于一天中通常的劳动时数不同的场合。当两国的资本与人口之间的比率相同时，如果各自普遍实行了不同的日工时，在一国中 10 小时工作日所得的报酬可能并不比另一国中在更短时间内取得的报酬要多些。导致目前这种情况的原因是同前一种情况相同的。虽然两国的人口相同，但提供的劳动量，即劳动的供给事实上是很不相同的，而雇用与维持劳动的基金则是相同的，因而劳动的需求也是相同的。所以不能不以不同的比率来支付劳动报酬。

如果事情果真如此，我们就不能抱着过于反感的态度来看待对工人阶级休息时间的任何侵占。即使我们并不抱着这种态度，由闲暇产生的属于宗教、道德和智力上的利益是那么多，我们也不能过高估计这种被侵占的时间。时时改变我们已经惯于在其中工作和思考的客观环境本身，对于人的认识具有重大意义。如果这一点适用于一切社会状态的话，那么在劳动分工已高度发展的社会中尤其是如此，因为在劳动分工有助于大大增加总成果的同时，它却有着束缚个人智力发展的强烈趋势。如果一生中的大部分时间都花费在一件极其简单的工作上，并且不允许有空余的时间，那么人简直就不能脱离愚昧状态。因为工作的多样化尽管会妨碍在某一方面的精益求精，但它对一般的敏锐和灵巧却是有利的。如果说基督教没有赐给人类其他世俗的利益，那么仅仅把 7 天中分出 1 天来给人们休息，这件事就足以使它有资格受到广大人民群众的永远感戴了。法国的国民议会企图把休息日限定为 10 天中有 1 天休息，如果这一决议能永远付诸实施，我们就很难设想还有什么能使人民——具有特殊器官的人遭受更大损害的了。在一些天主教国家中，节假日的天数可能已增加到了过分的程度。当然，这是在滥用原则。可是同另一个极端相比，它似乎对人更适合一些。每个国家占人口大多数的劳动阶级有充裕的空余时间，即在一年中有相当部分的时间用来自娱，同他们不得不从年轻时代起就得在过分闷热的车间里、在污浊的和充满着恶臭的空气中每天连续苦干 12 或 15 小时相比，对他们的幸福肯定更有助益。那些认为不能以太大的代价来换取国民财富增加的人，往往对这些娱乐时间非常不满，认为这简直白白浪费了这么多时间。但是在哲学家看来，财富的分配方式和贫困阶级为挣得他们财富的份额所花费的劳动程度，至少与财富的总量同等重要。

雇主—资本家的贪婪、他们雇用工人所需要的必需品以及用货币来支付工资的惯例，经常有延长劳动时数的趋势，而且通过这种方法来增加劳动的供给，以达到减少劳动报酬的目的。在此，我必须说一句很重要的话，但是我不记得以前曾见到有谁说过，这就是固定资本的增加往往导致上述的结果。因为只要在这么巨大的一部分价值固定在机器、建筑物等上面的地方，制造业主非常不愿意让这么多资本闲置着不用，因此不愿意雇用那些不能在白天干很多小时活的工人，[①]从而也不愿雇用那些害怕已在某些企业中实施的夜间劳动的工人，这样就造成了当一批工人离开的时候就有另一批工人来上工。

因为一般说来，工厂附近的孩子很多，况且他们并不是自由劳动力，而是由贫困和想望有所收入而变得狠心的父母逼着他们去干活的孩子。这些父母乐于从他们的孩子身上得到任何一点东西，所以这些小孩子的报酬常常低得叫人难以相信。滥用童工引起了强烈要求立法机关进行干预的呼声。虽然随便哪一个国家的政府都很怕在劳资之间进行调停，因为这样做很少有什么成效，但是在这种情况下，就有了违背一般惯例的依据。主要依据是：小孩子不是自由劳动力，他们不是自愿去劳动的，而是家长强迫他们去干活的。几乎在所有情况下，父母的慈爱被认为是给予孩子们以人道待遇的充分保证。但是在目前这种情况下，经验已经表明情况正好相反。对收入的想望促使父母亲差遣他们年幼的子女去做一定会使他们过早地受到摧残或者在以后的年代里留下疾病和畸形的苦活。既然这些天生的保护者不去履行他们的职责，那么把这个任务委托给立法机关也是适当的。立法机关也许希望通过完全禁止雇用一定年龄以下的童工，以及在以后的几年内限制法定

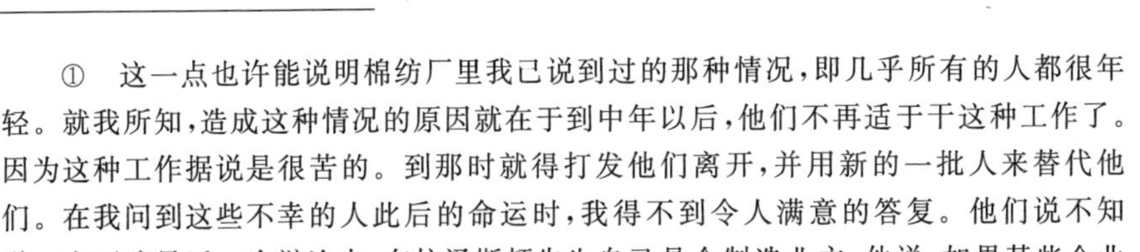

① 这一点也许能说明棉纺厂里我已说到过的那种情况，即几乎所有的人都很年轻。就我所知，造成这种情况的原因就在于到中年以后，他们不再适于干这种工作了。因为这种工作据说是很苦的。到那时就得打发他们离开，并用新的一批人来替代他们。在我问到这些不幸的人此后的命运时，我得不到令人满意的答复。他们说不知道。在下院最近一次辩论中，布拉泽斯顿先生自己是个制造业主，他说：如果某些企业主能劝诱他们的人每天只要多工作 1 小时，那么他们的利润每周就会增加 100 镑。

的劳动时数等措施，在某种程度上纠正这种巨大的弊端。[①]

现在，我们已经论述了调节工资率的直接原因，即劳动的供给和需求之间的比例。我已指出其中包括了需求与供给，并说明了前者的增加或减少具有提高或降低劳动报酬的趋势，而后者的相同变化则有着完全相反的影响。因此，工资率的变化与需求的变化成正比，而与供给的变化成反比。

由此可见，只有两种改善工人阶级状况的方法，或者增加留作他们生活费的基金，或者限制这种基金在他们之间进行分配的人数。于是，问题就在于哪一种办法可能最有效。这就使我们去探讨决定工资率的最终原因。

这里，我们也许就要看到其中有一种办法比其他办法显然更有把握得多。提高产业的生产力决不是常常有可能的，而抑制人口的增加只能取决于人的意愿。况且，为了增加劳动、资本和土地的报酬所能想到的一切发明，都不足以抵消一个持久的、随着社会的发展日益为人们明显地感觉到的不利条件，这就是在比较好的土地完全被耕种之后，不得不去依靠那些比较差的土地。因此我们立即可以得出一个结论，即如果我们不顾获得食物方面的这种越来越大的困难，听凭人口增加得像从前一样快(恐怕这是可能的)，那么情况就必然要悲惨得多。因此，至少在那些不能满足衣食的情况下采取

① 这一部分写在最近的一个工厂法案通过之前。可是在我看来，该法案对于工厂的现状是讳莫如深的。由于医生证明童工已超过了所规定的年龄，因此就免除了制造业主的罪责。而医生则为家长们所困扰，这些家长急于把他们的孩子送去劳动，而且发誓说，他们已超过了 9 周岁。自从上面所说的那个法案通过以来，我就亲眼看到过棉纺厂雇用的许多童工，他们肯定还不到法定的年龄。

一些权宜的办法来控制人口的过快增加，就显得一目了然了。

但是我们一定要注意到，严格地说，我们虽然可以把人口的增长控制到任何一种程度，因为这完全是由人的意志来决定的；但是从限制人数中得到的好处却有着客观的限度。这些限度是由工业生产力，特别是由农业生产力决定的。很明显，不管人口受到什么样的限制，劳动工资还是绝对不能超过一切财富源泉的总收入，甚至不能达到相同的水平。因为总要留下一部分产品来补偿固定资本和作为利润，更不用说这种利润也许用做流动资本，也许并不用做流动资本了。这个论点在我们对本题所作的一切考察中必须牢牢记住。我们也许可以更为简明地把它作如下的表述：一个人每年或者每天的工资，绝对不能超过或者甚至不能相等于他在同一时间内所能生产的东西。

在说明了这一点之后，现在我可以更为详细地继续论述我们一开始就提出的问题，即在上面所说的两种权宜办法中，究竟哪一种可能最为有效地、持久地改善广大人民的状况。这个答案将会很容易地找到，如果我们首先承认下面这个判断是确实的话，即除了在非常特殊的情况下，而且这种情况必然是地区性的和暂时的，人口的增长具有比所能获得的生活资料的增长更快的自然趋势。在证明这一点的时候，马尔萨斯先生在他三卷本的著作中已经提出了大量证据。这部著作将使它的作者名垂青史，每个经济学者都要仔细研究它。

在目前情况下，我将把自己限制在几个简单的意见上，它们也许足以比较清楚地说明这个问题了。

根据那些最容易取得食物的国家的情况，事实表明：地球上大部分可居住的地方，人口的增长具有比所能获得的生活资料的增长更快的趋势。这些地区有着大片沃野，很多土地还没有耕种，但是已为来自宗主国的殖民者不断侵吞和占有。人们早就知道，这些宗主国的工业技术早已有了高度的发展。美利坚合众国正处在这样的环境之中。因此，如果有什么地方的话，那么就是在这里人口的增加并没有受到难以获得生活资料的限制。参照一下这个国家的情况，我们便能对人口增长速度的自然趋势有一个更为明确的认识。根据人口普查，前些时候该广阔地区的全部人口每25年就要增加一倍。而在新近定居的单一农业地区，人口的增长居然快到难以置信的地步，竟至在短短15年间就同样增加了一倍。甚至有人说比这个时间还要短。但是我宁可保持在实际情况的限度之内而不愿越出这种限度。那么，我们可以认为：在最有利的条件下，人口增加一倍的时期为15年。人口以极快的速度增长的趋势是一个极为重要的事实，要是没有发现美国这一广阔而肥沃的地域，我们也许永远也不会知道这个事实。由于在古老国家中人口增长速度与此很不相同，所以，在任何情况下，人们都不能设想人口的增长竟能快到像经验已经证明的那种情形。如果欧洲各国在50年之间人口增加了一倍，那就会被认为很多了。其中大多数国家人口增加的速度还要慢得多。而另一些国家，如瑞士的某些地区人口也许竟是停滞不增的。甚至在某些国家，例如土耳其，居民的数目反而有下降的趋势。但是在旧世界里人的体质与新世界里的情况没有什么差别，事实上他们本来就是一种人。前者的情欲并不比后者稍逊，两者想要得到子女的心情也大体相同。所以有一切理由来推测，旧世界的人口有着与新世界的人口同样快的增长趋势。如果实际上增长得并没有这样快，那么必然是有某种原因反作用于这种趋势的结果。

这个原因不可能是气候条件，因为欧洲的空气对人的生存至少也像美国的空气一样有利。可以充分说明这样一种普遍结果的唯一重要原因，是获得赡养家庭的生活资料的困难。在一切古老的国家里，最肥沃和位置最有利的土地都早已耕种。因此，要取得更多的食物，就必须求助于那些比较贫瘠或者更加偏远的土地，它们往往不能提供同样的收获量。随着一国人口的日益稠密，生活资料的增加日益困难，因而维持家庭生活也就变得愈来愈困难。

根据美国边陲殖民地的例子来看，每 15 年人口增长一倍的趋势似乎是由于道德上的倾向和体质方面的原因。但是，在古老的欧洲各国，甚至那些工业已取得极大进展的国家，如果人口在 50 年内增加一倍，就被认为是十分可观的了，事实上只有很少几个国家接近于这种速度。由此看来，可以充分说明这一差别的唯一原因就在于，随着社会的发展，生产和取得更多的食品供给变得愈来愈困难了。正是由于这种困难才限制了人口的发展。由此便可推断，除了新殖民的和肥沃的地区之外，任何地方人口的增加比所能获得的生活资料的增长具有更快的趋势。一个国家人口的增长趋势比另一个国家超过了多少，可用欧洲古老国家人口很慢的增长速度同处在更为有利情况下的人口迅速发展的比较来证实。

但是，或许有人要说：虽然所有欧洲古老国家的目前状况确实是这样，即获得生活资料目前有困难，可是今后在农业上将采取各种改进措施，从而使农产品的增长有可能跟上人口的自然增长。然而这种推测是言过其实的。机器的使用和劳动分工在工业方面创造了奇迹，但农业企业只能在很有限的程度上采用它们。随着人口的增长，所有最好的土地被耕种之后，已经有必要求助于较差的土地，这是一种不利条件，而耕作方式和农作物轮作方面的最伟大的发现，只构成了对于这种不利条件的非常微弱的抵消力。这一点已为下列事实所证实，即有着许多肥沃土地而文化却极端落后的国家，还是能生产出比技术和工业最发达的国家便宜得多的谷物。各方面都很落后的波兰和南俄罗斯，它们生产小麦所花的成本还不到英国所花成本的一半。因此，设想今后的各种发现将能把农业劳动和农业资本的收益增加到这样一种程度，以致可以使生活资料的增长跟上人口的自然增长，只是一种与所有过去经验相矛盾的纯粹的假设，因而也是极其不可能的假设。有谁真能设想用任何一种办法能把欧洲的粮食增加得这样多，以至于可以允许每 15 年就让居民人数增加一倍吗？但这正是那些鼓吹生活资料的增长有可能跟上人口不加控制地任其发展的人，竭尽全力要加以辩护的论点。

如果我的说法是正确的，那么前面提出的关于改善劳动阶级状况最有效的方案这个问题就有了现成的答案。如果人口的增长力大大超过生活资料的增长力，其结果必然是，即使我们把后者增加到我们所能达到的程度，也丝毫不能持久地改善大多数人民的境况。唯一的差别仅仅在于，在某种繁荣时期过去之后，人数必将增加，而他们中间就有更多的人像以往一样贫困。

这是在上面提出并且证明了的重大原理的第一个结论。其次是必须用各种方法把人口控制在一定的限度内。事情就是这样，所有欧洲古老国家的经验已经证明了这一点。与那些新殖民国家相比，在这些国家中居民的增加是相当缓慢的，因为新殖民国家允许人口听其自然地发展。那么,现在我们所能提出的问题是:第一,限制人口的最好方式是什么?第二,限制到何种程度?

只有两种方式能够限制人口的增长。如果容许人口增长到最好年景生活资料所能许可的最大限度,那么一出现荒年,许多人由于部分地或完全没有衣食,必定不是纯粹死于饥饿,就是死于不卫生的食物和缺乏营养所引起的疾病。这就是所谓"强制性限制"①,呈现在我们眼前的是最骇人的灾难和随时威胁着人类的死亡。

能够控制人口的另一种方式是限制出生的人数。我们必须在这两种办法中进行选择,因为舍此别无他法。你是要始终贫困和时遭不幸的劳动阶级呢,还是要永远免除听凭无常的命运摆布的劳动阶级呢?你是宁愿要这样一种人口,他们中间大部分人不断过早地被夺去生命,贫困和肮脏一直在引起疾病,或者把这些疾病传染给过着舒适的生活并且对别人没有害处的、健壮的另一种人呢?问题就是这样。

应该消除在这个问题上存在的许多偏见。如果认为古老国家的人口不能听其自然地发展,那么就应该设法限制它的发展。因此,问题仅仅在于用什么手段才能最有效地达到这一目的。你愿意听任强制性限制的摆布呢,还是采取"预防性限制"?你认为让贫困的不可战胜的作用来把人数限制在生活资料的限度内最为有利呢,还是运用区别于其他万物的人的理智和自制力最为有利呢?一旦明确地提出了这个问题,克服许多至今还不赞成这一学说的看法看

① "The Positive Check"传统上译为"积极限制",我认为这种译法与原义不符,故改译为"强制性限制"。——译者

来并不是不可能的。这里提出一个非常重要的看法，这就是绝不能认为，从长远来看，盛行预防性限制的国家比受强制性限制支配的国家养活的人口更少。在后一种国家里，人口的数量被匮乏和疾病抑制以前，在一个时期内可能增长得更快。而前一种国家要达到同样的人数虽然时间要长一些，但终将达到，甚至可能超过这个数目。因为，出生婴儿极多的国家遭受苦难的主要原因是，始终存在着大量不能自己谋取生活资料的少年儿童。这是造成个人与国家贫困的主要根源。在一定年龄以下的孩子，按他们身材的大小大量消费着他们所能消费的东西，而从不拿出任何产品。就财富而论，一个幼儿养到九、十岁，再被疾病夺去生命，对他的双亲以及对整个国家来说，都是一种纯粹的损失，赡养他这么多年的全部生活资料完全被浪费掉了。因此，在受强制性限制支配的地方，经常大量产生这种后果。由此我们可以判断，这一原因必定使国民财富受到了多大损失。这一点有助于我们解释贫困的爱尔兰以及其他类似地区的情形。这些地区的工资都很低，还要在许多非生产人员之间进行分配，而且其中还有许多人是绝不会长大成人的。但是，在预防性限制盛行的国家里，出生的孩子少，死亡也少，未成年的人数在整个人口中所占的比例比较小，有更多的人到达成年，而且生产劳动者的寿命也长些。这样，人民的境况当然要好些。这样一批居民同另一批人数多得多而且小孩占很大比例的居民相比，显然会生产出更多的财富。因此，在前一种情况下，为以后的人口发展所需的生活资料也就会更多。而一国的国民因无远见而生下了为数众多的人口，超过了可能把他们健康地抚养成人的限度。这种行为不仅使他们自己永远陷于极端贫困的境地，而且过了某个时期之后，由于阻断了财富的主要源泉——精力充沛的成年人的劳动，甚至还会使人类的繁殖受到遏制。[①]

那么，总的说来，我们决不能得出这样的结论：从长远来看，在预防性限制比强制性限制占优势的国家中，人口会比较少。虽然它的发展暂时会比较慢，但是这种发展将更为持久，直到超过另一类国家为止。[②] 在这两种情况下，人口的素质也必然有很大差别，前者同后者相比，成年人所占的比例要大得多。

看来，在这里注意一下反对马尔萨斯学说的意见是恰当的。我记得我曾在某个地方听说过这种意见，它是这样的：据说一个人总是能生产出多于他所能消费的东西，因此如果一旦减少了劳动者的人数，这个国家就会受到损失。这种异议包含着一个假设和一个判断。让我们姑且承认前者是正确的，因为一个体格健全的成年人总是能生产出多于他所消费的东西的。但是我们是否可以因此得出结论说，不能自助的幼儿也能够这样呢？赞成用预防性方法来限制人口增长的一个主要论点恰恰在于，我们可以用一批健康的成年人来代替一批因处于童年时期或因患病而没有劳动力的人。我们刚才已经知道，预防性限制盛行的地方同强制性限制占主要地位的地方相比，前一类人总是比后一类人所占的比例更大。没有年幼子女的成年人移居到各个遥远的国家，对于他们离开的国家来说，如果可以带来什么利益的话，那也是极其微小的。假如这些人在本国都能充分就业，那么毫无疑问，该国的财富将因劳动力的外流而减少，

① 根据最近的人口调查，爱尔兰的人口比以前增加得慢了一些。因为我们没有任何理由可以认为这种情况是爱尔兰人在习惯上有什么改进的结果，所以这一事实有助于确证上述的结论。

② 意大利的俗话说："谁走得稳，谁就走得快。"

因为他们带走了能够而且愿意劳动的一双手。但是留下来的劳动者由于另一部分人的离开而得到了好处,因为他们可以在劳动产品中获得比较大的一个份额。其结果必然是,国民财富的减少可能远非对下层社会更有利的分配所能补偿。这种情况下的唯一困难是,正如假设的一样,如果移民留在本国,他们本来就会生产出多于他们消费的东西,因此这时该国的资本必然因他们的离开而增加得更加缓慢。正是由于这个缘故,对劳动的需求也因此减少。但是由于他们同伴们的离去,劳动者的所得看来很可能超过所失。因为劳动供给的减少是最近的、确定的原因,而资本增长速度的下降则是更远的也是最后的结果。雇主不一定把工人生产的超过他们消费的全部余额积蓄起来,并追加到原先的资本上去,有很大一部分余额也许被他白白地花费掉了。当利润因工资的提高而下降时,雇主不得不更加节约以便弥补这一差额。由于这些原因,即使在上述情况下贫苦阶级的人员由于他们阶级兄弟的迁移看来还是有可能得到利益的。但这一点不是我们所要争论的问题,因为人并不是生来就有各种能力的,他们必须经过一段漫长而无能的幼年时期。毫无疑问,在一个国家中儿童的比例越大,个人与国家就越穷。因此,有助于减少这一比例的方法必定对两者都有利。总之,如果劳动者只能按本阶级的人数分得工资总额中的一个很小的份额,而且还得和他的妻子和十个孩子一起来分享这一微薄的收入,那么劳动者生产出多于他消费的东西对他还有什么好处呢?

但是该反对意见所依据的假设是否那样可靠呢?即使健康的成年劳动者是否总是能够生产出多于他所消费的东西呢?如果情况果真如此,我确实会很高兴。但是我们应当记得,光是人的一双手是没有什么用处的。他必须既要有用来劳动的东西，又要有把他的劳动施加上去的东西。毫无疑问，只要质量尚可的土地还没有被占用，每个人一般都可以找到多于维持其生存所需的东西。因为绝对必需的固定资本的组成部分仅仅是一些种子，一把锄头和一把铁锹。但是，在整个土地成为私有财产之后，这种重要的自由资源已不再存在了。为了要依靠使用机器的行业来谋生，就必须有更多的以新材料和新工具的形态存在的资本。如果一个人当时既没有这些东西又不能借到它们，那么只有把他的劳动出卖给别人。那么，怎么可以如此肯定地假设整个国家拥有的固定资本，它的一切组成部分的数量，一定能够足以充分雇用该国的全体成年人呢？这个假设不仅在理论上毫无根据，而且我担心它同经验已经充分证明的事实恰好相反。

我们不可能给推行预防性限制人口的适当限度提出一个总的规定，因为它必须按每个国家的不同情况而定。在少数情况下，人口的增长看来几乎不需要任何限制，因为毫无控制的人口增长速度并没有使人感到不便。但是随着耕地面积的不断扩大和居住人口的日益增多，这样的地区每天都在减少。即使在美利坚合众国，也只是在边远的殖民地区的人口才得以尽量发展。在阿利根尼斯河的西边，虽然增长的速度还是快的，但绝不是可以尽量发展的了。在那些比较老的州里，由于已经出现了贫困和生活资料的匮乏，看来强制性限制已在某种程度上发生了作用。如果在殖民仅两个世纪而且还有许多土地远没有完全耕种的国家里，甚至在特拉华与萨斯奎哈纳河的两岸，也必须采取预防性限制的话，那么在更早以前就住满了人而且绝大部分土地也早已耕种的法国或者英国，该多么需要这种限制呀！甚至在纽约和宾夕法尼亚，虽然还没有因无数意外变故——从战争与和平的重大变迁到时尚的突变——而引起大量工业人口失业，但是也已经需要在某种程度上注意防止居民增加得太快了。如果英国不以比目前更大的范围实行预防性限制，那么那些到目前为止已经经历过的灾难必将随着工商业的增长而变得愈来愈可怕。商业上的每次变化，机器的每次改进以及萧条的每一次出现，使失业的人数和极端贫困的范围必将变得愈来愈大。人们不仅应当把这些综合性的弊病本身视为巨大的公共灾难，而且必须看到它势将危及自由政府，危及一般的财产权，甚至危及文明社会本身的存在。

我在这里必须重新提出一个已经涉及到的论题，这就是，即使人口的增加已受到最大限度的抑制，由此引起的工资增加也仍然受到工业生产力的限制。换句话说，一个人一天或一年劳动的收入不仅绝对不能超过在同一时期内他借助于一切其他财富源泉所生产的财富，而且正如我们所知，他的工资必须低于这个水平，因为总产值的一部分总是要用来补偿固定资本和提作利润的。现在，欧洲的许多国家，所能增加的工资也许比人们所设想的要少。

我们假设英国的毛利润率为10%，这一假设也许并不低于实际水平。还假定某个雇主把2,000镑用在某一个生产部门，其中的一半投于固定资本，其余一半则由按每人20镑计算维持50个劳动者生活所需要的食物等构成。如果产品在一年中制成，那么按上面的利润率计算将值2,200镑。这时，如果我们设想工资从每人20镑提高到22镑，那么该雇主的利润就得减少一半，即降低到5%①。我们

① 事实上，利润率还低于5%。

几乎不能设想比这还要低的利润率了。雇主的收入减少这么多却只能使每个劳动者的工资获得些小增加。有人也许会说:工资的增加一定会引起产品价格的相应提高。可是在论述价值这一问题时，我已经阐明这是不可能有的事。

这个例子可能给我们说明了，在欧洲大部分国家中，增加工资的可能是非常有限的，其原因是生活资料的生产变得愈来愈困难。如果劳动者的实际报酬仍保持相同，那么劳动者的收入在整个产品中所占的比例逐渐变得愈来愈大，而剩余部分则变得愈来愈小，可是它是任何一种增加的唯一来源。这一点将在利润一章中详细说明。对工人来说，他是只要维持他本人的生活，还是不得不另外抚养一群不能自立的小孩子，当然会有很大差别。因此，比较小的家庭，由于减少了工资所供养的人口，同工资率的提高相比，更能减轻劳动阶级将来的痛苦。如果在年青、健康的时候有所储蓄，那么他们的境况也许是相当不错的。

在欧洲大多数国家中，一个体格健全的单身汉养活自己，一般没有多大困难(我说一般，因为在工业区易于发生急剧的变化，它常常使很多人暂时失去工作)。只是在子女增加、疾病缠身的时候，才会受到贫困重压下的痛苦。

但是我们应该记得，虽然欧洲很多地方的工资不大可能上升得很多，但是，即使并不受到人民的节俭所阻止，也没有下降的迹象。爱尔兰的劳动价格比附近岛屿的低廉就是这一论点的有力证据。如果那里农民的习惯变得同蒙斯特的农民一样，就没有理由认为其结果也不应当是相同的。

这些论点为我们更明确地解决一个已经触及的问题作了准

备，这个问题就是：健壮劳动者的迁移出境，或劳动时数的限制均可导致工资的提高。在这一类收入已经吞去了大部分总产量的国家里，如果认为通过移民的办法工资也许能大大提高，那是徒劳的。工业生产力的发展程度也不容许有这样一种提高。根据同一理由，在相同情况下，缩短通常的劳动时间对工资的提高也不可能有多大效果。但是如果因劳动供给的减少而阻止了工资的下降，那么它给广大人民带来的利益仍将是很大的，大概这就是全部好处了。确实，如果移居外国的人离开他们本国是因为他们不能得到充分就业，那么，十分明显，他们的离去必定有益地减轻了祖国尤其是贫困阶级的负担，因为这些阶级免除了许多有害的竞争。很明显，在工资很低的地区，移民产生的效果可能更大些，因为在这种情况下，工资的增加应当有更多的余地。但是如果没有同时实行更普遍的预防性限制，这种利益只能是暂时的。

在国家发展的初期，在只需要耕种最肥沃的土地的时候，一个人生产出来的东西大大超过他必要的消费量，因此劳动者通过对国民资本付出更多劳动所获得的东西很可能多于因竞争而失去的东西。但是在古老的欧洲诸国，情况恰恰与此相反。由于已有必要耕种劣等土地而使按人口平均计算的总产量大大下降，结果雇用劳动者的生活资料占去了这么大的比例，以致剩余部分只占很小的比例。从而，每个人对社会公共储备的增加只能作出微小的贡献。在这种情况下，劳动者相互之间的竞争所损失的东西超过了他们对国民资本付出更多劳动所取得的东西。因此，一部分劳动者迁移到别国，对其余的人来说应该是有利的。看来这样确实解决了以前提到的那种困难。

但我们必须看到，导致移民给那些留下来的人带来利益的这一原因本身，即农业收益的减少，同样也限制着这种利益。这一原因阻碍着工资的显著增长，因此移民主要起着阻止工资下降的作用。

在不同的国家中，对人口的不同限制所起的作用取决于特殊的自然环境，或者取决于特殊的心理状态。我们现在就来解释这两个条件。

我在前面说过，作为决定工资率的直接原因的劳动供给和需求的比例，一方面受生产生活必需品的那些生产部门的生产力的调节，另一方面也为气候条件决定的生活方式以及为舆论所认可的劳动者生存必需的条件所调节。所以上述生产部门的生产力、气候条件和社会舆论的状况是决定工资率的最终原因。第一个原因已经分析过了，只有后面两个原因尚待研究。

十分明显，人们最不可缺少的需要在很大程度上是由他们生活所在地的气候条件决定的。如果我们的注意不超出欧洲的范围，我们便可看到，例如意大利南部居民的生活必需品与英国居民的生活必需品有多大的差别了——忍受着伦敦的寒冷和浓雾侵袭的穷苦人和沐浴在那不勒斯的明媚阳光下半裸着身子做杂工的流浪汉，他们的生活必需品有多大的差别呀！在一种情况下，劳动者需要房屋来抵御严寒的气候，在一年的大部分时间里需要火、保暖的衣服和相对说来还算丰富的饮食，其中包括一部分肉类和酒。而在另一种情况下，在 12 个月的大部分时间内，几乎根本不需要什么住房。除了冬季的短短几个星期之外，更不需要取暖用的燃料，他所需要的只是一件最简单的外衣。在夏天只需要一点冰块和通心面。人在必不可少的需要方面有如此大的差别，对人口的数量不可能不发生极大的影响。如果按英国资本的比例计算该国的劳动阶级的人口增加到像那不勒斯王国那么多，可以肯定，这种情况只能是暂时的。因为在后一种情况下足够维持生活的生活资料，在前一种情况下是不够的。这就必然会有很多人将因缺乏适当的营养、寒冷以及这些原因引起的疾病而死亡。因而，人口必将减少，一直减少到该国的流动资本按气候条件决定的更高的必要生活费用所能维持的数目为止。倘若在这种寒冷空气中生活的人，不去大力实行预防性限制的话，强制性限制必将代之而起。不论以何种方式都必定会导致这一结果。① 某些国家的劳动人口数在维持他们生活的资本中所占的比例可能始终比另一些国家大，从而工资率就会更低。由于这个简单的原因，在良好气候条件下所需的生活费用比寒冷气候条件下需要的更少。由此可见，始终与国民财富的实际状况相一致的人口所能到达的极限，是由自然条件决定的。而世界各地的自然条件是不同的。

至于人口在这一不能逾越的界限之下可以增加到何种程度，则须取决于心理状况——取决于劳动阶级对于他们必要的生活水准的看法。在这方面，他们的要求愈高，人口可能变得愈加有限。如果一个人的愿望只是一间土屋和一点马铃薯，在他认为能够获得这些东西的时候，就没有什么东西能阻止他结婚和生出十来个

---

① 自从写了上面这些之后，我从政府文件中看到，最近 20 年以来，那不勒斯王国的人口增加得非常快，已经增加了 1/6 以上——这种速度确实比大多数欧洲国家要快得多。它的人口总数已高达 600 万。如果考虑到它有限的领土，多山的自然条件以及居民很低的勤劳程度，那么这个数字是非常大的。从 1815 年到 1835 年的 20 年时间内，还发生过一次时疫，据称这次时疫除了正常的死亡之外，还夺去了 15 万人的生命。

孩子！但是如果他向往着有一幢整洁的、粉刷好的小屋，他自己和他的家庭要穿体面的服装，要吃舒适的饭菜以及要有一只向周围散发着令人愉悦的热气的火炉，那么他就得省吃俭用以便他能获得这些舒适品，在此之前，他大概暂时不会建立家庭。因此，提高劳动阶级对生活必需品的想法是一件头等重要的事情。它是使预防性限制取代强制性限制的唯一途径——用减少出生的办法来代替随着各种疾苦而来的死亡人数的增加，是使人口保持在生活资料限度之内的唯一得策的办法。

有两种处世哲学：一种哲学的目的是要消灭我们的需求和限制我们的欲望；另一种哲学的目的是要扩大我们需求和欲望的范围，同时又指出满足需求和欲望的方法。一种劝诫世人要自满自足，另一种则宣扬能动性。前者叫人永远思考着愿望的空虚，达到这些愿望的艰难和失望的痛苦，甚至在追求的目的已经到手的时候，人类的一切享受仍具有无法满足的性质。它劝告我们要沉思冥想，用自满自足的眼光轻蔑地看待和怜悯尘世间追逐名利和权势的芸芸众生，并从中得到宽慰。[①] 它和诗人在一起呼唤：

啊，可怜虫的精神，冥顽不灵的心！

---

① 但再没有什么更胜于守住宁静的高原，
自身为圣贤的教训所武装，
从那里你能瞭望下面别的人们，
看他们四处漂泊，全都迷途。
他们彼此较量人才，争取名位，
日以继夜地用最大的卖命苦干，
企图攫取高高的权位和对世事的支配。

卢克莱修《物性论》第二卷

在惶惶不可终日中，在黑暗的生活中，
人们度过了他们极其短促的岁月。
竟然看不见自然为她自己，
并不要求任何别的东西，
除了使痛苦勿近，叫它离开肉体，
除了要精神享受愉快的感觉，无忧无虑。

卢克莱修《物性论》第二卷

另一方面，后一种哲学把新的目标提到了我们的面前来激发我们的欲望，并且鼓励我们去努力争取。它详细叙述人的乐趣总是与积极的活动分不开的，哪怕这种追求在最后可能完全落空也罢；它认为倦怠总是伴随着缺乏有兴趣的工作，而野蛮状态和贫困则永远紧跟在懒惰的习惯之后。

虽然我并不否认前一种体系所特有的思想，在使人甘心顺从因不能满足的欲望被摧毁而引起徒劳无益的痛苦这种无法避免的命运方面，也许偶尔有一点用处，①但有一点是肯定的，即如果人们普遍按照这种信条行事，那么世界将永远不可能从原始状态上升到文明社会。没有努力就不可能有改进，欲望熄灭就不会作出努力。这种体系可归结为这样一点，即它的目的是使人出于对不幸的恐惧而不敢去追求一切幸福。但是如果积极活动会有痛苦的话，那么懒惰也不能免除痛苦，因为无聊厌倦这种感觉来自长期的

① 但丁加于那些处在地狱外圈的人的刑罚，是生活在没有希望的欲望中。
“我们这样地被折磨着，
没有希望而生活在欲望中。”

但丁《神曲·地狱篇》

懒惰，这是一切痛苦中最难以忍受的一种痛苦。而另一方面，懒惰的乐趣却有限得多。约翰逊博士关于婚姻问题的说法正好适用于这两种对立的体系，他说："婚姻生活有很多痛苦，但是独身生活一点乐趣也没有。"当然，应该允许别人有说句俏皮话的自由。

我们也许可称之为自满自足的这一哲学体系的盛行，尤其对现在我们谈论的劳动阶级来说，最为致命。他们的欲望越少，他们生活舒适的标准越低，人口的预防性限制越不能普及，从而即使在丰足的年景人口对生活资料的压力也越大，而在荒年就会超出生活资料所能允许的限度。

一国的广大群众只食用一种食物必然会带来许多麻烦，因为在只生产一种谷物或一种食物时发生饥馑的可能性要比种植几种谷物或其他食物时发生饥馑的可能性大得多。而在生产最便宜的一种食物时，人们所受的痛苦一定大十倍，因为劳动阶级的工资是按普通的生活标准计算的，在这种情况下，他们就不可能买到足够的其他各种本国或外国生产的粮食。如果他们已惯于吃高质量的食品，那么在这种作物歉收时，他们劳动的通常报酬使他们有能力去购买某种次等的粮食，这种粮食在不是歉收的年景都是用来喂狗、喂马等等，或以某种方式供富人过奢侈生活用的；或者可以从国外获得某种粮食供给。相反，大家都知道，爱尔兰经常大量出口小麦，与此同时，农民却由于马铃薯歉收而死于饥饿。这对人类肯定是一件极为惨痛的事，但在这种情况下，它却是完全无法避免的。毫无疑问，粮商曾给挨饿的人供应粮食，不幸的是，后者却完全没有能力去购买它。

考察一下世界各国的情况，我们便可根据实际经验证明上述原理的正确性。在通常的年景，居民习惯于优裕的生活，不限于食

用一种食品，也不限于食用最低质量食品的国家，难得有缺粮现象，饥馑即使不是根本没有的话，也是几乎不为人们所知的。而在相反的情况下，人类遭受这些灾祸的蹂躏则确实骇人听闻。例如在英国，劳动阶级靠着小麦粉制成的面包、肉类、马铃薯等生活，很早就没听说过通常所说的严格意义上的饥荒了。虽然法国也许还没有达到这样的程度，但情况也大体相同。如果近50年以来法国发生的任何一次饥馑与其说是其他原因引起的话，还不如说是由几次大革命时期的暴力和动乱所引起的。那里的大部分劳动者是靠小麦粉或黑麦粉制成的面包过活的，在某些地区则靠这些东西混合制成的面包糊口，但对肉类的消费比英国的劳动者要少。如果把这些国家的状况与爱尔兰或印度作一比较，它们之间的差别是多么令人吃惊呀！我们知道，在爱尔兰，马铃薯是大多数人的唯一食品，可是饥馑和随之而来的斑疹伤寒经常发生。在东方，据说有千千万万的人因稻谷歉收而饿死。在世界的这一地区，气候、宗教以及在专制政权不断更迭期间，财产有经常面临损失的危险，这一切都助长了限制需求、压抑欲望和麻痹居民的各种努力。所有食物中最便宜的稻米成了维持无数万人民生活的唯一支柱。①

因此，在东方，饥馑所造成的荒无人烟的悲惨景象，远远超出欧洲任何一个地区人们所能见到的情景，这是毫不足怪的。一想到我们成千上万的同类死于匮乏，最刚强的心也应为之震栗。可是，这正是把人的欲望限制在仅能勉强维持生活这一限度内的严重后果。

---

① 据说只有一种植物，它所提供的收获量甚至超过稻米，这便是墨西哥种植的一种比较大的香蕉。

在找到了决定实际劳动报酬的直接原因和间接原因之后，现在只需说几句关于货币工资的话了。

虽然，货币工资取决于两种情况，第一、取决于决定实际工资率的诸原因；第二、取决于劳动人口消费的各种生活必需品的货币价值，即价格。如果我们假设前者保持不变，那么很清楚，给劳动者的货币数量应按食物等价格的涨跌而增减。如果不是这样的话，那么劳动者的实际报酬将发生与我们的假设相反的变化。

尽管常常发生这样的情况，在物价上涨的年份，劳动价格下跌；而在物价下跌的年份，则劳动价格上涨。而产生这种现象的原因是：在不利的季节，常常出现劳动需求的减少和劳动供给的增加；在物资丰富的时候，有时会发生完全相反的情况。因此，尽管必需品昂贵的价格往往具有反作用的倾向，货币工资还是随着这种变化而涨跌。这个问题已由亚当·斯密在他“论工资”一章中作了很好的解释，在此就不多说了。

虽然在粮食和其他基本生活必需品的价格方面的偶然波动也许不致立即引起货币工资率方面的变化，但可以肯定，决不可能在一方面发生了持久的变动之后，而不引起另一方面或迟或早地发生相同的变化。任何一种变化的最初影响往往与它的最终结果有很大的差别。可是，没有比混淆这两者更为常见的错误了，因为很少人能够超越对所有人都很清楚的最初影响而注意到最终的但并非遥远的结果，而这些结果只能借助于哲学才能探索到。①

在结束这个问题之前，我还得提一下几位著名作者所采纳的有

① 详见“论毛利润”一章中关于货币工资的部分。

关工资率方面的一种见解，不过这种见解在我看来是完全错误的。这就是，劳动像商品一样有一个自然价格，或者说必要价格。李嘉图先生说，“劳动正像其他一切可以买卖并且可以在数量上增加或减少的物品一样，具有自然价格和市场价格。劳动的自然价格是让劳动者大体上能够生活下去并不增不减地延续其后裔所必需的价格。”[①]后来，他又说，“劳动的市场价格不论能和其自然价格有多大的背离，它也还是和其他商品一样，具有符合自然价格的倾向。”施托尔希先生在他很有价值也很全面的《政治经济学教程》中，同样推测劳动有它的“必要价格”，劳动价格一刻也不能降低到这种价格以下。他把所有超过这一价格的部分称之为“超额工资”。

在我看来，这种看法没有实际基础。在劳动与商品之间，存在着本质上的区别。如果任何商品跌到补偿生产成本和提供利润所必需的价格以下，如果价格降低到不能继续生产商品，那么这种商品就会很快完全停止上市。但劳动却不是这种情况。为了证实两者之间完全相同，我们必须准备坚决主张：如果劳动者不能得到按上述定义规定的所谓自然工资率，他就会马上完全停止工作。但这根本不是事实。如果他不能获得更多的收入，那么不管多么微薄的收入都将可以诱使他去干苦活。他不会静静地坐着挨饿的。尽管他的报酬不足以维持其家庭的生活，但又有什么办法呢？它仍然可以使他自己免除饥饿的折磨和必然要立即毁灭的命运。所以不管他的报酬多么低，只要他的体力允许的话，他就会一直苦干下去。

况且，这种状况也许要持续很长的时间。难道我们不知道有

---

① 《政治经济学及赋税原理》第五章。

些国家的人口长期以来一直在减少吗？例如，据说在西班牙的情况就是如此。自罗马帝国覆亡以来，小亚细亚、叙利亚和北非的居民人数无疑大大地减少了。如果这些国家中的一般工资不仅足够养活劳动者自己，而且能够永远繁衍他们的子孙而不致减少，那么怎么会有这种情况？因此，跟施托尔希先生一起侈谈什么劳动有一个必要价格而且一刻也不能降低到这一价格以下是完全徒劳的。如果人类总是这样的活，那倒真是幸运了。

我想，纠正我们在这个问题上的想法倒是比较重要的。如果我们被工资绝不能长期低于维持劳动者本身及其家庭生活所必要的水平的说法所说服，那么我们对人口中绝大多数的利益就不会倾注这么强烈的同情，因而在设法改善他们的状况方面也将消极起来，更不会注意到社会状况日趋衰落的每一征兆了。还是让我们不要忘记，一个处在毁灭中的民族，它的痛苦挣扎不会在一天之内就过去的。

十分奇怪的是，所谓劳动的自然价格是非常罕见的。也许没有几个国家的人口能长期保持完全稳定。一般说来，它不是减少就是增加。毫无疑问，一国的人口可能长期不断增加。好几个世纪以来，英国的人口一直在逐步增长。那么整个这段时期内，工资率都高于那种被看做是自然工资率或者说必要工资率了。最后，让我们作出结论：自然价格这一概念，对各种商品来说是正确的，但对劳动来说则纯粹是臆造。①

毫无疑问，在某些方面，调节劳动价格的原因与调节商品价格

---

① 李嘉图更要走得远一些，他说："工资虽有与其自然率趋于一致的倾向，但在日趋进步的社会里，市场工资率却可能无限期地经常高于它的自然率。"

的原因非常相似。前者的价格至少同后者一样直接取决于供给和需求之间的比例。其次，有某些商品，由于它们的供给不能任意增加，因而其价值可按需求的强度上涨到任一数额。对这类商品的需求强度取决于两个条件：第一、优秀，即被认为是优质的产品；第二、稀缺。特种酒、宝石等就是这样一类商品。所以也有好几种劳动的报酬同其他劳动报酬相比显得格外高。第一流画家、雕塑家、有造诣的演员、音乐家和歌唱家的劳动就是这样的劳动。给这些人的工作支付很高价格的原因，是与那些决定托卡葡萄酒或者红宝石的极高价值的原因相同的。即具备像这样卓越的才能和巨大表演魅力的人才的稀缺。

不过它们之间的类似之处也只能至此为止。到目前为止，绝大部分商品都具有由生产成本决定的固定价格，它们不大可能老是保持在这个价格之上或者老是低于这个价格。无论如何不能长期低于这个价格。但劳动就不是这样。劳动报酬没有这种可以最终确定它的价格的标准，但是按照现在业已阐明的情况来看，不同地区的报酬可以长期有很大差别。在刚果河两岸，一个从早苦干到晚的农民，一天的报酬可能只有一小撮米，而在俄亥俄河两岸种地的乡下人，他的报酬则使他能够维持很多子女健康而舒适的生活。

第三章　论毛利润

现在,在找出了决定全部劳动产品中哪一部分应归属于劳动者的原因之后,剩下的问题是要看一看雇主—资本家的份额是受什么原因调节的。前面已经说过,在不考虑地租的情况下,只有三种人,即劳动者、资本家和雇主有权占有一部分总收入。另外,我曾说明,在目前的考察中,至少在开始的时候,应把后两类人看做是结合为一体的、完全相同的一种人。我也曾提到,在一般情况下,我是在英国的政治经济学作者通常使用的含义上使用利润这个词的。

那么,毛利润就是在支付了劳动工资和补偿了消耗的固定资本以后,留给雇主—资本家的全部余额。在存在地租的情况下,还要把这一部分扣除地租之后才能知道利润量。但是,所谓补偿固定资本是什么意思呢?怎样才能把产品和花费在产品上的资本加以比较呢?后者可能是由许多种物品组成的,也许它们在实物上都与前者不同,那么我们怎样才能确定产品是否比消耗的固定资本多或者少呢?即怎样确定它们之间的比例呢?例如,在一个棉织厂里,除工资之外,雇主—资本家的垫付资本是由原材料、机器和建筑物组成的。这些东西与制成品白布之间怎样来进行比较呢?只有相同的物品之间才能发生这种关系。在农业方面,固定资本与产品较为相似一些，因为大部分用做种子、马的饲料等方面的垫付资本是由谷物或者其他原产品组成的，而收获也同样是由这些东西组成的。但是，即使在这里，使用的机器、工具、肥料以及其他东西，与通过它们的帮助所生产出来的那些商品在性质上也没有丝毫相同之处。那么，至少在个别场合，必定存在着另外某种用产品来同花费了的资本进行比较的方法。可是，就整个国家而言，情况就不同了。很明显，花费了的资本的各个不同要素应当在这个或那个生产部门再生产出来，否则，国家的生产就不能继续以原有的规模进行。工业的原料，工业和农业中使用的工具，工业中无数复杂的机器，生产和贮存产品所必需的建筑物，这一切都应当是一个国家总产品的组成部分，同样也应当是一个国家所有雇主—资本家的全部垫付资本中的各个组成部分。因此，总产品的量可以同全部垫付资本的量相比较，因为每一项物品都可以看成是与同类的其他物品并列的。

在提出了这一点之后，我们首先可以着手研究决定一国全体雇主—资本家的总利润的原因是什么？

我们将不难证明，总利润必须取决于两个原因：

第一，取决于同生产中的总耗费“量”相比的“总收入量”，换言之，取决于劳动生产率。

第二，取决于总收入中给劳动者的份额，即工资率。

为了简单起见，我将假设直到产品制成以后雇主—资本家才将这个份额支付给工人，而不是预支给他们的。这对事情的实质不可能有什么改变。基于这种假设，雇主—资本家的垫付资本只是由构成固定资本的那些物品所组成的。

在整个国家投入生产的固定资本总量和使用这些固定资本的

劳动总量既定的情况下，产量越大，资本与劳动的生产率就越高，而生产率越高，雇主—资本家与劳动者之间分配的总量必定越大。因此，十分明显，如果后者的报酬保持不变，那么任何工业生产率的普遍提高，必然引起国民收入中落到全体雇主—资本家手里的那部分份额在数量上的相应增加。从而，在更新了全部消耗的固定资本之后，留给他们的数额必将更大，因为根据假设，这部分固定资本绝不会发生任何变化。这就是说，他们的利润将随着劳动和资本生产率的每一提高而提高。如果是这样的话，那么在所费资本保持不变的情况下，利润必然随着生产率的下降而下降。

这样，我们证明了生产率至少是调节国民利润量的一个原因。

如果我们现在假设劳动和资本的生产率保持不变，那么在这种情况下引起利润增加或者减少的原因是什么呢？根据这一假设，在全部生产量既定的情况下，利润量应当完全取决于有权从生产总额中取得一个份额的那些人——雇主—资本家和劳动者——之间进行分配的方式。一方所得愈多，另一方的所得只能愈少；后者的份额愈大，前者的份额必然愈小。但是，它们哪一方是决定产品分配比例的能动的原因呢？原因显然是在劳动者一方。通过劳动者人数的增加或减少，便可决定工资率。所以我们可以准确地说，落入雇主—资本家的总收入将与劳动者的总收入发生相反的变化，也就是说，它将随着工资的下降而上升，也将随着工资的上升而下降。当雇主—资本家的总收入愈大，在补偿了他的全部垫付资本之后留给他的余额就愈多，也就是说，利润率就愈高。因此，在假设劳动生产率保持不变的基础上，利润将按照劳动者在总产品中所占份额的减少或增加而上升或下降，换句话说，利润按工资下降或上升的比例而上升或下降。

但是我已在前面证明：如果工资保持不变，那么利润的变化将与资本和劳动的生产率的增长或下降成正比。因此，利润的变化显然同生产率的变化成正比，而与工资量的变化成反比。由此可见，这些使是调节一国利润率的两个原因。

为了简明起见，在开始研究这个问题的时候，我就假设直到商品制成以后才支付劳动报酬，即工资。现在则必须指出，我们只有用这种方法，才能对整个国家投入生产中的费用有一个确切的概念。我们一定不要把原材料、工具、机器、建筑物等，简言之，固定资本的一切组成部分的损耗，同劳动者的消费混淆起来。正如我们所知，只有前者才是一种纯粹的损耗、花费或者说牺牲。就其本身来说，对任何人都没有利，也不能构成任何人的收入。如果不同它的结果联系起来看，那么它是一种纯粹的损失。而流动资本却不是这样，它维持着劳动者，即各国绝大多数人的生活。毫无疑问，每一个雇主—资本家都把他支付的工资量看做是他开支的一部分，但是从全国来看，它却不是这样。不管雇主与资本家是否结合于一身，我们姑且把他们的消费都看做是生产费用的一个要素，因为他们必须生活，劳动者也必须生活，否则什么事都没法做。但是，他们在这种场合花费在他们自己身上的东西比之他们花费在另一场合的东西来说，还是没有更多的权利被计算在生产费用内的。因此，从全国的观点来看，利润像工资一样，它们都应被认为是制成品中完全不同于它的生产成本的实实在在的一个部分。正如我所说的那样，就构成财富的物品来说，这种成本是由而且仅仅是由组成固定资本的一切物质资料构成的。

但是，除此以外，劳动本身，而不是支付给它的报酬，应当被看做是生产成本的另一个组成部分。对生产来说，劳动是必不可少的，因而它的每一部分都是非常有用的。但是就固定资本来说，它只有从结果来看才是有用的，因为它本身是一种痛苦，或者至少可以说是一种除了期望得到补偿之外谁也不愿承受的对舒适的牺牲。一个企业耗费的固定资本愈多，另一个企业就只能耗费得少一些。因此，如果它在赚不到钱的企业里使用，不仅无补偿地牺牲了个人的舒适，而且浪费了国家财富的主要源泉。根据这一切理由，我以为，从全国的观点来看，我把劳动与固定资本一起都归类为生产成本的两个组成部分是完全正确的。[①]

由于从一个相反的假设中所引出的推断，使我更急于要表明劳动报酬不应被认为是成本的一个要素。有人从尽可能减少生产费用是有益的这样一个原理出发，于是就假设，既然工资构成了生产费用的一部分，由此便可推断工资率愈低对国家愈有利。政治经济学的目的不仅要阐明怎样才能获得最大限度的财富，而且要指出怎样在社会各个阶级之间分配财富可能最为有利。因此，以尽可能少的东西分配给人口中最多的一批人即劳动者的制度应当被认为是一种奇怪的制度。显然，这必定是一种完全违背普遍幸福的财富分配制度。根据上述理由来看，财富的总量无论如何也不会因此而增加。

这种情况只会导致一种结果，即本来可以在许许多多劳动者之间进行分配的一部分国民财富，现在却要去增大人数少得多的

① 参阅“生产”一章。也可查阅《国富论》第一篇第五章。这一点也同一般的看法和通常使用的语言是完全一致的，因为我经常听到人们说：像这样的一件东西使我花费了许多劳动或许多心血。

雇主—资本家的利润了。财富分配方面的这种变化一定不利于普遍的幸福,而在财富的总量方面绝不会有任何变化。但因雇主—资本家阶级等等有财有势,同劳动者的呼声相比,它们的喧嚷更加容易引起别人的注意,所以他们在使人相信他们的利润不管怎样增加都必定对国家有利方面通常会取得成功。如果这种增加是由于劳动和资本的生产率有了提高,那么他们是有理的。但如果因降低了工资而使他们确实得到了利益,那么国家非但没有得到好处,反而损害了这个国家人数最多的一个阶级。

有人可能会说:即使确有这种情况,即利润的增长是由于工资的下降所引起的,这里也只有财富分配上的改变,而无财富实际量上的变化。但因雇主和资本家很可能比劳动者储蓄得更多,所以把全部产量中更大的一个份额交到前者手里的这样一种安排,将更有利于资本的积累和今后国民财富的增长。我现在不想考虑这种说法究竟有几分是正确的,但是,即使暂且承认它是正确的,我也不得不说,这样一种加速财富的发展是用剥夺大批劳动人口的舒适品甚至奢侈品的高昂代价来换取的。

在找到了调节由所有产业部门产生的国民利润率的原因之后,现在还得看一看,在行业的划分确立之后,这些相同的原理是否也适用于个别行业的情况。①

前面已经说过,由于在任何一个特定行业垫付资本的各个组

① 看来没有必要详细论述在划分行业以前调节个别企业利润的原理。因为,根据这种假设,每个雇主—资本家生产他以后生产所需的一切物品,这种情况正好与整个国家的情况一样。他与他的劳动者形成了一个独立于其他企业的小小共同体,或者说好像是一个国家。从经济意义上来说,他们确实组成了一个国家。

成部分中，总有一些垫付的物品（如果不是全部的话）与它的产品不同，因此它们不能在实物方面一起进行比较，以求确定两者之间比例上的大小。由于同样的原因，从最严格的意义上来说，没有一部分产品可以完全用来补偿在生产过程中消费的各种物品。毫无疑问，也许会有些产品可以在实物上补偿这种物品，但不是所有产品都能这样。绝大多数在生产中消耗的物品必须通过交换来获得，从而必须把一部分产品用于这一目的。

因此，单个雇主—资本家关心他的产品的交换价值远远超过关心他产品的数量。由于过去曾构成他的资本而现在被他耗费掉的各种物品本身具有交换价值，所以，如果他不为此目的而牺牲一定部分的制成品，就不能够补偿这些消耗掉的物品，从而他的产品的价值愈高于垫付资本的价值，他的利润就愈大。因此，资本家计算利润时，是拿价值同价值相比，而不是拿量同量相比的。这就是在国家与单个企业之间计算利润方式上必须注意的第一个区别。第二个区别是，由于工资总是由雇主—资本家预支给劳动者，而不是在商品制成以后才支付给他们的，所以如同已消费的固定资本一样，他把工资看做是他的费用的一部分，尽管我们已经知道，从全国来说，工资并不是成本的一个组成部分。由此可见，他的利润率必将取决于他产品的价值超过垫付的固定资本和流动资本价值的余额。

让我们来注意一下这种区别吧！正如我们所知，当我们从全国的或总的观点，也就是从政治经济学应有的观点来考察生产成本的时候，它包括两个要素，即劳动和固定资本。但是现在我们发现，单个雇主—资本家是在不同的意义上来理解它的，他垫付的全部资本价值，无论是固定资本的价值还是流动资本的价值，都构成他私人的费用。我已指出过这种区别，而这种区别的重要性在这里就变得明显了。当我们论述“收入”的时候，[①]将还有机会谈及这个问题。在提出这些前提之后，我可以开始研究个别企业的利润是怎样被调节的。

如果开头就很好地注意到利润的问题基本上是一个比例的问题，那该多好！无论总产量有多大，如果用来直接补偿或者通过交换来补偿垫付的固定资本和流动资本的那个部分在总产量中所占的份额保持不变，那么其余部分与这一份额之间的比例也必定相同。不管我们把后一部分的数量与前一部分的数量相比，还是把这一部分的价值同另一部分的价值相比，情形都是如此。不论用哪一种方法来计算利润，它的比率应当是不变的。虽然它的绝对量或者这种数量的价值可能增加了两三倍，但只要这种耗费或者这种耗费的价值也以相同的比例增加，那么利润率还是一样。因此，利润的上升或下降完全同总产量或它的价值中用来补偿必要垫付的那个份额的下降或上升成比例。这些必要的垫付资本是由两个部分组成的：第一，流动资本，即劳动者的生活费用；第二，固定资本。因此，利润率必须直接取决于以下两个因素：第一，全部产品中归工人所得的那个份额；第二，为了以实物形式或通过交换来补偿固定资本而必须储存的那个份额。那么，劳动者所得部分是由什么东西决定的呢？现在，我们就来探究这个问题。

我们知道：在划分行业之后，雇主—资本家比关心产品的数量更关心他产品的价值。然而，还是有些行业的产品数量，不仅对这

① 即本书第十二章“论国民收入”。——译者

些行业本身的利润率而且对所有行业的利润率仍有着独立于它的价值之外的重大影响。这种行业便是生产和制造主要构成劳动工资中那些基本必需品的生产部门。现在，我将着手论证这个问题。

我们假设农业劳动和农业资本的生产率下降。于是，固定资本的一切组成部分的数量，例如种子、工具等的数量保持相同，雇用的劳动量也不变，而产量不再像以前那么多了。由于生产费用仍旧那么多，所以尽管产量不再那么多，可是总产量的价值还是很快上升到像以前一样大。于是，较小的数量必将具有与以前较大的数量相同的交换价值。现在，我们假设全部产品分成两部分：一部分用来补偿已经支付给劳动者的报酬，另一部分用来更新已消耗的固定资本并提供全部利润。按照这一假设，实际工资，即劳动者享有的必需品和舒适品的实际数量不会发生任何变动。我们可以设想，这些工资是由资本主义农业经营者以谷物和其他农产品来支付的。我们还可以设想这一谷物等的数量被分成了两部分：一部分是由劳动者为了生存以实物形式直接消费掉的，另一部分是他用来交换他所需要的工业品的。显然，如果实际工资保持不变，前一部分的数量就不可能有任何变化。因为，如果这部分的数量减少了，劳动者吃得不会像从前一样好了，也就是说，他的实际工资就必定会下降，这就违背了上面的假设。因此，这一部分的数量仍是相同的。至于另一部分工资的数量，当然是要减少了。它正好按产品价值上升的同一比例，也就是按所用的劳动和资本的总产量下降的同一比例来减少的。因为他们不是在实物形态上消费这一部分工资，而是用它来交换其他东西的，所以他们所关心的仅仅是它的价值。如果这部分实物工资仍将买到像以前一样多的制造品，那么劳动者的生活还是

像从前一样宽裕。而保证他们享有与以前相同价值所需要的产品量，虽然就其绝对量来说是少了，但在总产量中的比例仍与从前相同，因为价值是正好按数量减少的同一比例上升的。至于用不着交换就可以作为食物来消费的那部分工资，尽管农业劳动生产率下降了，但就它的绝对量来说，还是同从前一样大。由于总产量减少了，因此这一部分在整个产量中所占的比例比从前大。又由于用来交换制造品的另一部分工资在总产量中所占的比例仍旧同以前一样，因此工资所需的全部数量应当在总产量中占着一个更大的份额，而补偿固定资本和留作利润的部分在整个产量中所占的份额必然比从前小，这一份额的价值在总产值中所占的比例也比从前小。因为在同一种商品的情况下，价值当然会随着数量的改变而发生相同的变化，不管一夸特谷物值多少，两、三夸特谷物的价值总应当是一夸特谷物价值的两倍或者三倍。

由于农业生产率的下降，总产量中用来补偿已消耗的固定资本和给全部垫付资本提供利润的那部分产品的价值，构成了总产值中一个较小的比例。但是固定资本没有发生任何变化。我们假设种子的数量、工具的数目等保持相同，并且没有任何理由去设想这些东西中随便哪一种的价值已经下降。因此，从总产量中留作补偿固定资本和利润的那个部分中作为固定资本之用的产品的数量，至少要有与从前一样大的价值。但是整个这一部分产品的价值同它过去的情况相比，在全部产品价值中现在只占一个较小的比例。因此把那部分保持不变的、相等于消耗掉的固定资本的价值从它里面分出来之后，所剩下的那部分构成利润的产品的价值在总产值中所占的比例必然比从前小。由此可见，同其余各部分相比，构成利润的这部分产品的价值比农产量下降前要小。这就是说，由于生产率下降的结果，利润率也下降了。

我们从这里也看到了生产原产品困难的增加是怎样引起利润下降的。虽然固定资本和劳动的产量比从前少，但因产品的价值是按产量下降的同一比例上升的，所以乍看起来，农场主的利润似乎仍然保持相同。但事实并非如此，因为总产量中较大的一个部分落入劳动者的份额，而这一较大的份额对于保证劳动者获得与从前相同的报酬是必要的。

尽管实际工资保持相同，但由于劳动者得到总产量中较大的一部分产品，他必然也获得了更大的价值。因此，工资似乎增加了。除原产品之外，以任何商品，例如以货币来计算的时候，工资就会增加。由于货币工资的增长只是为了弥补他们要购买的那些必需品价格上涨所带来的损失，所以劳动者的状况并不能因此得到改善。

并不是只有农场主才会因生产原产品方面增加的困难而使其利润减少，而是其余一切雇主—资本家的利润也都会受到同等程度的损失。以制造业主为例，我们假设：在他的生产部门里，劳动和资本的生产率没有发生任何变化，因而产量没有改变。这一产量所具有的交换能力也与过去没有什么不同，但有一个重要的例外，即购买因农业劳动生产率下降而价值已上升的原产品的能力已不再与过去相同了。因此，为了获得同等数量的谷物等，现在就得拿出更多的制造品。那么，无论制造业劳动者过去用多大一部分制成品来购买足以维持他们生活的各种必需品，要使实际工资保持相同，现在用做同一目的的这个份额显然要比过去大。至于用来直接供给或者通过交换来供给工人其他需要的另一部分产品，除了用原产品来计算之外，由于制造业的总产量以及它的价值都没有发生任何改变，所以上述这部分产品无论在哪方面都不可能与过去有什么差别。但因劳动者用来取得食物的那部分产品已经增加了，所以总的说来，他在总产量中所占的份额比以前大，留给雇主的份额必定因此而减少，这一份额的价值在总产值中所占的比例也必然比以前小。不论用于补偿固定资本的这部分产品的全部数量还是它的全部价值都需要同从前一样，因为这两方面都没有变化，所以在补偿了固定资本之后，留作利润的这部分产品无论从数量方面还是从价值方面来计算，同原产品生产困难前相比，在全部产品中所占的比例都小了。

由此可见，前面所说的原因不仅降低了农业中的利润率，而且也降低了工业中的利润率，商业和每个行业中的情形也必然会如此，总之，凡是有雇佣劳动的地方都会如此。

可以用相同的方法来证明，农业劳动生产率的增长不仅在本部门而且在一切部门都会引起利润的增加。证明了前一个问题，事实上也就证明了后一个问题。

但是，并不是只有农业劳动生产率的增长或下降才影响利润率，还有制造那些在性质上或是在习惯上为劳动者所必需的物品的企业，也同样影响到利润率。在这些企业中，劳动和固定资本的产量下降对利润的影响，是与原产品的减少所引起的影响完全相同的。唯一的区别仅仅是，农场主和制造业主在我们的论证中现在交换了原先的位置；另外，对利润的影响也要小一点，因为绝大部分工资差不多都是由食物构成的。

如果制造业主的固定资本，即原材料、机器和建筑物的数量也像雇佣劳动的数量一样保持不变，而它们的产量，我们可以假设，比如说，粗布的产量不再那么多了，但因生产费用没有发生变化，所以随着产量的减少价值就按同一比例增加，全部产品的价值仍旧同原先一样。如果实际工资不变，那么劳动者穿衣所需要的棉布数量必须绝对地和从前一样多。从而，正如在农产品的例子中所表明的，必然会导致总产量中的一个更大的部分要落到劳动者的份额上去。这样，雇主—资本家必然只剩下一个比较小的部分去更新固定资本和留作利润。由于在总产量中无论如何要拿出与原先相同的一个部分做前一种用途，所以留作后者之用的那一部分必然比过去小。

正如我们所知，如同农业劳动生产率下降影响制造业主的利润，事实上也影响各行各业雇主—资本家的利润一样，现在，制造粗布困难的增加，也将以完全相同的方式影响农场主和其他制造业主的利润。因为，我们假设粗布商品生产中所遇到的较大困难已使它们的价值上升，所以，虽然所有其他行业的产量及其价值一般仍保持不变，但用粗布商品来计算这些产品的价值时则成了个例外，而这个例外就足以使每个生产性行业把整个产量中较大的一个份额支付给劳动者，好让他们仍能支配像从前一样多的必需品，因而只能以一个较小的份额留作更新固定资本和利润。

由此可见，用于制造劳动者必需的粗制品的劳动和资本的生产率下降，对一般利润率也会引起像农业生产率下降时完全相同的影响。影响的程度可能很不相同，但其性质是相同的。当然，正像农业中的情况一样，工业生产率的提高也必然导致相反的结果。

在相当稳固地建立了工业基础的国家里，即使我们听说过工业中使用的劳动和资本的产量有所下降的话，那么这种情况也是很少的。恰恰相反，我们常常听到的倒是工业产量的极大增长。在农业方面，情况则正好与此相反。由于在所有良田都被耕种之后，就有必要去耕种比较贫瘠的土地。随着社会的发展，提高原产品的产量变得愈来愈困难。因此，利润不断受到两个对立原因的影响，一个趋向于提高利润，而另一个则有降低它的倾向。

我认为应该驳斥对上述论点的两种反对意见。

就以农场主的例子来说，有人也许会说：当用于生产的劳动与资本的产量下降时，有两个办法可使他保住原有的利润率。他或者可以用高于产量减少的比率来提高他产品的价值，作为他不得不将全部产量中更大的一部分支付给劳动者的补偿（换句话说，由于他支付了增加的货币工资）；或者可以通过减少工人的实际工资，把损失转嫁到他们身上。

就第一个推测来说，如果它注意到我已阐明农产品产量的下降不仅会影响农场主而且会影响其他雇主—资本家，这个问题就不难解答了。不管这些人经营什么行业，他们中间每一个人都不得不把他产量中更大的部分用于劳动报酬。无论什么样的损失都会同时影响到所有雇主，谁都不能用改操他业的办法来逃避这种损失。

农场主要抛弃他的土地并把他的资本转移到别的行业中去是徒劳的，不管他到哪里，他总会遇到同样的不幸。因此，不可能由此引起抛弃耕种土地的倾向，所以这种原因不会导致农产品价格的上涨。

事实上,这里所用的论据与前面用来阐明实际工资的增减不会影响商品价值的论据是一致的。同一个论据也适用于货币工资。正如现在所表明的,货币工资是受使用于生产必需品的劳动和资本的生产率调节的。因为我们假定实际工资以及同货币生产有关的条件均无任何变化,而它们两者的变化都影响到劳动者领取的贵金属数量。

正如在实际工资方面的变动一样,由上述原因引起的货币工资方面的变动,同时影响到所有雇主—资本家。因此,在这两种情况下,对价值的影响也应当是相同的。

我们在前面已证明:虽然实际工资的增减不可能引起商品价值的普遍上升或者下降,却能导致不同物品相对价值的某种变动,提高了某些物品的相对价值而降低了另一些物品的相对价值。我们发现,实际工资的增加必将提高那些使用劳动量大于固定资本的商品的价值,如果它们的价值是用生产中使用的这两部分财富源泉的比例相反的其他商品来衡量的话。例如,在用制造品来计量的时候,农产品的价值一定上升,这一点已在上面作了说明。当工业生产率下降而引起货币工资增加时,也会发生相同的情况。十分明显,同大部分开支用于机器、原材料以及固定资本的其他组成部分的制造业主相比,雇用了那么多劳动者的农场主遭受到由这样一种增加所带来的损失必定大得多。因此,倘若后者的产量同前者的产量相比并不增加的话,那么同别人的利润相比,耕种者的利润一定以更大的比例减少。但只要资本仍可以自由地和不受阻碍地从一个行业转移到另一个行业,就不可能发生这种情况。因而,当用主要依靠固定资本来制造的商品数量来计量的时候,农

产品的价值必将上升。

那么，在用这些商品来计量时，由于生产率下降而引起谷物价值的增加，必将超过仅仅和数量上的减少成比例的增加。利用这种增加，农场主就能用总产量中略小于原先的份额来满足其劳动者在衣服等方面的需要，从而把他的利润保持在与其他雇主同一个水平上。

货币工资的变动（即劳动者收入在总产量中所占比例的变动）就是以这种方式并且只是以这种程度影响商品的价值。总的来说，这种变动既不能普遍提高又不能普遍降低商品的价值，而只是改变了它们之间的比例，即提高了某些商品与其他商品相比时的价值，同时以相应的程度降低了其他商品与这些商品相比时的价值。

事实上，在商品价值方面的普遍提高或普遍下降这样的想法，看来是荒谬的。因为，如果一切东西的价值都要上升或者都要下降，那么它们相互之间交换的比例一定完全相同，就像它们仍然保持不变一样。这一点已经分析过了。只有在谈到价值的原因，即生产成本时，这一想法才是完全可以设想的。但如果普遍都有这种增加或者都有这种减少，那么除了一定量的商品仍将支配或者说交换相同数量的另一种商品之外，再没有什么东西可增加的了。如果生产费用虽然绝对上增加，但相对上仍是相同的话，那么每一种物品仍将具有与以前相同的购买力，正因为如此，当不同物品进行比较时，不仅其结果，即交换的能力，或者准确地把它称之为价值，而且其原因，即生产成本，在相互之间发生关系的场合都可能仍然保持着相同的比例。因此，价值在本质上具有相对的性质。如果只有货币的生产状况不变，那么所有其他商品的价格确实可能上涨或者下跌。但是，至少就利润来说，这件事情本身是无关紧要的。虽然雇主—资本家出售他的产品时可能获得比以前更大的一笔钱，但是由于他不得不以更多的钱来买进既是固定资本方面又是流动资本方面的每一种物品，他的利润最终还是完全相同。

竭力反对我们最近得出的这个结论的另一个异议是，在农业以及制造低档商品的工业生产率下降时，雇主—资本家将降低它原先付给工人的工资率，并且用这种克扣实际工资的办法使利润保持在与从前相同的水平上。但是工资率是由它本身特有的原因调节的，它至少直接取决于劳动的供给和需求之间的比例。如果供求保持相同，在劳动和固定资本的总产量变化之后，不会接着发生劳动实际报酬方面的变动。如果生产率的下降导致对劳动者需求的减少，那么毫无疑问，至少一部分损失将落在他们身上。但这只是上述原因的一种有条件的、间接的结果，而不是必然的、直接的结果。如果生产率下降得相当大而且持久，那么毫无疑问，实际工资也要蒙受损失，否则全部利润势必被工资吞没，当然，这种情况在任何时候都是不可能的。为了供给人民日益增长的需要，迫使人们去耕种更差的土地而引起农业劳动报酬递减时，一切国家确实发生着这种情况，工资与利润都受到了影响。但是这种损失可能以什么比例落在每一种人的身上，则须视社会中劳动者注意节俭还是不注意节俭的习惯而定。无论如何，没有任何理由去假定所有损失都由这一批数量最多的人去承担。

同上面类似的一个论点适用于下面这一推断，即农业或工业生产率的提高一定引起实际工资的增加。这一情况正好和另一种情况相反。如果说雇主不能得到这种增长的全部利益，那么至少也会得到它的一部分利益。

在清除了这些反对意见之后，我们得出的结论仍然是不可动摇的，即用来生产那些主要组成劳动工资的基本必需品的劳动和固定资本，它们产量的增加或者减少必然引起利润率的上升或者下降。我们知道，这种结果是由总产量中归于劳动者的份额在比例上有了变动所造成的，在一种场合这一比例降低了，而在另一种场合却提高了。

由此可见，生产率的提高或下降至少是使劳动者的份额在总产量中所占的比例发生改变，从而引起利润率变动的一个原因。但这是唯一的原因吗？当然不是。实际工资的增加或者减少对增加或减少必须用于补偿给予劳动者的那部分预支在总产品或其价值中的比例，也具有完全相同的作用。

我们假设：劳动生产率保持不变，但是实际工资，即工人领取的生活必需品和舒适品的数量一般都有了增加。现在，在任何一个生产部门中使用同从前相同的劳动和固定资本所得的总产量仍保持相同。如果价值也不变，显而易见，在工资上升的时候，总产量中或者它的价值中比较大的一个部分必然要留作维持劳动之用，而将较小的一部分留作利润和更新固定资本。在某一特定产业部门中发生的事情也将在一切产业部门中发生。如果商品的价值保持不变，每一个雇主—资本家将不得不在他的产量中或价值中分出一个较大的份额来支付工资，因而剩下的只是一个较小的份额。但是，如果产品的价值没有改变，在全部产品中就需拿出一个与从前相同的部分直接地或者通过交换来更新生产中所消耗的固定资本。这样，只有总产量或其价值中的一个较小的部分留作利润。

但是也许有人会说,一切产品的价值都会上涨。我想,我在论述价值这一问题时以及刚才对于增加货币工资所作的评论中,已经充分证明了这种假设的荒谬。我已阐明,无论什么东西影响着而且以同等程度影响着一切行业,结果同这种影响不存在一样,一点也不会影响价值。事实上,一切商品价值的普遍增加这种想法是自相矛盾的。不管怎样,价格的普遍上涨一点也不会引起利润的变化。然而有某种变化一定会使各种商品的价值接着发生变化,即同另一些商品相比时,有些商品的价值上升,而另一些则以相应的程度下降了。我也说明了,这是由工资的增加对某些行业——直接使用的劳动数量大和固定资本价值小的那些行业——的影响比另一些行业更为严重所引起的。最后,在商品相互关系中的这种变化决不能使雇主—资本家免除他们利润上的损失,也丝毫不能减少他们的总损失,而只是有助于把这一损失更加平均地在组成该集团的不同阶层之间进行分摊而已。

因此,我们可以认为下面一点已经得到了证明,即实际工资的普遍提高增加了劳动者所得的份额在总产量或者它的价值中的比例,并且引起了利润率的相应下降。

在开始研究这一问题时我曾指出,直接决定利润率的原因是:第一,劳动者领取的部分在全部产品中所占的比例;第二,必须留作补偿固定资本之用的部分所占的比例。我们也看到,不管产品的绝对量多少,要是这些比例继续保持不变,利润率就不可能受到影响。

现在,我们已经知道,属于劳动者的那部分产品的比例取决于两个原因:

第一,用于生产基本必需品——事实上就是实际工资的各个组成部分——的"劳动和固定资本的生产率"。

第二,“劳动的实际报酬率”。尚待弄明白的是,在总产量或其价值中必须用于更新固定资本的部分是受什么原因调节的。

在我看来可以肯定:生产组成固定资本的各种物品变得愈加容易,通过这一部分比例的减少,正像维持劳动的流动资本各个要素的产量增加一样,有助于提高利润率。

我们假设,一个社会分成两种不同的生产者,即农场主和制造业主。前者不仅生产谷物和其他各种食物,而且也生产原材料,例如亚麻、大麻、羊毛和木材。总之,不但生产了组成他们自己的固定资本所必需的各种东西,而且生产了组成后者的固定资本所必需的各种东西。现在,我们假设,由于耕作过程的改善,农业劳动和农业资本的收获量增加了一倍,而制造品的数量没有发生变化。情况既然是这样,那么虽然同制造品相比,一定量的农产品的价值将大大下降,但这种下降完全是与农产品总收获量增长的比例一致的。因此,当前者的总价值用后者来计量时还是同原先一样。至于数量没有变化的制造品,因为它们中的每一部分都将比从前支配着更大数量的原产品,所以全部制造品也将是如此。于是农场主的总产品价值,用工业品计量时将与以前相同,而制造业主的全部产品价值,当用谷物等来计量时则比从前为大。我想,看来已很明显,如果不存在资本的转移,两者的利润都会增加。

首先就农场主来说,很大一部分生产所必需的各种要素,即我已把它们包括在固定资本这个一般概念中的各种要素,可以由农场主从自己农场的产品中拿出一部分来供给。这一类东西就是他播种用的种子、耕作用的马匹和不管是否用来耕地的牛的饲料,以及至少有一部分用于制造工具的材料。无论总产量是多还是少,其中需要用来补偿以这些不同形式消费了的这部分资本量都不可能发生任何变动。只要生产以同样规模进行,这个量就必须认为是不变的。因此,总产量愈大,农场主留作上述用途的这一部分产品在全部产量中所占的比例就必然愈小。

我已说过,留作更新固定资本用的数量应当认为是不变的。因为,在计算生产率增长时,可以有不同的假设:或者假设劳动与固定资本保持相同而产量增加了;或者假设组成生产成本诸要素的消耗下降了,而产量仍旧不变。既然已经采用了前一种计算方式,那么固定资本应该不变当然成了这一问题的先决条件之一。

但是,让我们回到我在上面假设的例子上来吧。我们发现,农场主的总产品的价值同制造品相比时保持相同。但是我们知道,现在只需要用这一总产量或它价值中一个比较小的部分来更新那些农场主自己可以提供的固定资本的各种要素。正是因为这个缘故,其中比较大的一个部分必然留作利润。

这里,我没有提到,由于农业生产率的增长,总产量中归劳动者所得的那个部分的改变而引起的利润率方面的变动。只要注意到下面一点就足够了,即根据上面确立的原理,我们便可推断这一原因不会与我们现在正在探讨的原因起相反的作用,它们的作用是一致的。

但还是接着讲下去吧。制造业主是怎样受到影响的呢?正如我们所知,他的产品在数量上还是一样,但是它的价值在用农产品计算时却增加了。因此,价值中的一个较小的比例通过交换将足以使他从农场主那里获得后者所能供应他的固定资本的各种要素,例如,工业的原材料以及必须用在工具、机器和建筑物上的其他物品。所以,也是因为这个缘故,价值中一个较大的比例必然留作利润了。

由此可见，在没有劳动和资本从一个部门转移到另一部门的情况下，两个行业中的利润都必然增加。因为农产品的总价值仍保持不变，所以农场主利润的增加是由于他的产品在数量上增加的结果；而制造业主则因他的产品具有更大的购买力而得到了好处。

我们也可以用完全相同的方法来证明：在生产组成固定资本的各种物品方面遇到了更大的困难，总产量中须用于补偿固定资本的比例也跟着增加，从而这种困难便具有降低利润率的趋势。

现在，我将进一步阐明，在那些生产不属固定资本范围内的商品的产业部门中，生产率的增长或下降，要不是通过影响维持劳动的那部分产品在总产量中的比例，就决不能影响利润率。

我们就拿上面的例子来作说明，不过现在不是假设农场主的产品而是假设制造业主的产品，由于在机器和劳动分工方面的改善而产量增加了一倍，当然，成本仍保持相同。不管某些企业主的利润暂时可能有多大，这种制造品的价值最终必定按其数量增加的同一比例下降，结果当用农产品计量时，其总产量的价值还是同从前一样。因此，从农场主那里购买所费资本的各种组成部分（不管是固定资本还是流动资本）所需的那部分制造品在总产量中的比例必将保持不变。因此，这种方法绝不会对利润率产生影响。毫无疑问，正如上面已表明的那样，制造业主将可用全部产品中比较小的部分给他的工人衣服穿，从而提高了他的利润。除此以外，绝无别种方法可使他的利润受到影响。

另一方面，由于制造业产量的巨大增长，农场主的谷物等必将支配数量上比过去大得多的制造品。因此，用制造品来计量时，他的总产值也将上升。但是他所垫付的劳动者的食品、牛马的饲料、种子等所有这一切的价值都完全按其产品价值的相同比例一起上升,因为实际上他的产品是由这些成分组成的。如果这些东西构成了他的全部费用,那么利润与全部费用之间的比例仍应与过去相同,因为两者的价值都已增加而且是以同等程度增加的。但是它们并不构成他的全部费用,劳动者除了给他们粮食吃之外,还得给他们衣服穿。正如已详细表明的那样,农场主用他的产品中比较小的一个部分就能得到这种衣服。因此用这种方法,并且也只能用这种方法,他的利润才会受到与制造业主相同的影响。

由此看来,不参与构成固定资本的那些商品的产量不管怎样增加,正是通过改变工资所占的比例,也只有通过这种改变,才能使任何一个行业中生产率的提高影响利润率。所以,如果有任何既不构成固定资本又不构成流动资本的物品,可以推断,利润就决不会因生产这些东西的便利条件方面的任何改变而受到影响。这些东西就是各种各样的奢侈品。尽管对这一问题的证明看来也许已经很充分了,可是我仍将不惮其烦地开始更为详尽地阐明这一情况。

我们假设社会是由两部分人组成的,一部分是生产谷物和其他必需品的农场主,另一部分是一批园艺家,他们唯一的生产就是种植葡萄。现在让我们假设,通过种植、修整、剪枝等方法的改进,用同样的费用生产的葡萄以及由此制成的酒在数量上都增长了一倍。但是酒的价值随即按其数量增加的相同比例下降。另一方面,在同酒相比的情况下,谷物经营者的产品价值必将上升。但用这种饮料来计算他的开支时价值也以完全相同的比例上升,因为酒既不能构成他垫付的固定资本的一部分,也不能构成他用以维持劳动的垫付资本的一部分。因此,如果总是以酒来计量的话,那么再生产的价值与费用的价值之间的比例仍将保持不变。当然,酒产量的增加必然使谷物农场主得到好处,因为他的利润可以买到更多的酒。但是他的利润率仍然不会因此而改变,因为倘若他要用他的资本来购买酒的话,那也不过使他得到比例上更大的一批酒罢了。

同样明显的是,葡萄种植者的利润仍然一样。虽然他的产量已增长了一倍,但是用农场主的谷物来计量时,它的价值已经按相同的比例减少了。那么他总产品的总价值仍旧与原先相同,因此就需要用总价值中与原先相同的一个比例向农场主购买他非常需要的固定资本的各种要素,例如葡萄架等,以及他的劳动者所必需的生活资料,因为我们假定酒并不构成劳动者的必要生活资料的一部分。所以,无论我们拿数量来同数量相比还是拿价值来同价值相比,都应当是相同的一个比例被留作利润。毫无疑问,葡萄种植者是会得到利益的,因为剩余部分的绝对量越大,他就能够在不侵占他习惯上用来交换其他物品的那个份额的情况下,比从前更多地消费他自己的酒。

这种情况也适用于各式各样的奢侈品,因为雇主—资本家的利润将支配数量上更多的奢侈品以供他们私人的消费,所以他们是依靠这种商品的丰富而得到利益的。但是他们的利润率并不因为这些商品数量的多少而受到丝毫影响。

如果在某个国家,人们把酒看做是劳动者生活资料中的一个必要部分,那么生产葡萄的劳动和资本生产率的增长或者下降,确实会影响利润,虽然在程度上决不会与谷物生产方面便利的增加或减少所带来的影响相同。

现在，我已找到了在行业的划分已经确立之后调节各个产业部门利润率的原因。我们知道这些原因是：

1. 生产劳动者所需要的食物、被服等基本必需品的产业部门的生产率；

2. 生产那些参与组成固定资本的物品的产业部门的生产率；

3. 实际工资率。

第一和第三个原因方面的变化是通过改变劳动者所得的部分在总产量中所占的比例来影响利润的。第二个原因方面的变化则是通过改变直接用于或借助于交换来更新生产中消耗的固定资本所占的比例来影响利润的。因为，正如我们在一开始的时候所表明的那样，利润实质上是一个比例的问题。

在论述国民利润这一问题时，我们已经看到，一般劳动生产率和实际工资率是决定利润的两个原因，而且还谈到在行业的划分确立之前，单个生产单位中的情况大体上与整个国家相似。但是，现在在研究行业的划分确立之后调节各行业利润的原因时，我们已经发现在某些特定的产业部门中，生产率的提高或下降对利润有影响，而在另一些部门则对利润毫无影响。因为事实已经说明奢侈品生产率的提高对利润率就没有影响，经营这种产品的企业主像别人一样，只有在作为消费者的情况下才能得到好处，但至此为止。如果提高其他物品的生产率，那么他得到的是既作为消费者又作为雇主—资本家的双重利益。因此，我们现在得到的这个结论，在它充分证实了以前在论及国民利润中所作的那个结论的同时告诉我们：严格说来，并不是每一个产业部门生产率的变动对目前的问题都是重要的，从而更明确地指出了我们目前得到的这个结论应受什么限制。而且我们已知道，某些产业部门中劳动生产率的变化之所以影响利润，是因为：不管固定资本和流动资本中包括的各种物品是多还是少，如果组成固定资本的一切物品的绝对量同原先相同，组成实际工资的一切物品在绝对量上也同过去一样，那么正是由于这两个部分在绝对量上的不变，才使生产率的任何增长或下降影响利润。如果前两个原因不变，当然最后一个原因就得变动。如果工资量一直保持不变，那么全部损失或者全部所得必定会落到雇主身上。但是，只要实际工资以某种程度上升或者下降，由此带来的损失或者利益就常常由雇主和劳动者共同分担或分享。我们就这样自然而然地被引导到了引起利润变动的另一个原因，即实际工资的增长或者下降。[①]

在知道了决定利润率的原因之后，现在我们便能回答几个已经提出来的问题，还要否定在这个问题上已为人们接受的某些错误观点。有人曾经问过，工资和利润是否能同时增长或同时降低，或者在一个国家中它们二者是否都能比另一个国家高或者都比较低。

只要注意一下上面提出的原理，回答这个问题就并不困难。

---

① 李嘉图先生非常清楚地看到，利润的问题完全是比例上的问题。但不幸的是，看来他总是认为整个产品是在工资和利润之间分配的，而忘记了必须有一部分用于补偿固定资本。他由此作出结论说，只有通过工资的增加或者降低才能影响利润。他所说的工资并不是指实际工资而是指货币工资。很明显，这种理论是不完整的。因为，正如我们所知，可能还有其他原因会引起利润的变动。甚至至今还完全没有提到这个事实，至少没有指出货币工资方面变动和由此而产生的利润方面变动的最终原因，即劳动生产率方面的变动。

我们假设，在一个新殖民的国家里，按领土面积的比例来说，资本和人口都是少的。在这种情况下，只有最肥沃的土地，或者那些沿海和在可以通航的河流附近的最有利的土地，才被占用和耕种。因而用于农业的劳动和资本的收获量是很大的。但因人手的缺乏，所以工资是高的。是否因此可以得出结论说利润必然会低呢？决不。由于总产量是那么大，因此尽管劳动者的实际工资即他对生活必需品和舒适品的支配，从绝对量上来说是多的，但是也许只占总产量中一小部分，甚至比实际工资低的国家还要小。因此，总产量中的一个比较大的份额就会留给雇主。这样，利润和工资也许都比情况与此相反的国家为高。

用一小部分总产量来付给劳动者大量工资的同一劳动生产率，也给种植业者提供了以比较小的份额来补偿他垫付的其他各种必要的费用。如果种子的数量、牛马的饲料量保持相同，那么产量越大，这些必要费用所需的数量在总产量中的比例当然就越小。**正因为如此**，无论什么样的工资率，利润也总是高的。

根据一般原理的推论所得出的这些结论已为经验所充分证实。美利坚合众国就是像上面所描述的那种国家。同它幅员辽阔的国土相比，人口和资本都是少的。从而在世界这一地区不但工资而且利润也都肯定比英国高。

就工资而论，亚当·斯密告诉我们，在他那个时候，纽约州的普通劳动者一天赚 3 先令 6 便士，相当于英币的两先令，而像造船的木工这样一些地位比较优越的工人则不少于 6 先令 6 便士。正如他注意到的那样，在北美，粮食价格到处都比英国低得多。“因此，如果劳动的货币价格比祖国任何一个地方都高，那么它的实际价格，即转让给劳动者实际支配的各种必需品和便利品，在比例上必定比祖国更加高了。”①

尽管如此，北美的利润一般地也高于英国。有两个情况特别有助于证实这一点：第一个情况是该国的利息率比英国高。正像我们在以后将要说明的那样，尽管仅仅这一点还不足以证明利润率必定也高；另一个情况则更具有决定意义，我的意思是指非常快的资本积累。如果美国的企业利润不大，那么这种积累的不断增长看来是不可能的。

由此看来，一个国家的工资与利润都可能高于另一个国家，或者在同一个国家中，工资与利润都可能高于它财富和人口发展的更高阶段。当然，随着社会情况的变化，两者也都可能因此而降低。

同样清楚的是，劳动生产率的下降可能只影响利润，而实际工资还是像以前一样。如果还伴随着对劳动需求的减少，这种损失的一部分就可能落到一种人的身上，而另一部分损失则落到另一种人的身上。由此可见，工资和利润既可能同时下降，也可能不是这样。现在我们已经看到，在社会发展过程中两者终于都受到了损失。

这种想法，即工资和利润不可能同时上升或下降，从而在一国，它们两者不能同时比另一国高的想法，看来是由于李嘉图先生总是把某种奇特的意义同前一个词联系在一起而产生的。当他说

① 在今年(1836)，纽约港的工人不满足于他们每天1元2角5分(至少相等于5先令3便士)的工资，要求1元5角一天并因此而起来反抗。

工资有了变化的时候，他的意思并不是指劳动者的实际报酬有了差别，而只是指他们在整个产品中获得较大或者较小的一个部分。现在，我们已经知道，不仅工资在总产量中的比例，而且总产品中必须用做更新固定资本的那个比例都会影响利润。因此，甚至根据李嘉图先生给予上面这个词的含义来看，利润的增减也可以与工资的增减无关。但事实上，他所指的含义不仅和语言的通常用法不符，而且也没有任何好处。在我们说工资增长或者降低的时候，每个人自然认为劳动者的状况好转或者变坏了。如果不是指这种意思，那么我们怎么可能了解有关广大人民物质福利方面的状况呢？如上所述，如果一国的总产量很少，那么同生产力更高的国家相比，总产量中更大的一个部分也许使劳动者支配更少的必需品。如果用李嘉图先生的语言来说，前一个国家的工资就比后一个国家的工资高，而常人的理解也像所有别的作者的科学论文一样，工资实际上一定更低了。虽然我们可以给通常使用的语言以更为明确的限定，但是也绝不容许改变它们的正确含义。如果这是可以容许的，那么要是我们不想放肆到要去建立另一座没有建成的通天塔，则必将陷入第二次语言上的混乱。①

因此，在本书中，或者在通常的或者科学的语言中，工资率并非指归属劳动者的那部分产品在总产量中所占的比例。但是它的

① 我想，别人不会根据这些以及另外一些类似的意见，认为我要贬低李嘉图的功绩，更不用说否定我对这位卓越的作者的感激了。但是作者的名望愈高，他的错误就必然愈加惹人注意。上述的错误已使整个分配理论引起了混乱。

在哲学方面，没有比通过改变一个词的含义来做出带新奇味儿的结论更为不适当的了，这在实际上，除了改变词的含义之外，并没有新东西。

意思无疑是指某种关系，人们总是在付出的劳动量与同量劳动所得的报酬之间建立着比较，工人所关心的只是这一点。劳动量部分地是由它的强度、部分地由它的持续时间所组成。如果强度和持续时间保持不变，那么实际工资就随着一定量的劳动使他能够支配的必需品和舒适品数量上的增减而改变。

另一方面，利润率总是指总产量中的利润部分与全部产值中其余部分之间的比例。

现在，我必须提到在利润问题上的一种看法，它得到经济学权威亚当·斯密以及其他卓越的政治经济学作者的支持。这种看法也许在《国富论》作者的话中表达得更为明确，他说："资本的增加，提高了工资，因而倾向于减低利润。在同一行业中，如有许多富商投下了资本，他们的相互竞争，自然倾向于减低这一行业的利润；同一社会各种行业的资本，如果全都同样增加了，那么同样的竞争必然对所有行业产生同样的结果。"（见《国富论》第1卷，第9章。）

虽然乍看起来这种说法貌似有理，但我毫不犹豫地说，它根本上是错误的。如果在某个特定的行业中利润确曾偶尔上升到高于其他行业的利润以上，那么不难设想在自由制度下资本和劳动就会自然而然地涌向更加赢利的产业部门，直到它的产品积压到不得不通过降低它们的价值来把这些利润降低到一般水平为止。

但这与雇主一资本家之间的竞争降低了一般利润水平本身这样的说法是完全不同的。接着，我将阐明这种说法是不可能成立的。

假设一个国家有两种人，一种人从事农业，另一种人则从事制造业。我们还假设资本一直积累得很快，而且资本的所有者急于想把它投入某个有利可图的行业。于是我们很可能想到一部分过剩资本为农业所吸收，而另一部分则为制造业所吸收。由于急于要卖掉产品的农场主之间竞争剧烈，因此我们暂时假设农产品的价值下降了，他们的利润也按同一比例下降。但是根据这种假设在制造业中同时发生着完全相同的情况。按照我们目前正在考察的这种理论，我们也确信制造品的价值由于同样的原因而下降，从而雇主—资本家的利润也跟着降低。同制造品相比，农产品的价值下降；与此同时，与农产品相比，制造品的价值降低。但这是一个明显的矛盾，因为这就等于说：用农产品所要交换的制造品来计量时，在同一瞬间，农产品的价值不但上升了而且下降了。因此，导致如此荒谬结论的前提不可能不是错误的。

虽然我们可以假定所有商品的价格，即不但原产品的而且制造品的价格都因经营者之间的竞争而下降是可能的，但是这种情况无论如何不会影响利润。每个雇主—资本家都以低价销售他的产品，但在另一方面，他所耗费的无论是属于固定资本的还是属于流动资本的每件物品，必然相应地只花费他较小的一个数额，因此他的实际状况也应当完全相同。

亚当·斯密在支持他的见解时曾提出了几个富国的例子。在这些国家里积累了大量资本，并且正像他注意到的一样，那里的利润比穷国的要低。于是他说："荷兰就富裕的程度来说超过英国，而英国则富于法国与苏格兰。"他说："所以，没有一个国家的利润像第一个国家那么低的了，而在第二个国家中的利润也比最后两个国家低。"我们可以同意这个事实，但是反对他的解释。他并没有忽略在那些利润最低的国家中工资是最高的。这一点有助于我们去正确地说明这件事情。

由于必须依靠劣等土地而引起农业收益的减少，或者由于从很远的地方运进粮食需要很大的费用而造成了相同的结果，因此在人口稠密的国家中，货币工资一向是高的。也就是在这些国家里，我们发现同它们的幅员相比，资本量是最大的。换句话说，在这种情况下总产量中一个很大的份额是属于劳动者的。但是这并不是由于资本的积累引起了利润的下降，而是由于生产生活必需品的产业生产率的下降，这才引起了货币工资的增加，而同时以相应的程度降低了利润。

还有另一个错误，它与上述错误有着紧密的联系。的确，现在我们就要研究的这一错误可以被认为是前面那个错误的根源。这一错误见解是这样的：利润的存在必须取决于销售，即交换。例如，有一位曾写过一部政治经济学中最优秀、最全面的著作之一的作者，[①]他一面承认雇主或企业家从他产业的总产量中拿出一部分来支付地主的地租和劳动的工资，然而另一面又认为他是依靠商品的销售来取得利润的。他说：利润是由消费者支付的。那么，在物物交换或货币交换和行业划分存在之前的社会状态中，是否就没有利润了呢？如果一个雇主—资本家生产了他个人使用和维持他的企业所需要的一切物品；如果他用他的产品来直接补偿了生产中消耗的每一种物品之后还有一个剩余，那么这难道不是利润吗？交换的引进并没有改变这种情况的性质。现在，他只限于生产一种商品而不让他自己致力于生产六种或者更多的商品，这

① 施托尔希先生。

时，他的剩余就由一定量的这一种物品来代表，而不是由许多不同的物品来代表。如果他愿意把它保留在自己的手里，它就构成他的利润；如果用它交换其他东西，它就以新的形式出现。这就是全部差别了。

毫无疑问，消费者支付利润这一想法是非常荒谬的。谁是消费者呢？他们一定是地主、资本家、雇主、劳动者，要不就是因提供了不论哪一种劳务而从这些人中的某个或某些人那里领取薪金的人。各行各业的雇主—资本家互相支付他们的利润吗？根据这种想法，每个人被认为是在为他的邻人工作，而不是为了自己。那么，是劳动者支付利润吗？看来这也是徒劳的，因为工人认为在他领到工资的时候，全部工资都是为自己挣的。不，他至少得给回一部分工资以便构成雇主的利润。对地主来说也是这样。当他从农场主手里收到他的地租时，他自然认为这完全是他自己的，而且可以任意使用它。很难设想还有什么比这种想法更可笑的了。实际情况是，竞争确定一切商品的价值，一般说来，没有人能够在公平交易中靠牺牲别人来获利。毫无疑问，所有人都从交换他们各自产品的便利中得到了利益，因为这种便利允许每一个人把自己限制在一种职业上，经验证明这样一种体制最有利于每一种商品数量的增长。正因为全都得到了改善，所以也就不能靠牺牲任何人来获得利益。在通常情况下，当一个人用他自己的产品来交换别人的产品或交换货币的时候，他放弃的价值完全等于他得到的价值。因为谁会同意一直吃亏呢？仅仅这一点就足以证明，在通常的市场情况下，利润不是由交换来创造的。如果它在以前不存在，那么在交换以后它也不可能存在。

在论述财富的源泉时，我们知道财富的创造取决于自然力与技能的结合，取决于无生命世界的动力、畜力与人的结合。根据当时所说的这些原理，我们便可推断，生产力的发展程度必然取决于两个条件：第一，土地表层的天然肥沃程度或者取得各种金属和矿物的地下矿藏的丰富程度，也要取决于可以得到鱼类等水产品的丰富程度；第二，与资本和无生命的动力，如风力、水力和蒸汽力相结合的劳动技能的发展程度。

农业与制造业、商业的主要区别就在于，比较地说来，它更多地依赖于自然条件，而较少地取决于技艺。稍微好一点的土质也许足以抵得上从机械和耕作方法的改善中取得的很大效益。波兰和南俄用原始工具和不完善的作物轮作仍能生产出比英国更便宜的谷物。据推测，也许除比利时之外，英国的农业技术已超过世界上任何一个国家。不过到目前为止，这些改善不仅提供了更多、更便宜的谷物，而且也提高了利润率。

在另一方面，制造业和商业则主要取决于人的技能。当国家还处在最初发展阶段时，谷物和其他原产品，至少可以说，也许像各个更为发展的时期一样便宜，而且谷物的质量也毫不逊色。但是在社会发展的早期，制造业产品则一律都很贵而且质量又差。同工业发展以后所生产的物品相比，那时制造出来的东西尽是些最粗糙的物品，而且价格也过于昂贵。[①]

长期以来，商业一点也不比工业先进。初期，从一地运往他地

① 甚至像北美这样一个利用了欧洲技术知识的国家，工业品仍然很贵。一件料子好的外衣在美国要花 8 镑至 10 镑。

的大批货物，运费都极高。在运输设施大大改进之前，一直没有运河，除了用马来驮运之外，并且道路艰难，也许一年中有一半时间不能通行。在多山的国家西班牙至今仍有很多地区除了用骡子来驮运之外没有其他办法可以把谷物从一省运往他省。运输问题，造成了在安达卢西亚人已经厌食谷物的时候，纳瓦拉的居民却死于饥饿。就国家本身来说当然要消除这些巨大的障碍以便利交通，但是如果人们把他们的技能用到这方面来，这些障碍也许会在很大程度上得到克服。另一方面，虽然俄国还处在很野蛮的状态，但在交通方面却有着更为发达的国家所没有的便利条件。然而这些都是无需利用人的智慧的天然的条件。俄国一年中有好几个月深雪覆盖着广阔的平原，满载着货物的雪橇就以难以置信的速度滑行在这些无山的荒原上。[①] 在这种气候条件下，一年中有一半时间运河和铁路毫无用处，而代替它们的是四通八达的天然公路。可是，一般说来，为了改善交通设施仍然需要大量技术、劳动和资本。在那些早就有人定居的文明古国，也许在交通方面至今还有很多困难，尽管它们的农业和制造业都已取得很大进步。两个多世纪以来，法国织造的各种丝织品行销于欧洲所有市场，它的土地普遍得到耕种，而其首都则是艺术和科学、奢侈品和精制品的主要中心，每天发行上百种报纸，但直到最近整个王国还只有一两条运河，并且缺乏最起码的疏浚和治理，时至今日，大部分道路一年中倒有半年的时间仍处在可悲的状态。[②]

① 请参阅施托尔希：《政治经济学教程》。

② 然而自“七月革命”以来，一直以很大的劲头在推进运河工程。

商业落后于农业和制造业有两个原因:第一,改善一个国家中的交通设施所需要的垫付资本比改进其他产业部门所需要的资本多得多。第二,承担费用的人不能那么快就得到收益。同足以建设一个锯木厂、打谷机厂等或开办织袜厂、动力纺织厂的投资相比,建设无论何种规模的运河、铁路或者甚至一般的公路都需要有很大的资本。此外,从长远来看,虽然通行费除了可以偿还全部垫付资本之外还能提供合理的利润,但是在通行费累积到可以满足这一目的之前,原先的发起人也许已经破产了。在谈到有关这一类计划时,常常听到人们说:它对公众非常有益,但对个人来说,却是一种不合算的事业。

由于这些理由,长期以来,在多数国家中,这种工程是由政府单独承建的。直到国家不仅在财富方面而且在科学上都有了很大发展,政府的一部分工程才由私人的联合企业来举办。但是,正像农业与制造业方面的情况一样,不管在什么时期,也不管用什么方法,在商用交通方面采用各种改进措施,不仅有助于商品的大量增加,而且会引起利润率的提高。①

综上所述,同工业、商业相比,农业更多地依赖于自然条件而较少地取决于技艺。因此,随着社会的发展和人口的增加,后者的生产率颇有下降的趋势,而另外两个产业部门的生产率却不断增长。随着人数的增加,必须不断地耕种新的土地以适应居民不断增长的需要。但正如我们设想到的一样,最初人们要种最肥沃的

① 一条新的道路确实相当于一台新的机器。毫无疑问,用陈旧机器也可以制造物品,但是要慢些、少些。虽然用旧时的道路商品也可以继续运输,但因道路曲折或难于通行,每次只能运送少量的商品,而且在路上的时间也更长。

土地而不要种较贫瘠的土地，过了一段时间之后，由于前者都被占有且已被充分利用，因此不得不去依靠后者。由于这个缘故，农业收益必然有减少的趋势。无疑，这种趋势被耕作方面的改进多少抵消了一些，但这只能在一定程度内起作用。正如经验证明的那样，这种趋势只能被减轻而没有能受到阻止。有些国家人口稠密，没有播种、收割和打谷的灵巧机械，也不知道适当的作物轮作的好处，仍然能生产出比最文明的并有了最明显改进的国家更为便宜的谷物。我们已提出了波兰和英国作为这方面的例子。产生这一事实的原因只能是前者可以只种肥沃的土地，而这样一个有利条件足够抵得上后者的一切技术而有余。

由于这个缘故，在财富和人口发展过程中，利润有不断下降的趋势。

但是，在另一方面，工商业劳动产品在质量上不断改进的同时，数量上也稳步增长。毫无疑问，在发展进程中，它们多少会受到一点农业原材料增长不足的阻碍，但是机器的大量发明，许多运河和铁路为交通提供的巨大便利，远远超越了对它们发展的这种障碍，它们目前的状况以及今后发展的前景使我们惊讶得目瞪口呆。这些改进必然会不仅大大促进商品量的增加和价格的降低，而且在很大程度上有助于利润率的提高。

我们由此更清楚地看到上述论点的正确，即在社会发展过程中，利润受到两个不同方面的影响：生产原产品方面日益增长的困难有降低利润率的趋势；而工业和商业方面的改进却有着正好相反的作用。

根据农业比制造业和商业更依赖自然这一事实，还可以得到另一个推论，这就是，建立在农业上的财富比建立在工商业上的财富具有远为稳固的基础。一般说来，自然比技艺更为持久。如果埃及的金字塔至今仍避免了人类建筑物通常都会有的毁坏，只是因为它们建造得可以宣判为彻底无用。尽管缪斯久已不在他幽深的神殿中徘徊，可是帕那萨斯的双峰仍然直插云霄。当上帝的圣殿以其巨大的碎片撒落在希腊的崇山平川之上的时候，灵感的源泉却仍然在耳旁淙淙作响。

“艺术、光荣、自由消失了，可是自然依旧是美好的。”

制造业和商业不能避免人类通常的命运。它们并不附属于某种土壤，也不受气候条件的限制，但能以迅疾的双翅飞翔，从蒂雷的岩石和威尼斯的泻湖到泰晤士河或默西河，从默西河到赫德森河或波托马克河。不单是对外战争和内部革命可使它们的发展受到致命的打击，而别国的竞争至少也同样令人畏惧。哪一个国家能够自称：这里是技艺和产业的中心而它们将永远是没有匹敌的呢？凡是人所提供的一切利益，所有的人都希望去分享，人类技术的秘密是不能永远垄断的。

另一方面，农业的繁荣则较少地为反复无常的命运所摆布。

当迦太基只剩下一个名字而威尼斯的宫殿也已倒塌在沉睡的河底时，当只有庄严的大教堂和肃穆的墓地作为从前宏伟比萨的证明时，当杂草丛生在布鲁日的街头甚至荷兰也开始衰落的时候，伦巴第的平原尽管受到战争和专制主义的双重灾祸却仍不失为欧洲最富庶的地区。宜人的气候，天然的肥沃土壤，阿尔卑斯山脉提供的无穷无尽的水流，这些都是它财富的源泉，而一切风靡一时的人物都无法把它们毁掉。同样，制造业只有在自然提供了特殊有利条件的范围内才有希望取得持久的优势。同我们依靠劳动分工或机器建造方面的改进相比，依靠丰富的煤矿和大量的水流这样一些自然赐予的礼物更有把握得多。如果英国可以用它的商品长期不断地供给半个世界，那么这主要是因为这个商业帝国有着这些地下宝藏的缘故，但愿这些宝藏将被证实是无穷无尽的。

第四章　论资本的纯利润

我在开始研究利润这一问题时已提到，我像英国作者通常所做的那样，用利润这个词来表示补偿了生产中花费的全部固定资本与流动资本以后，留给雇主—资本家的全部剩余。同时，我已注意到，这一全部剩余并不总是一个人的财产，因为也许一个人是这笔资本的所有者，而另一个人则承担着使用它的辛劳和风险。因此，利润确实包括两种完全不同的收入：一种是对资本使用的补偿，另一种则是对由此带来的辛劳和风险，以及在指导和监督工作中所发挥的技能的补偿。因此，严格地说来，毛利润可分为两个部分，即资本的纯利润和企业利润。我们还需确定毛利润在这两个部分之间的分配比例是受什么原因调节的。[①] 当一个人既指导着资本的使用同时又是该资本的所有者时，我们无法确定在他利润中有多少是他仅仅以资本家的身份取得的，有多少则是属于他作为一个企业领导人即雇主的。因此，我们必须从资本家和雇主不是同一个人时所发生的情况的考察中得到这一问题的结论。

如果资本只为那些想把它投入某种有利的行业的人所借，显

① 也许资本的纯利润这一用语差不多好像是同义的反复，资本的利润这一术语或许更正确些，但由于英国的作者经常用后一个术语表示毛利润，所以在目前这种场合就不能使用它了。当用货币来计算或支付资本的纯利润时，它被称为利息。

然毛利润分配的比例就必定完全取决于资本家与雇主之间的竞争，取决于很想不用他自己去费心管理而能从他们的资金中得到收入的那些人与愿意自己承担这种职务的另一些人之间的竞争。在这种情况下，每种人的份额一定完全取决于一方面可供出贷的资本数量，另一方面能够并想要使用它的人数，同时他们必须能够为正常支付利息以及最后偿还所借资本提供可靠的担保。但实际上，雇主通常避免同资本家进行拼命的讨价还价，这是因为还有另一批人同他们竞争的缘故，否则雇主与资本家之间就会进行激烈的讨价还价。后一类借款人急于借钱用，但不想把借来的资金用于任何生产性行业。这些人的用费超过了他们的收入，从而必须求助于贷款来满足压在他们身上的各种需要。在大多数富裕的社会里，用于这种目的所需要的资金其数量是相当可观的，而在我们把向国民举债的政府看做具有这种身份的情况下，尤其是如此。因为国家经常性的收入不能满足国库的需要，所以不得不求助于这些贷款。这种情况或是由于收入的下降，或是因开支的增加所引起的。用这种方法筹借的款子，如果不能说全都会用于非生产性消费的话，也至少可以说大都是用于非生产性消费的，就是说，不会带来任何物质形态的收益。我们也必须以同样的观点来看待那些向其他国家派出代理人去筹措贷款的各国政府。

那么，所有这些根源——入不敷出的个人、本国政府和外国政府，都引起了对资本家资金的需求，而这些资金都不是用于生产性目的的。除了这一类借款人之外，还有另一类借款人，他们像前一种人一样急于要获得贷款，也不把借来的钱用于可以取得利润的产业部门，但在其他各方面则与前一类不同。这是些在商业上不成功或投机上失败了的人，如果他们不能找到资金来满足他们债权人在限期内的要求，他们就会有破产和毁灭的危险。在一切借款人中间，这些人最迫切地需要借钱，以便保住他们的信誉。因为事业的成功主要取决于信誉。显然，他们既不会把借到的资金用于生产，也并不打算这样做，而是用它来偿付从前获得的价值。无论这一类人多么不同于那些没有职业的、入不敷出的人，但在下面一点上他们还是一致的，即他们构成了一批急于要借钱的人，而且他们都不同于那样一些人，那些人向资本家告借是为了获得他们自己并不拥有的资金，并只有借助于这些资金他们的才干和勤奋才有用武之地。现在，因上述另两类人的竞争，这些靠借来的资金经营企业的领导人的技能和勤奋所得的利润，不如没有另两类人竞争的情况下优厚了。显而易见，因为借用资本所需的支付，在用货币来计算时就是通常所说的利息，必须取决于一方面各种各样借款人和另一方面拥有待借资本的人数之间的比例。对资本家来说，只要有可靠的担保和至少能得到当时的一般利息率，这就是他所关心的唯一的事情。至于别人怎样使用他的资金，那是无关紧要的。如果在担保和年利方面没有什么不同，那么他像给商人和制造业主提供扩大他们业务的资金一样，也同样十分愿意在以土地或财政收入作抵押的条件下为地主或政府的非生产性开支提供贷款。

正是通过所有能提供可靠担保的借款人与所有持有贷放资金的资本家之间的竞争，才决定了利息率。我认为利息率就是以货币来计算的资本的纯利润。给资本的所有者支付了这些利润即利息之后，为那些使借入资本运转的任何一个农业、制造业或商业企业主余下的部分便构成了企业利润，以此作为对他发挥的技能和管理一切生产性行业中必然要承担的辛劳和风险的补偿。因此，企业利润取决于资本的利润，而资本利润则必须以在可靠担保的基础上支付的利息来衡量。我说可靠的担保，是因为在没有这种担保的场合，借用资本所支付的金额是没有限度的，利息的大小将完全取决于贷方在既可能损失收入又可能损失本金方面所冒风险的大小。当然，像这种过高的利息是不能以任何生产性企业的利润来偿付的，也不可能为此目的而借进这种资本，因为有时这种利息高到超过任何产业部门所能赚到的毛利润之上。我们知道，在孟加拉，从前常常要付60%的利息，也许至今有时仍是如此。像这样高的利息决不能从以借入资本来经营的企业所得到的利润中偿付，那么，这种利息一定是从其他独立的财富源泉所得的收入中支付的。因此，按照我在开始探讨财富的分配时给那些词所规定的含义来说，它不是初次收入而是二次收入。即使在担保可靠因而利率也不高的时候，凡是使用借入资本不以取得利润为目的而支付的利息也同样属于二次收入。由于借入的资本不是用在生产上的，所以每年为此支付的金额必定不是从它本身中得来的，而是从其他收入来源，不管是土地、劳动还是某种其他资本的收入中支付的。

如果借入资本不用于其他目的而只用于生产性行业，我应当认为给这种资本所支付的报酬是资本纯利润的完全合理的尺度。在这种情况下，毛利润的剩余部分也应当正好代表企业利润。但是由于有些人借钱来用于非生产性消费，因而使利息必然有某种程度的提高。因此，严格地说，我们不应像没有这种借款者的情况下一样，把它看做是资本纯利润的精确标准。由于这些非生产借款人的存在，我们可以公正地认为资本的纯利润已被提高到了超过它们的自然水平。因此，企业利润当然就降低到了相应的程度。可是，在实践中，我们仍然可以可靠地以利息率作为资本纯利润率的最好尺度，事实上它是我们仅有的一个尺度。①

因此，为了确定什么东西调节着资本的纯利润率，我们就必须找出利息率是随什么而定的。如前所述，它是随着所有能提供可靠担保的借款人与所有有资本可贷的人之间比例的变化而变化的。正是这种比例和这两类人之间竞争的激烈程度决定着通常的利息率。但是借款者人数与贷款者人数之间的比例以及竞争的激烈程度都在很大程度上取决于一个特定的条件，即凭借着资本的使用和企业主的技能和勤奋一起可合理地预期能赚到多少钱，也就是说取决于可能实现的毛利润额。我们不难设想，凭靠资本的使用能够赚大钱的地方，贷款的利息也必然大。因为这些巨额利润的前景将把更多的借款人引进市场，同一原因将使他们较易于

① 然而，如前所述，我们必须经常记住，只有在建立了有效的政府，因而普遍有了安全保障的国家里，正常的利息率才能作为衡量资本纯利润率的一个尺度。因为在情况不那么好的国家中，由于缺乏偿还借款的可靠保证，利息竟高到使生产性行业无法利用借入资本的程度，这样的利息率就不能成为资本纯利润的标准。虽然我们不应该认为这种过高的利息已高得排除了一切以有利的投资为目的的借款，但是只要在给贷款风险所付的补偿费构成了年支出中异常大的一个部分时，我就不能把这种利息看做是资本纯利润的真正代表。只有在这种风险已减少到非常小，甚至至少可以不把它计算在内的地方，这种标准才是合理的。例如，在今日的英国，我想我们不能认为还有什么风险的补偿费加到所谓有可靠担保的贷款利息中去。因为尽管在贷款方面总会有某种风险，但是把它保存在自己手里不出借也有同样的风险，因此这一种风险与另一种风险是相同的。我们知道，人们仅仅为了安全就经常把钱存放在银行里，即使在不能期望得到利息的时候，他们也仍然把钱存放在银行里。

同意支付高昂的利息。所以毛利润高是利息高的一个原因。如果借进资本的目的只是为了用它来进行生产，那么利息率似乎就成了一个判断毛利润高低的很好尺度。但是，我们发现，由于还有其他各式各样并不为此目的而借款的人，他们在商定借款条件时并不关心这些资本可能赚到多少钱；还由于这些借款（包括本国政府和他国政府的借款在内），常常具有重大的影响，由此可见，我们不能把利息率作为判断毛利润率的可靠标志。因此，我们只能以阐明毛利润的高低是利息高低的一个原因为满足。

我们称之为非生产性借款人的需求对利息究竟有多大影响，可从下列事实中得到证明：在整个上一世纪与本世纪中已经过去的年代里，战争时期的有可靠担保的利息率一直比和平时期的利息率高。毫无疑问，这种情况，即使不是全部由政府对贷款的需求所引起的，也主要是由这种需求所引起的。[①]

在这种情况下，利息的变化不受毛利润的支配，因为我们没有理由认为毛利润在战时一概高于和平时期。但是，即使我们假设借入资本只作生产性使用而不用于其他目的，我想在毛利润率不发生任何变化的情况下利息也可能发生变动。因为，在一国财富的增长过程中，出现了一种人，其人数也在不断增加，他们发现靠着先辈的劳动所积攒而为他们所拥有的资金，足以使他们单凭利息就能够过优裕的生活。也有许多人在他们青年和中年时代积极从事各种经营活动，而在他们以后的日子里则宣告引退，靠着他们

① 参阅图克《通货状况的研究》，读书对这一问题作了非常出色的论述。据此可以得出结论：战争对资本家是有利的，但对企业主则是有害的，它是以牺牲企业利润为代价来增加利息的。

自己积累起来的那一笔钱的利息过平静的生活。这一类人像前一种人一样，随着国家财富的增长而有日益增加的趋势。因为那些一开始就有相当储蓄的人同另一些在一开始没有什么积蓄的人相比，可能更快地有足够的收入来过闲居生活，所以古老的富国就发生了这种情况，即属于那些不愿亲自不辞辛劳地去使用自己资本的国民资本量，在全部社会生产资本中所占的比例大于新殖民的和比较贫穷的地区。法国人称之为靠放债收息来生活的人，在英国人口中所占的比例比美国多得多，而在美国则几乎每一个人都从事某种工作。随着放债收息生活者的增多，资本出借者的人数也增加，因为他们就是同一个人。由于这个原因，不管借款人属于什么性质，生产性的还是非生产性的，也不管毛利润是高还是低，在财富已有巨大增长的欧洲各国，利息必然具有下降的趋势。无论借入资本作何种用途，在利润稳定或者甚至增长的情况下，上述原因都会引起利息的下降。[1]

如果我在证明上述论断时，把那些已建立了有效政府从而在信贷业务方面也有安全保障的欧洲富国中的利息率，例如，英国的利率，特别是早就降低到2%的荷兰的利率，认为是一般的利率，[2]那么人们也许会承认这一事实，但怀疑我对它的解释。他们也许会说，在这些国家中，对借入资本所支付的报酬之所以低，是由于

---

① 毫无疑义，英国目前普遍设立了储蓄银行，这种银行在法国也正在日益扩展，它们通过给劳动阶级多余的收入提供可靠的投资场所，必然大大增加实际上并不是为其所有者使用的资本量，因此利息率必然有下降的倾向。

② 亚当·斯密说，在他那个时代，荷兰政府以2%的利率借款，而有可靠担保的私人则以3%的利率借款。第1卷第10章。

它的使用所能赚到的毛利润降低的缘故。而我的意思也不是说随着国家变得更为富裕，毛利润的下降不是利息下降的一个原因。因为在前面研究毛利润这一问题时，我们已经发现随着国家财富和人口的增长，毛利润确实在不断下降。我所要说的是，这不是唯一的原因，从国家财富增长中产生的贷款者人数的增加则是另一个十分有影响的原因。

在此，指出这样一点是恰当的，即利息总是随着毛利润率的变动而变动的见解已在决定毛利润升降的原因方面引起了错误的观念。我们在上一章里指出了产生这些错误的一个根源，但看来这是另一个根源。由于人们看到在一般情况下利息随着一国财富的增长而下降，还由于人们推测这种下降是因为以前毛利润下降的缘故，因此就得出结论说：生产性使用资本的人们之间竞争的加剧，使资本的积累往往直接引起利润率的下降。亚当·斯密说："资本的增加，提高了工资，因而倾向于减低利润。在同一行业中，如有许多富商投下了资本，他们的相互竞争，自然倾向于减低这一行业的利润；同一社会各种行业的资本，如果全都同样增加了，那么同样的竞争必然对所有行业产生同样的结果。"①

在探讨毛利润这一问题时，由于我已极力驳斥了这种见解，所以现在就没有必要再对它作详细的评述了。目前我之所以把它提出来，完全是为了说明导致这一错误见解的第二个根源。随着一个国家中的资本积累和贷款者阶级的增加，利息下降是完全确凿的，但是在前面我已阐明，这绝不能证明雇主—资本家的毛利润下

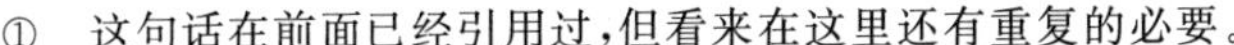

① 这句话在前面已经引用过，但看来在这里还有重复的必要。

降了。错误在于把贷款者的情况类推为生产者的情况，然而他们的地位是完全不同的。由于他们看到利息率随着有资金贷放的资本家之间竞争的加剧而下降，就认为生产者的毛利润也必然下降。他们忽视了这样一个重大的事实，即利润的存在归因于物质世界的规律，当人们利用这种规律并用劳动和技能来帮助和指导自然的恩赐物时，它便给国民生产那么多的成果，以致在补偿了消耗的固定资本以及维持雇佣劳动者的生存和衍续后代所绝对必需的实物之外，还留下剩余产品。如果全部产品刚够做这些用途，那么就不可能永远以利润的名义从劳动者的份额中扣除出一部分而不致引起劳动者的不断减少和最终消灭。因此，在这种情况下，利润不可能永远存在。但是，只要总产量比补偿上述用途的最必需的量多一点，以利润的名义从总量中分出而属于另一类人的特殊收入就成为可能。不管怎样，事实上，总产量一般总是足以允许劳动者得到一个大大超过他们维持目前生活和衍续后代所绝对必需的数量，此外还可提供利润。就一国的范围来说，这种利润是由许多商品组成的。就个人来说，它也许是仅由一种商品构成的。无论何种情况，它总是自然恩赐物通过技艺的帮助和指导所获得的结果。要懂得利润理论，首先必须透彻认识这一基本原理。只要我们认为不管是整个国家的还是个人的毛利润的存在均归因于雇主—资本家之间的竞争，我们就远远没有真正正确理解这一问题。关于这一点，我只需提一下以前说过的话，就足以驳斥这一错误了。

竞争可以通过改变商品的价值使不同行业的雇主—资本家之间的利润平均化，但不能创造包含着利润的商品本身。同样，如果已经存在着某种可以分配的东西，资本家与雇主之间的竞争就可以决定他们之间以何种比例来分配毛利润。唯有雇主—资本家与劳动者之间的竞争才影响一般的毛利润率，尽管作为一个特定阶级的雇主—资本家的存在本身取决于劳动生产率。①

那么，这就是资本纯利润学说的总结。资本的纯利润率必须部分地取决于毛利润率（因为全部利润的大小决定全部利润中每一个部分的大小），部分地取决于按什么比例把毛利润分为资本的利润和企业利润。这种比例又取决于资本贷放者和所有能提供可靠担保的借款者之间的竞争，这种竞争受到预期会实现的毛利润率的影响，虽然毛利润率绝不能完全支配这种竞争。其所以不能完全支配竞争，一方面是因为有许多借款并不用于生产性的目的，另一方面因为借贷资本在全部国民资本中的比例随着国家的富裕程度而变化，而与毛利润的变动无关。如果不是因为这些情况，那么资本的利润与企业利润必定比目前的情况具有更为稳定的比例。

① 可是，我们必须常常记得，只是在一定的行业中，劳动生产率才影响利润率。无论奢侈品、精制品等的生产是容易还是困难，就这方面来说都是无关紧要的，因为通过价格的提高可使少量精致品提供的利润完全与大量以比较低廉的价格来销售的精致品所提供的利润一样多。正如我们所知，利润仅仅受到这样一些产业部门产量的影响，它们生产劳动者的必需品和固定资本的各种组成部分。因此生产最普通的农产品的农业，生产粗制品、劳动工具和机器的制造业，以及运输这些产品的商业，才是一切职业中这一收入的真正来源。请参阅论毛利润一章。

第五章　论企业利润

在论述了毛利润，也论述了资本的纯利润之后，我们现在只需研究企业利润的特性和决定它的原因，便可结束本题的这一部分了。[①] 由于英国的作者一般不把它从资本和企业共同所得的全部利润中区分开来，因此进一步论述毛利润和资本的纯利润也许就更有必要了。可是，法国的经济学家萨伊和俄国的经济学者施托尔希并没有这样疏忽，他们对"企业家的利润"与"资本家的利润"细致地加以区别。事实上，这种区分不仅仅关系到哲学上的精确性，而且确实把所有领导生产性企业的人都带进了我们的视野。他们把雇主在现行货币利息之外所赚到的钱只公正地看成是他们的收益或利润。因为，假如他们拥有资本，他们就不需要为了享有相当于这种利息的收入而去自找烦恼，放弃他们的安闲，施展他们智力上的本领以及招惹失败的风险了。如果资本并不属于使用它的人，那么他们总是把资本的利息看做是他们的一部分支出。所以，在这两种情况下，他们都把超过货币利息之上的那部分余额，或者换句话说，扣除了资本的纯利润之后的余额，只认为是他们的

① 人们也可能使用"雇主的利润"，但企业利润不仅更加简明，而且也不易引起误解。

勤劳应得的收益,是他们所承担的风险和操劳的唯一补偿。因此单独地研究这一盈余是十分必要的。

在开始探讨这一问题时,我必须在此谈一谈这种收入所具有的双重性质。与劳动者的收入不同,它不完全是从劳动中得来的。确实,不管雇主在他职务上付出了什么样的劳苦,与其说是手的劳动,倒不如说是脑的劳神。因为,尽管有很多企业的领导人亲自动手干活,但是在他们这样做的时候,他们在那个时候已停止作为雇主而成为操作者。他与劳动者的情况不同,无论是利润量还是收益量都与他付出的操劳量与技术水平完全不成比例。因为,尽管一个勤奋和聪明的雇主必定胜过在这些方面不如他的人,从而他的收益额也更大些,但是这只能对资本的缺乏有一点小小的补益。同一个资金比较少的最能干和最积极的个人相比,一个具有巨额资本而其才干和谨慎均属一般的人总是能获得比较多的利润。因此,绝大部分的企业利润与使用的资本成正比,而且像计算毛利润和资本的纯利润一样,人们也总是用这种方法来计算企业利润的。尽管如此,企业利润还是不完全取决于资本的数量,而是为发挥个人的才干和勤奋留下了相当大的余地,而且肯定会得到相应的报酬。因此,虽然一个使用着价值 5,000 镑资本的人,不能靠他在知识、智力和活动能力方面的优势来实现像另一个有 10,000 镑资本的人那么多的利润,除非这种利润是在某种确实出乎意外的投机中得到的,而这是完全无法预测的,并且罕有到不值一提的程度。但是,一个非常能干的、通晓他业务的雇主,也许可以用 5,000 镑赚到别人要用 6,000 镑甚至 7,000 镑才能赚到的钱。因此,企业利润是一种具有两重性的收入,即主要取决于资本量并且随资本

量的变化而变化，但与此同时，又按照运用资本的那些人在智力和精神素质方面的不同，可以在一定限度内上升或者下降。由此可见，我们可以十分恰当地认为，企业利润部分地是这些精神素质的自然报酬，部分地是从一定时间内对资本使用的支配能力中得到的收入。而资本的纯利润则完全是从资本所有权中取得的收入。

然而，上面所说的那种精神上的素质是不可能计量的，因此企业利润总是以它在使用资本中所占的比例来计算的。

谈一谈现在所研究的这部分收入的性质，看来是非常必要的。在我们开始论述不同行业中毛利润的差别时，在这一点上的正确看法对于我们有着实质性的帮助。但是我们首先需要探索的是决定一般企业利润率的原因。

在探讨了毛利润以及资本的纯利润这些问题之后，目前的这个问题可以很快得到解决。显然像资本的利润一样，企业利润率部分取决于毛利润率，部分取决于毛利润在资本家与雇主之间分配的比例。在补偿了生产所需的一切开支之后，留待分配的全部余额愈大，它的每一个部分也就可能愈大。这件事非常明显，无需详述。

到目前为止，决定企业利润率的原因与我们考察过的调节毛利润率的原因是相同的。但毛利润的分配比例是由什么原因确定的呢？这个问题在我们论及资本的利润时也已作了解答。我们知道它取决于所有贷款人与所有提供可靠担保的借款人之间的比例，以及取决于借款人之间竞争的激烈程度。既然这两个原因决定了衡量资本纯利润的一般利息率，它也就必然决定企业利润在毛利润中所占的份额。当然，在扣除了前者之后所留下的余额必然就成了后者。

从这一解释中，我们可以看到决定上述比例的原因直接影响着资本的利润，并且通过它来影响企业利润。因此，后者是从属于前者的。然而，也许要在这里提一下，而且事实上萨伊也已经提出了这样一个论点：雇主或法国人称之为企业家的利润，是由一方面对于他的特种劳动量的需求与另一方面它的供给量之间的比例来决定的。根据这种假设，必然会得出这样的结论：决定毛利润分配比例的原因，[①]直接影响企业利润而不是资本的利润。这一论点同我在这个问题上的观点是正好相反的，而且在我看来是十分错误的。

利息率，即资本的纯利润率，是由借贷资本的供应量与提供可靠担保的借款人的需求量之间的比例来决定的，这一命题是如此明白，看来是无法否定的，萨伊自己也没有否认这一点。至于他的观点我刚才已提到过了。但是，我不十分懂得的是，企业利润会像上面所说的是受竞争调节的这一说法。因为谁需要雇主的劳动呢？据我所知，没有人需要。如果说有什么人需要这种劳动的话，那么大概就是有资本要贷出的人了。但是他并不寻求人们去使用他的资金，而只是寻求那些他能赖以取得按期付息的人。在抵押品和利息率相同的条件下，他是把钱贷给生产性企业的雇主、贷给土地所有者作抵押借款还是贷给政府，对他来说是完全无关紧要的。因此，我们就不能说有谁需求雇主的劳动。

另外，当雇主到市场上去借钱的时候，他们并不陈述他们在业

① 参见萨伊的著作第二卷第七章：“他们（指企业家）劳动的价格是与对他们劳动的需求量及投入流通的供应量之间的比例相平行的。”

务上的才干以及他们的勤劳与积极，而是提出他们的担保，不管是动产还是不动产，因此他们并不提供他们的劳动。所以，在雇主与普通劳动者之间并不存在任何相似之处，因为劳动者希望得到与他所具备的熟练程度和刻苦习惯相称的报酬。由此可见，企业主的劳动，如果我们也这样来称呼它的话，既没有人需求也没有谁来供给。从他这种地位的真正性质来看，他总是为自己工作的。如果他的企业的全部利润不完全属于他自己的话，那么这并不是由于他给别人提供了他的劳务而对方则给他一些津贴；而是因为他借进了资金，他必须为使用这种资金支付一定的报酬。因此从他利润中扣除的数额必定完全取决于他已商定的补偿额，即取决于议定的利息率。这样，我们又得到了我们上面的那个结论，即企业利润取决于资本的纯利润，而不是后者取决于前者。

如果有哪一类劳动者可以同雇主相比的话，那一定是雇用来监督各方面都需要关心的工作的工头或监工。他们的劳动不属于体力劳动，如果并非完全是也至少主要是一种指导方面的劳动，属于脑力劳动甚于体力劳动，而且与其说需要肢体方面的灵巧，倒不如说需要专门的知识、头脑的积极活动和正直。但正是这种情况有助于向我们表明雇主的地位多么不同于劳动者，哪怕是最高层的劳动者的地位了。

工头从他雇主那里得到固定的薪金，它并不取决于营业情况的变化，它并不随着利润的上升而上升，也并不随着它的下降而下降。另外，这种只需进行各方面关心的人的薪金，虽然比普通劳动者的工资高，但当它被放在雇主利润旁边的时候，它却是无足轻重的。决定其数额的原因与调节普通劳动工资的那些原因是完全相似的，即它的供给与需求之间的比例，尽管这种职业所需要的相当高的技能总是使这种人的供给非常短缺，从而使监工的劳务得以确保很不错的报酬。

商人所雇用的、在国外各个商埠经营业务的代理人或代理商，为他们做买卖，简言之，履行商业上的一切事务，他们的状况更接近于雇主，因为对一种人所需要的脑力上的素质，对另一种人说来也同样需要。但是这些人毕竟还是仆人，领取规定的薪金，或者领取固定的薪金，或者按商定的办法领取一种随着他们为雇主实现的利润而浮动的薪金。但是，无论在何种情况下，他们的薪金同利润相比只占一个微薄的部分，他们也不会有失去资本的危险。如果他们是以按利润多寡而升降的方式来取得报酬的话，那么他们所害怕的最坏情况不过是他们的收入有所减少而已。

雇主的基本特性就在于，要具备经营任何一个企业所必要的一切条件，以及支配不论是否属于他自己的资本的能力。这种身份所带来的特殊有利条件是，通过他的勤奋所赚到的除利息之外的利润不管有多大，都完全属于他自己；而其不利条件则在于，他经常有不仅失去他的收入而且有失去其资本的可能，因为一切生产性行业都伴随着或多或少的不稳定。经营任何企业所带来的风险和麻烦，所需要的多方面才能和知识以及必须拿出足够的担保，常常限制着对生产性使用的资本创造有效需求的人数。

由于这些原因，就压低了借入资金的利息。因此，在支付了利息之后，仍然还留下一个很大的余额作为雇主的特殊利润。如前所述，要是没有非生产的借款人、政府及其他借款者，那么这一余额必定更大些，因为这些人的竞争势必使利息率保持在一定的水平上。然而，在比较安全的国家中，利息在通常情况下大概不致吞没毛利润的一半以上，至少另一半可构成雇主的份额。

我认为，注意到作为企业领导人主要特征的上述这些条件具有重要意义，这些条件对生产性借款造成需求的人来说，是使他们的人数受到限制的一个原因。正因为如此，我们才能解释为什么雇主虽没有他自己的资本，没有他自己的土地，也不要从事体力劳动，但仍能在每年的国民收入中获得那么大的一个份额。首先，雇主的地位需要具备好几种精神上的和智力上的素质：活动能力、谨慎、知识以及至少在某个产业部门中的下级职位上长期的实践经验；熟悉最有利的购销行情、善于察觉欺诈和诡计、也善于发现诚意和开诚布公的交易，因而他具有深入人类本性的实际洞察力。那些不具备这些素质以及我们很容易设想到的其他这一类条件的人着手经营，他们迟早是要破产的，从而不再造成对资本的需求，以继续经营他们的行业。其次，尽管雇主并不用手来劳动，但是他的头脑必须经常工作，他的时间和精力必须主要用于关心他的经营管理上，如果没有他的监督，企业必定很快破产，所以他常常会有精神上的忧虑。在一切勤劳之中这种勤劳之所以有价值得多，部分地因为它是最难于具备的一种擅长，部分地由于企业的全部成功有赖于雇主的管理能力。雇佣劳动者的福利、贷出资金的资本家的利息，以及给别人使用其土地的所有者的地租全都有赖于雇主的操劳。这样，不仅雇主自己的财产而且各种生产源泉的所有者的财产，都取决于他的事业的兴旺发达。所以，给这种烦劳和责任支付这样高的报酬就不足为奇了。

第三，不论经营企业多么谨慎和能干，一切生产性行业都会有

某种程度的风险。不可预见的灾祸常常向管理得最好的企业突然袭来，不仅给雇主带来财产上的损失，甚至使他们名誉扫地。因为，在这类雇主中间，不管遭到了多么不应有的破产，它总是伴随着某种耻辱。在事业失败的时候，往往有许多自杀的实例。这种行为主要是由于他们不能忍受他们认为自己所陷入的那种落魄处境。我确信，人们主要是在巨商中发现这些实例的。

最后，为了使用并不属于雇主自己的资本，他必须拿出充分的担保，仅仅这种情况就把大部分人排除在与他竞争的范围之外。

如前所述，所有这些情况大大限制了能够并且愿意借进资本以便把它投入某个生产性行业的人数，从而使雇主能够从毛利润中保留一大部分作为企业利润。

但是，我们必须认为雇主还有另一种特性，而且是一种最重要的特性。他们是国民收入的总分配者，是把年收入中属于所有不同财富源泉所有者的份额支付给他们的人：他给工人支付工资，给资本家支付利息，给地主支付地租。所有这些阶级的收入，在那些有权利花费它们的人收到之前，都要经过雇主的手。由此可见，他在社会经济中起着重要的作用。

根据他们的利益，的确可以把所有那些在生产事务中共同起作用的人分为两大类：一方面是雇主，另一方面是劳动者、资本家和地主。这两大类人相互之间的利益是完全对立的。雇主租赁劳动、资本和土地，当然设法以尽可能低的费用来使用它们，而这些财富源泉的所有者则尽力以他们所能达到的高价来出租它们。

目前，仅仅简略地提一下这种分类就足够了，因为在总结分配理论时，我还将回到这个问题上来。

第六章　论不同行业的毛利润率

在找出了调节毛利润率的一般原因以及特别是那些决定资本利润率和企业利润率的原因之后，现在我们只需要把我们的注意力转到不同行业得到不同毛利润的原因。

在论述毛利润这一问题时，我曾提到许多人持有的那种见解，即认为利润的存在并维持在通常的水平上是由于企业经营者之间竞争的结果。我曾试图证明这一见解根本上是错误的，并且在研究利息理论的同时，我也提到了这种错误的主要根源。但是，尽管竞争并不能生产什么，从而不可能是利润的来源，总的说来也不能决定一国的生产力将取得多少产量，它还是趋向于不断地在不同行业所得利润之间建立起近似的均等。它并不是通过改变一定量的劳动和资本的产量来起这种作用的，因为这完全超出了它的能力，而是通过改变产量的价值来起这种作用的。

因此，竞争就是通过这种途径调节着商品的价值，致使资本相等的行业所得的毛利润经常趋于相等。竞争产生这一结果所采取的方式是，通过吸引更多的雇主—资本家来从事当时恰巧比其他行业能提供更多利润的那些行业，或者通过鼓励已经从事这些行业的人借进更多的资金来扩大他们的业务。在这两种方式中不论采取哪一种或者同时采取这两种方式，都必然使这些行业把更多的商品投入市场，从而引起商品价格下跌，直到它们产品的利润降低到其他行业所得利润的同一个水平为止。如果任何一个行业的利润刚巧降低到其他产业部门的一般利润之下，那么就会出现与上述情形相反的过程，使利润逐渐恢复到一般水平。这一事实是如此明显并且得到普遍的认可，因此我想不值得再去赘述。但是，我所要说的是，这种趋于一般水平的倾向或多或少地为某些部门所特有的原因所限制，结果使某些行业的利润将高于或低于其他部门。这里我并不是指引起一种或更多种商品暂时过剩或暂时短缺的原因来说的，这种现象是必不可免的，但为期不长。也不是指以人为的垄断来作为高利润的来源。而是指更为持久的、不同性质的行业所固有的原因。这些原因有两类：它们或者同某些产业部门的特性紧密地联系在一起，或者仅仅取决于经营的规模——完全相同的行业，按其经营规模的大小，所提供的利润率是很不相同的。

归在前一类中的也许有下面这些原因：

第一，看来风险最大的行业所得利润也必定最大。因为只有想要取得这种超额利润才能诱使人们去经受这种风险，而这方面知识的有限或者担心这种事业的不可靠，又缩小了这些部门中竞争的人数。前一种情况产生了从事冒险事业的动机；而后一种情况又提供了在那里实现超额利润的力量。

把货物装运到商业界至今很少去过的国家，像这样一些新的冒险事业有时会发大财。同样，经过很长时期才能得到收益的投机事业——从事这种事业的人也许要经过好几年时间才能把利润弄到手，所提供的盈利高于可以指望更快地得到收益的事业。这种情况部分地是由上述原因引起的——这些拖得很长的交易伴随着更大的风险，部分地是由于拥有足够的巨资从而担负得起所需的费用也经得起对金钱的长期等待的人数比较少，因而更加缩小了这一领域中的竞争。所以，与从事国内贸易的商人相比，从事对外贸易的商人更能迅速地发大财。

但是，不能因为那些风险最大的行业比其他更为可靠的行业能给少数人提供更高的利润，便由此得出结论说：就所有从事这些行业的人来说，在风险比较大的行业中，利润一般都比更为安全的产业部门大。因为，如果有少数人更快发财，那么也就有更多的人一无所得，甚至因损失他们的资本而破产。这种情况至少比一般行业要发生得更为经常。的确，如果考虑到人对于前途具有充满希望的天性，他有着相信自己生来就福星高照的倾向，尽管别人多少次失败的警戒也可能落到他的身上，但少数人意外的幸运却有着多么大的影响，那么我们就无可怀疑必定会有比中奖彩票对没有中奖的彩票所证明的比例还要多的人，被诱使去从事这些冒险的投机事业。

培根把交上好运气比之碰到厄运的机会更多这种心理倾向归入部落偶像一类（在一切时代，在文明发展的所有阶段，人类心灵深处固有的那些幻想源泉），其结果是前面的一个实例也许往往胜过后面的一百个实例。可以肯定地说，所有抽彩给奖法的例子，而投机商业也是其中之一，足可证明这句评语的正确。

因此，我认为，从整个行业说来，获得利润最少的行业很可能正好就是最冒险地使用资本的行业。一些人的损失超过了另一些人的巨额赢利。对于成功的人来说，走私是一切行业中最赚钱的行业，那只是因为一个人发财就有二十个人破产的缘故。

我还要谈一谈某些行业中获得巨额利润的另一个原因。这一点我已提到过，但现在可以更为详细地加以阐明。这个原因就是在某些部门中需要拥有巨额资本，这一情况必然把竞争限制在少数人之间。据说某些产品大量生产最为相宜，质量在很大程度上取决于这一条件。我们听说黑啤酒便是属于这种性质的产品。由于人们持有这种看法，不管它是否有根据，“伦敦黑啤酒”的酿造长期以来一直操在少数几个大富商之手，因而他们就能联合起来维持这种酒的高价，以便使他们能够获得巨额利润。可是，现在由于爱尔兰黑啤酒的输入，这些大酿造商的垄断面临崩溃的威胁，因为人们开始发现，姊妹岛的首都酿造的这种饮料，虽然在质量上比伦敦的差一点，但是比较便宜。

我已说明，我们现在正在考察的这一原因同样会影响把货物运至远地的商人的利润，因为他们要经过很长一段时间才能从这些地方取得利润。

另一个恰当的例子是军事装备承包商。他们有时之所以能发大财，是由于能够从事这样耗资巨大的投机事业的人数有限，这种情况使他们在与政府讨价还价时处在很有利的地位。

在法国旧政权下，财政收入方面的租税承包人所享有的像王公一样的收入也取决于同一原理。现在所说的高额利润的原因与以前提到的高额利润的原因之间有一点是不同的，即在目前这个例子中，所得到的利润确实比大部分其他无需拥有这么多资本的行业要大，而在冒险性的行业中，高额利润是表面上的而非实际上的，因为少数人的巨额利润被多数人的损失所抵消了。

我们现在来考察第二类原因，它们对不同行业的利润率有着非常重大的影响，提高某些行业的利润率，而降低另一些行业的利润率，从而在脱离一般利润率水平方面引起了相当大的变动。这些原因与产业部门的特性无关，而仅仅是与经营的规模以及用于投资的资本价值有关。但是为了彻底弄懂本题的这一部分，我们还得回到上面已阐明过的有关企业利润的性质这一问题上去。在此，我们将进一步发现，区别企业利润与资本利润不仅是有用的，而且是必要的。在这一点上，我采纳了法国《政治经济学》作者的意见。

我们知道，企业利润是毛利中的这样一个部分，它部分地用做对雇主发挥的才能、技术和承受的辛劳的报酬，部分地作为对他在从事生产活动中承担的风险的补偿。我们也已知道，不管超过这种报酬和补偿的部分有多大，我们也应把它视为这是由他支配资本的能力所产生的收入，它是与从资本的占有中得到的收入完全不同的。因此，企业利润可以恰当地被认为是由三个部分组成的：一部分是雇主的劳动，即操心的薪金；另一部分是风险的保险金；而余下的部分，我们可以称之为他的剩余收益。第一部分应该随企业主操劳程度的不同而变化，第二部分当然是与使用的资本量成正比的。

有两个行业，其中之一吸收的资本是另一个的两倍或者三倍，前者也许并不比后者需要更多的操心和监督，因而我们称为薪金的那部分企业利润在两个行业中应该是差不多相等的。至于风险的保险金，可以被认为是不变的，因为只要在失败的可能性相同的地方，它总是在使用的资本中占着相同的比例。因此，投入任何一个行业的资本愈大，那么作为雇主薪金和保险金的总额的这部分企业利润所占的比例愈小，从而他的剩余收益不仅就其绝对量来说，而且相对于所用的资本来说必然愈大。

用一个例子便可非常清楚地说明这一点。我们可以假定：在两个生产部门中，有两个制造业主分别支配着 10,000 镑和 5,000 镑资本，它们之间的区别主要在于用于原材料的费用不同，而两者的劳动者人数则是相等的。为了简明起见，在我这里所举的例子中，两个雇主的操心必须大体相同。这一点用来确立我们所讨论的原理是足够的。当然，虽然精确地确定每个企业领导人所花费的劳动量如果不是不可能的话，也总是非常困难的，但是我们在以后可以把所需的监督在程度上的不同假设为在结果上产生某种微小的变化。而在我现在所举的例子中，两者的操心也许最好被假设为相同的。

如果我们假设毛利润率为 10%，那么下面就是两个制造业主的两张账目单。①

第一张账目单上的资本为 10,000 镑

毛利润，以 10% 计算		1,000 镑
扣除 5% 的利息		500
企业利润		500
扣除薪金，	100	
扣除保险金，以 2% 计算	200	—300
剩余收益		200 镑

第二张账目单上的资本为 5,000 镑

毛利润，以 10% 计算		500 镑
扣除 5% 的利息		250
企业利润		250
扣除薪金	100	
扣除保险金，以 2% 计算	100	—200
剩余收益		50 镑

由此可见，使用 10,000 镑资本的雇主的剩余收益共计 200

① 这个例子的想法来自施托尔希《政治经济学教程》第 3 卷第 13 章，本章发展了从该章中得到的线索。也可参阅《国富论》第 1 篇第 10 章。

镑，而使用5,000镑资本的雇主的剩余收益为50镑。但是同50对5,000相比，200在10,000中所占的比例要大得多。因此，资本较大的雇主的剩余收益不仅在绝对量上比较大，而且在他的资本中所占的比例也比较大。我们知道，这是因为不论关心的多少，薪金总是相同的。

因此，这个原理可明确地规定为，在任何产业部门中，与所用资本相比，雇主的剩余收益必然随资本额的增大而以更大的比例增长。因为，资本愈大，企业利润中那部分属于雇主的劳动即操心的报酬便愈不重要。因此，当这种关心非常广泛的时候，这种报酬在整个利润中仅占很小的一部分。

我们将发现这是一个孕育着重要推论的原理。虽然我们应该假设大雇主在他工作上花费的时间和操心比小雇主多，但这一点只能对这一原理作微小的修正，因为在指导与监督方面，每一个人所能提供的努力程度必然受个人能力的限制，而相对来说，在有着足够大的市场的情况下，投入某些行业的资本却可以是无限的。另外，指导一个大企业的素质与指导一个小企业所需要的素质，如果不是完全相同的话，那也几乎是一样的，并且同后一种情况相比，它也确实并不具有那么多的稀缺性，以至于需要给他们一个高得多的补偿费。大雇主不像大演员和歌唱家，因为后者的劳务所得的巨额报酬，是由于在他们的部门中第一流天才的稀缺。因此，我们称之为剩余收益的东西应当被认为与雇主的技术和操心所得的薪金是完全不同的，同前者的无限上升力相比，后者可视为是不变的。如前所述，不论资本是属于雇主本人还是从别人那里借来的，这些剩余收益确实代表着从支配使用资本的能力中所得到的收入，而且和资本的纯利润完全不同。纯利润只能归其所有者享有，而它的变化恰好与资本量的变化完全相同。我们已经表明，剩余收益则与此相反，资本愈大，剩余收益在所用资本中所占的比例就愈大。这一原理的某些影响留待我们以后去考察。

但是，我们首先必须注意一种特殊的情况，也就是，某些小企业主同时又干着普通劳动者的活时所发生的情况，以便表明我们不应把它包括在本题的范围之内。在这种情况下，显然不能把他所得的一切收益都归到利润项下。虽然通常也许会把这些收益同普通的劳动工资混为一谈，但实际上这种工资仅构成他的一部分收入，因为他既是雇主又是工人。因此，既然他的一部分收入是由工资组成的，那么利润只构成他收入的其余部分，尽管通常把他的全部收入都叫做利润。由此可以推断：他的剩余收益在归入利润名下的全部收入中所占的比例，必然比分别计算工资时更小，这是十分明显的。

但是，不用自己双手来劳动的小雇主根本不同于前者，他的收入完全由严格意义上的利润所组成的。我们已表明，行业的规模愈大，作为他才能和操心的补偿在整个利润中所占的比例就愈小。我们从上面所举的例子中知道，假设资本 5,000 镑，薪金也许是 100 镑，保险金和剩余收益一起为 150 镑，前者与后者的比例为 2∶3，但在资本为 10,000 镑的时候，薪金仍是 100 镑，剩余收益和保险金等于 400 镑，前一部分与后一部分的比例为 1∶4。如果资本增加到 20,000 镑，这种比例应当减少到 1∶9。以此类推，资本愈大，雇主的薪金所占的比重愈小。

根据这一原理即可得出一个很重要的结论：任何企业，其经营规模愈大，雇主便能以愈加低廉的价格销售他的产品。因为雇主才能、时间和操心的补偿额在待售商品的价值中所占的百分比愈小，为他留下的余地就愈大，在这个幅度内他或许愿意压低价格来出售他的商品，而不致侵占他们的薪金，甚至还达不到价格中的薪金线。因此，批发商可以比零售商出售得便宜些。如果其他条件相同，那么在大城市中的零售商就能以低于农村中小店主的价格来出售商品，因为大城市有可容巨资经营的广阔市场。我之所以说其他条件相同，因为还有另一些具有相反倾向的原因可能使城市中的商品比乡下的要贵一些——例如必须从远地运进某些东西，特别是体积大的农产品，以及大都市里店租比较高昂。①

正如亚当·斯密已注意到的一样，尽管有最后这个原因，但大多数商品的价格仍然并不因国内的运费而有明显增加。事实上，在大都市中，像工业品、杂货和所有从外国进口的货物这样一些商品的价格都低于地方上的价格。

爱丁堡决不是一个小市镇，但是，即使在那里，大多数工业品也比伦敦的贵。

由于同样的理由，当顾客每次只需要很小量的商品时，零售商就以更高的价格出售他的一切物品。称 1 盎司茶叶同称 1 磅茶叶一样费事，称 1 磅糖与称 12 磅或 15 磅重的圆锥形糖块也一样麻烦。因此，过着做一天吃一天生活的穷苦人买每样东西所支付的钱都要比财主们贵一些。

---

①　店房的租金不像住房的租金，它并不完全取决于坐落在上流社会的人们所欢迎的地点，倒是更多地取决于位于城市中人口稠密的地区，因为那里的顾客必将更多。所以，在巴黎，坐落在主要聚居着工人阶级的圣丹尼大街上的房子，其底层的租金要比安东大道上的富户住宅的租金高，虽然后者其余各层的租金比前者高。

此外，大都市中店面的高额租金也许被更多顾客的光顾所完全抵消，所以价格不会因此而提高。假定店面的大小相同，售出的商品数量愈大，为了支付固定的房租而在每件商品上附加的费用所占的百分比就愈小。在欧洲的任何一个大城市中，也许没有一个地区有像巴黎的皇宫那样贵的租金了。[①] 要是考虑到这一点，在巴黎某些消费品的价格就确实十分低廉了。宫殿周围有许多餐馆，在备有成套餐具和白桌布的雅座中，花 12 便士就能吃到有几道菜和酒的正餐，这种价钱是非常便宜的。价格之所以这样低廉，其理由完全是因为每天在这些地方有很多用餐的人。这一事实如同类似的事实一样，它的秘密就在于有许多开支是并不按销售量相同的比例一起增加的。正如我们所知，在这些开支中，雇主的劳动就是其中之一，另外还有库房的租金。一个店主的顾客也许比他的邻居多一倍，而每家店铺所占的面积却可能相同。在皇宫附近还有其他餐馆，它们与上面提到的餐馆一样宽敞，但是因为贵得多，所以客人就没有那么多，食物的消费者必须为许多舒适的活动余地支付费用。另一种开支也是不按销售的比例增加的，这就是，例如生意兴隆的酒菜馆中侍仆和厨师的工资。在刚才提到的那些便宜的餐馆中，许多事情容许有更好的劳动分工，从而比较少的人手也就足够了。看来，浪费也可能相应地大大减少，因为在便宜的餐馆中每天的就餐人数差不多是相等的，而在价格昂贵的餐馆中就餐的顾客则随着时尚的变化而时多时少。

因此，我刚才详细论述了小商人需要操的心几乎与大商人操

① 烤栗子小贩为了租下仅可容身和放一盆木炭的货摊，在栗子上市季节须按年租 40 镑的代价来支付租金。我们从这一事实中可以对这些极高的租金有一点印象了。

的心相同这一事实，看来只不过是有许多开支并不与销售量以同一比例增加这个一般原理的一个例子。正因为如此，广大的市场才有助于降低价格。我们不是经常听到那些非常熟悉伦敦和巴黎的人说：假如他懂得怎样去生活，那么还有什么地方比那里的单身汉生活得更便宜的吗？

现在正在研究中的这一原因，帮助我们去解释一个为大家所公认而亚当·斯密特别加以阐明的情况，即大城市中的利润率比较低。这一事实起初可能使我们感到相当奇怪。可是引起这一事实的一个原因很快就呈现在我们的面前，即大城市中的工资率高。举例来说，在巴黎家庭仆役的工资比地方上的高得多。在这个城市中的一个好女仆每年可得 16 镑，而在离巴黎仅 10 英里的凡尔赛，一般只得 12 镑。在边远的地区，差别就更大了。虽然爱丁堡被称为苏格兰的首都，可是格拉斯哥不仅更大些，而且是更为发达的城市，因此后一城市中的家庭仆役的工资比前一城市高。如果这种劳动报酬比较优厚，那么我们就可推断其他劳动报酬也一定如此。

这一原因至少部分地说明了为什么在大城市中的利润率比较低。但也应考虑到本章中提到的情况，即在边远的、人口稀少的地区，零售商的毛利润比较高，因为在这样一种情况下，特种劳动的报酬构成了这种收入的大部分，从而使这种收入大大增加。在一切地方，企业的薪金构成了一部分毛利润，但是市场越小，这一部分所占的比例就越大。

我现在要举一个例子，它可以充分证明，雇主能以什么样的价格来销售他的商品还必须取决于他的营业规模。

在农村中，一个拥有 300 镑资本的店主，比方说一个杂货商，可算是大的了。有许多地方，在这一行业中，还不容易找到有这么多资本的店铺。一个乡村杂货商为了满足市场的小量需求，通常出售附近居民日常需要的各式各样的杂品。因此，他须具备与很多商品有关的各种知识，有关它们的价格、质量以及获得它们的最合适的地方，而且这些知识必须比城市里远为富有的店主所需要的知识更为广泛，因为城市的市场范围允许有更细的商业分工。后者不必具备前者所必需的各种条件。如同精打细算、预见的能力、营业习惯、勤勉和公平交易这些特点一样，读写和记账的技能对两者都是不可少的。事实上，两者相比，农村商人倒是需要更多的知识和精明，因为，正如我所说的那样，他通常出售的物品品种更为繁多，并且由于顾客对每种物品的需求更加易于变化，所以他的营业要成为常规性的工作也更加困难，他必须更为经常地动脑筋去改变货源来适应顾客不断变化的需要。所以我们可以很有根据地假设，他的才干和操劳所得的报酬完全应该像城市里的同业店主所得的报酬一样高。对具备这样多方面技能的人，每年给 60 镑津贴可算是很适中的了，它确实比管家的工资还要少些，因为后者除了每年有 50 镑或 60 镑的工资之外，还有饭吃。但为了不致引起过多的争论，我愿意将它定在最低的标准上。假定利息为 5％，为了使这些有 300 镑资本的农村商人可能得到 60 镑的薪金，在这一年里，他所出售的商品必须达到他的资本量，并在这些商品上附加 25％的毛利润。根据这种假设，在扣除了 5％的资本的纯利润之后，如果说还有什么企业利润，那么只不过剩下了薪金，而且还是非常小的薪金，至于防止风险的保险费和剩余收益则一无所有，绝对地一无所有了。

现在我们以城市中的杂货商为例，在他的商店里使用 3,000 镑资

本也许是很普通的。如果，在这一年里，他仅以10%的毛利润来出售商品，销售总额达到他的本金金额，扣除了5%的利息之后，仍然给他留下150镑作为企业利润，因为我们假定他的薪金也像前一个例子中的情况一样为60镑，那么除他的薪金之外还余下90镑。因此只需在他的商品上另收10%的费用，他便能获得90镑作为他以防损失的保险费和剩余收益。虽然农村店主在他的货物上赚到了25%的毛利润，但除了他的薪金之外，却已一无所得。我想不可能还有什么方法更能充分证明大商人比小商人更能够以便宜得多的价格来销售他们的商品了，这是因为同销售额比较小的商店相比，销售总额大的商店企业主的薪金在该总额中所占的百分比要低得多。

但是上面的例子还有助于证明更多的东西。它说明以较低的价格和毛利润率销售大量商品比用较高的价格销售少量商品有利得多，因为城市杂货商仅收10%的费用，就能得到数额可观的剩余收益，它甚至比他的全部薪金还要多。而农村杂货商的毛利润为25%，还得不到一点剩余收益。这一事实指出了钱能生钱这一谚语的道理所在，并证明了一个人的收益愈大，进一步增加他的收益也就变得更为容易。主要的困难是在开始阶段，因为那时的企业利润除了包括一个人必须赖以生活的薪金之外，几乎没有多余的部分，因此要从它里面节省出一点钱来一定很困难。而积蓄的能力必然与剩余收益的增加成正比，剩余收益的增长又比资本与营业的扩充更快。

但是，营业的扩大和资本的积累受到市场范围的限制。在市场小的地方，无论何种程度的勤勉和什么样的才干都不能发大财，因为超过了某一点，便没有使用实现了的收益的余地。一个人不可能亲自去担当各种各样的职业而有成功的希望，因为他的注意力必将因此而过于分散，从而在各方面失败的可能性大为增加。所以一个人一旦把他的全部资本都投入他自己的商业部门。而顾客的需要可使他全部资本都能得到使用，他除了用今后的收益贷放取息以使自己满足于资本的纯利润之外便无所事事。因此只有在城市里才会很快赚到大钱，因为那里的雇主总是能随着资本的增长而扩大他的营业。如果他借到信用贷款，甚至可扩大到大大超过他自己资金所能允许的范围。由于同样的理由，农业也决不会赚到大钱，因为它的限度易于达到，超过了这一限度就会使农场主经常的监督成为不可能，而没有这种监督他的事业就必然不能成功。这后一种情况与前一种情况的区别就在于：农业企业受到它本身性质的限制，而在另一种情况下，只受到顾客需求的限制，人口稀少的地区则使资本的使用受到限制。

因此，如果某种商业可以不断追加新资本而雇主仍可以亲自监督并且还有足够大的市场，那么我们就不难知道，为什么企业越是扩大，对它的进一步发展越是有利；为什么富人的财产远远比穷人的财产积累得快。

这一事实直接导致一个非常重大的后果，即资本积聚在少数雇主手里比分散在很多人的手上对积累的速度和国民财富的增加更为有利。因此，不论财产的极大平均可能在其他各方面多么可取，它总归不是一种十分有利于一国财富增长的状态。就以上面的例子来说，我们发现一个有 3,000 镑资本的企业主以中等水平的 10％的毛利润出售他的商品，便能得到他的薪金和另外的 90 镑，由此构成了一笔易于储蓄的资金。现在，如果这个资本分成 10 个部分，每一份分别属于各个个人，我们就有十个 300 镑的资本，而不是一个 3,000 镑的资本。但是，我们知道，拥有 300 镑资本的雇主，即使在他商品上附加 25% 的毛利润，结果除了他的薪金之外还是一无所得。由于这是一笔维持他本人和他家庭生活的基金，当然他的储蓄能力必定是很小的，而且只有十分严格的节省才有这种可能。这就是十个小商人中每个人的实际情况。因此，同单个富裕商人的储蓄能力相比，他们总的储蓄能力也必然是非常有限的。这个例子证明了上面提到的实际情况：如果财产的差别越大，在这两种相反情况下积累财富的便利就显得越加悬殊。

在少数人使用大量资本的情况下，财富的积累比多数人使用少量资本的情况下更为迅速的这一原因，与由这两种不同情况所产生的另一个原因是截然不同的，但它势必导致同一个结果，即同后一种情况相比，前一种情况对生产工具的利用能给予更有效的指导，在雇主支配着大量资本的情况下，他们能够采用最完善的劳动分工；为了节省劳动，他们能采用一切新发明的、最完善的机器，而不管这些机器在最初有多贵；他们能花得起巨额资金来进行各种改进，尽管暂时不能指望从中得到什么收益。富有的农场主的情况尤其是这样。因此，大规模经营生产性企业的雇主要比那种为自己的资金短缺或为缺乏借进资金的能力所限制的雇主具有巨大的有利条件。一般说来，与生产费用相比，他能创造出更多的利润。总之，在他手中，土地、劳动和资本具有更高的生产效果。所以，也是因为这个缘故，资本积聚在少数雇主手里比分散在许多雇主手上对国民财富的增长更为有利。

在我们如此充分地承认了资本积聚可能使国民财富增长更加迅速并阐明了这种积聚引起财富更为迅速增长的直接原因之后，

该允许我再说一些趋向于限制我们赞赏这种情况的意见了。

首先，我要说一说我所提到的第一个原因，即虽然运用大量资本的雇主比好几个总共拥有相等于他资金的小雇主在积蓄上有更大的便利条件，但在实际上他并不一定有更多的积累。因为，我们必须记得需要随财产的增加而增加，欲望随着满足它们的机会的增多而增长，这是人类天生的本性。因此，商人或制造业主在他们发迹之初，能以城市商业区中舒适而简朴的住房为满足。后来，他们要有更为宽敞的大厦，还要建立在更为适当的地点，也许他的妻子需要有一幢乡村别墅，从而他必须有两幢大住宅，他的女儿须穿戴阔绰，有钢琴，还有钢琴教师、歌唱教师和仆人的侍候，当然，马车和随从也是不可少的。往往赚得越多，积蓄得越少，也是屡见不鲜的。因为纵然他本人愿意节俭，他的家庭成员还是会替他花钱的。不仅欲望随财产的增长而增长不已，而且一般说来，会以更大得多的比例增长。人确实是贪得无厌的。

另一方面，小雇主兼资本家的欲望则为不可能满足它们的客观条件所抑制，他们一般生活得相当节俭，并力图以其有限的能力来进行积蓄。因此，就积累来说，资本积聚在少数人手里，实际上并不完全像上面所说的那样有利。

尽管我愿意承认资本的积聚实际上有利于国民财富总量的增长，但并不一定由此得出结论说：从整体来看，这种积聚是有利的和可取的。因为我们应该记住财富的分割和分配方式的重要性丝毫不亚于财富的绝对量。分割和分配[①]至少就像生产一样同属于

① 我用“财富的分割”来指资本的分割，而用“分配”来指总产品在劳动者、企业主、资本家和地主之间的分配。

政治经济学，但也许作者们没有给这一问题应有的注意，而使公众对财富科学抱着许多偏见。人们常常把政治经济学者视为冷酷无情的计算机，他们只要国民财富和财力的增长，而不关心个人的福利。要是雇主—资本家的收入将因此而增加，他们就以广大人民挣得仅能糊口的一点收入为满足。他们竟能无情地看着孩子们在过分闷热的棉纺厂里每天干10—12小时的繁重劳动，而成年人的劳动则要达到15—16小时，仅仅为了国家能保持它在工业上的优势。这种情况也正如其他情况一样，把少数人的过错归罪于多数人，甚至连这门科学本身也蒙受了不应有的坏名声。毫无疑问，我们可以找到一些作者，他们的看法与上述情况没有多大差别，他们的同情始终在富有的雇主一边，而且只要生产出财富，就不去关心为此付出的代价，即穷苦劳动者的过度劳累和夭折。还有另一些人因盲目地颂扬财富的总量而走入歧途，他们企图证明，并不存在常常由这一生产方式造成的那些苦难，甚至妄图证明，在棉纺厂的空气中劳动15—16小时的纺纱工，很可能享受到像一生中大部分时间在露天工作的庄稼人那样的健康和幸福。自从人们开始认识到新鲜的空气和农村环境有利于人的生命和幸福以来，这种观点才显得完全错了。当政治经济学作者提出了这种看法的时候，这门科学使自己在某种程度上丧失信誉也就毫不足怪了，因为这些作者对待这门科学的态度是与常识和人性的首要原则不相容的。

因此，注意这些错误观点的根源便具有更为重大的意义。我以为这是由于太注重财富的生产所致，似乎财富的总量是一件必要的事情，而相对说来，财富的“分割”与“分配”则被认为是无关紧要的。

财富分配本身不仅是一个最为重要的问题，而且也完全像生产一样属于政治经济学中的一个部分，而某些作者则过分片面地注意了这门科学中的前一个部分。无论他们持有什么样的冷酷观点，这些观点都造成了对这门科学本身不公正的反对。但是应该反对的仅仅是他们考察问题的过于褊狭的方法。

如果这样一个问题，即用什么手段才能生产出最大量的财富是政治经济学所要解决的一个重大实际问题，那么同样重要的另一个问题则是用什么方式来分割和分配这种财富对普遍的幸福最为有利。因此，阐明了资本积聚在少数企业主手里比它分散在多数人的手上对国民财富的增长更为有利之后，并不一定能得出结论说：前一种分配方式是比较可取的。

如果财富可以增进人类的幸福——谁会否定这一点呢？——拥有它的人越多就越好。特别是，如果我们考虑到贫穷所带来的弊病远远超过了大量财富集中在任何个人手中的好处，那么我们可以认为并不完全依靠他们每天的劳动来维持生活的人越多对国家越有利是一条普遍的原则。在这种情况下，财富积累虽然比大部分居民分为两大阶级，即大资本家和无产者——法国人对那些没有资金积累天天过着朝不虑夕生活的人的称呼——的国家必定更加缓慢，但是我们是否能片刻怀疑这种情况最有利于广大人民的福利呢？因而也最有利于国家的繁荣呢？当然，这里我们仅就繁荣这个词的真正含义来说的。如果总财富的增长主要使几个大企业主—资本家的巨额收入膨胀起来而扩大了赤贫劳动者阶级的队伍，那么这将是多妙的一种国家繁荣呀！

我们的姊妹岛提供了这样一种繁荣的例证。毫无疑问，自从大不列颠废除了强加在爱尔兰商业上的严格而极不公正的限制以来，它的财富已大大增长了。这一点已为自合并以来进出口贸易的不断增长所证实。确实，这种增长是如此显著，以致施托尔希先生对这个问题写了一条长长的注脚，因为这是他所熟知的在国家迅速走向繁荣方面最为显著的例证之一。①

对于知道一些爱尔兰人的实际情况的大不列颠居民来说，听到这个国家在改善经济状况的竞赛中已走到了前列，不能不大为吃惊。我并不怀疑这位俄国经济学家提出的事实。这些事实可能

① 除了由联合以及与此相联系的爱尔兰贸易的解放所带来的利益之外，施托尔希先生把本世纪初该国（指爱尔兰——译者）产业的迅速发展，主要归功于波拿巴推行的大陆封锁政策。爱尔兰利用这一政策，垄断了富有的大不列颠的市场。他说："大陆封锁，把不列颠诸岛与商业世界其他国家之间的贸易往来置于非法状态的同时，却向爱尔兰传递了信息，让它专门向英国、苏格兰，甚至美洲诸岛供应别国不愿对它们供应的农产品。这一出乎意外的敌对行为，使爱尔兰认识了它们生产能力所达到的程度，并让英国知道该岛对它具有什么样的效用，也知道了该岛本身比整个印度帝国对它更为珍贵得多。"然后，他接着说：从 1806 年至 1808 年，除了这一时期以前已有的全部增加额之外，爱尔兰的出口额几乎又增加了 1/3，而其进口额的增长也不少于这个比例。

（大陆封锁是在 1806 年 11 月 21 日波拿巴在柏林为所有服从他统治的国家制定的政策。到 1807 年年底，俄国、奥国以及其他欧洲大陆国家都接受了这一政策。）自联合到 1808 年，爱尔兰从英国进口的全部工业品，由 $11\frac{5}{10}$ 百万卢布增加到 $24\frac{9}{101}$ 百万卢布，用近似的整数来说，也就是从大约一百八十方英镑增加到此数的一倍以上。最普通的外国商品和殖民地产品，例如茶叶、糖、朗姆酒和葡萄酒的进口量也大量增加，而朗姆酒的消费量增加了七倍。

从某种观点来说，上述事实和同类的另一些事实具有非常重要的意义，它们构成了一个无可置疑的论据，驳斥了所谓爱尔兰吃了英国联合的苦头这一类谰言。非常明显，情况恰恰与此相反。

施托尔希先生引用这些事实的资料来源，是迪维尔诺瓦先生所写的《大陆封锁对英国商业、金融、信贷和繁荣的影响》一书，伦敦 1810 年版。请参阅施托尔希的著作第四卷中的注释。

是非常真实的。但它们证实了什么呢？它们证实了我现在坚持的这个论点，即一个国家财富增长可能非常快，而人民群众的状况却没有多少改善。虽然该国的这种繁荣是史无前例的，但它的农民是否比从前极为贫困的状况稍微好了一些，暴力行为和凶杀案是否也不常有了呢？

然而，我的意思并不是说自从开放了爱尔兰的贸易以来，它财富迅速增长的后果仅仅是增加了有钱人的财产和大大增加了人口。自爱尔兰的生产力获得解放以来，无疑已出现了巨大而持久的好处，这种好处就在于中产阶级，特别是城市中产阶级人数的增加和他们财富的增长。我毫不怀疑，同四、五十年前的地位相比，他们已形成了一个重要得多的社会集团。天主教徒在解放事业中发挥的力量是中产阶级力量增长的一个明证，因为这个岛屿上的大部分地产是掌握在新教徒手里的。但是，整个国家从合并以后的财富迅速增长中所获得的利益，比之较合理地分配大量财富的条件下应该得到的利益来说仍然少得多。毫无疑问，如果在居民中更加平均地分配数量较少的产品，那么情况就一定会好得多，就会出现一个真正远为繁荣的局面。因为，尽管少数人拥有巨大财富和许多人过着小康生活，但广大人民依然过着欧洲最贫苦的生活。看来不可能举出更为明显的例子来证实政治经济学中研究财富分配这一部分的重要性了。

根据上面所说的那些原理，即我们用来证明资本的积聚有利于积累的原理，便可推断：在家庭全体成员之间平均分割财产无论多么可取，它对国民财富的增长也不是最为有利的。我在这里并不是指地产的再分割，因为它完全不同于资本的平均分割，地产的

分割有它本身存在的特有的不利之处；而在另一方面，也不能因为资本的积聚有利于积累而由此得出结论说土地的积聚也具有同样的作用。由研究企业利润性质中得到的，证明少数富有的雇主—资本家比许多小雇主—资本家具有积累财富的更大能力这一原理，完全不适用于仅仅作为土地所有者的地主。就这种身份来说，他们既不是资本家，也并不经营任何生产性企业。一切用来说明富有的商人或制造业主随着他们财产的增加日益铺张浪费，因而他们的实际积蓄并不与他们的积蓄能力成比例的论据，对大地主来说，更具有十倍的说服力。他们是一切阶级中最容易花尽他们的收入甚至常常入不敷出而臭名昭著的一批人，而那些小土地所有者却是很少这么干的。由于这些以及别种理由，我们必须细心地把土地和资本区别开来。我认为，只有后者才符合根据以上确立的原理所作的推断，即在全体家庭子女中平均分割的制度对国民财富总量的增长并不是最有利的。① 尽管存在着这种缺点，但动产的平均分割仍然是非常可取的，这样一种分割的优点大大超过上述的缺点。

一个作者对任何问题不管持有什么样的见解，但是真理和坦率要求他去阐述这种制度带有的弊端，可是，从总的方面来看，他认为这种弊端比别种弊端要好一些。

现在我们开始谈一谈我们原理的另一个推断。如果资本积聚在少数雇主手里，那么由于剩余收益的增长在比例上大大超过使

① 如果地产的再分割必然导致农场的再分割，那么确实可以使用同一个论点。而且正如我们在以后将要见到的一样，实际情况也确实如此。但是直到充分研究了"地租理论"之后，我们才能论述土地的分割这一非常重要的问题。

用资本的增长，从而为积蓄提供了最大的便利，那么它也必定能为财政收入的筹集提供最充分的财力。说明企业中使用了3,000镑资本的一个雇主比各自在生产中使用了300镑的十个人能够更容易得多地积累的同一个论点，也证明了与另外十个人加在一起相比，前者能够给政府交纳一笔更大的款子而不致有多大困难。由此我们便可推断：假定有两个国家，他们拥有的财富在数量上是相等的，其中一个国家的雇主—资本家人数少，但更为富有（因而无产者的人数更多）。它与另一个资本更为分散的国家相比，必定能够为本国的迫切需要筹集到更多的财政收入。所以前者一定能够比后者更长期地维持一支更大的海陆军，由于这一原因，它也必定更为强大。

在上述例子中，我们假设两个国家的财富是相等的，一国在筹集财政收入和维持海陆军方面的能力超过另一国完全取决于不同的分割方式。但是，如果我们考虑到对国家的财政收入有利的同一分割方式像前面所阐明的一样也非常有助于国民财富的迅速增长，那么我们就不难设想资本较少分散的国家之所以更为强大，不仅在于财富分割的方式，而且也由于它具有更多的财富。由此可见，资本的积聚既是使积聚大量资本的人具有更大政治作用的直接原因，又是使他们具有这种作用的间接原因。由于这些理由，与其大小相比，大不列颠不仅现在是而且可能以后还是比法国强大。

人们也许认为财产的极大平均还可以通过另一种间接的方式，即通过影响企业精神的方式，对国民财富产生不利的影响。据说，一个人的积极性取决于他的欲望，行为的动力与欲望成正比。这是千真万确的。他们认为世上没有东西比生活在没有一个人的财富可以大大超过另一个人的社会环境里更能抑制欲望的了。正是野心勃勃地追逐巨大财富所带来的荣誉、豪奢和声望，以及畏惧工商界舆论对那些不积极增进他们财产的人所加的耻辱，光是这一点就能刺激那些早已远远免除了匮乏之虞的人去经营生产性行业了。但是，财产越是平均，要实现现实中的或想象中的更大财富的有利条件越是渺茫，中产者的恬静生活也越是不容易被豪华和权力的梦想所干扰，从而扼杀了或者至少麻痹了巨大的事业心。一旦中产者依靠他们资本的利息来生活而不为增进他们的财富操劳变得很平常，舆论也会跟着转变，不再轻蔑地称他们为懒汉和废物了。

在某种情况下，一个人厕身于比他更富有的人们之间，尽管他们的门第并不比他高贵，但仍然会使他常常把自己看做是一个贫贱的人，一想到依靠他已拥有的财产来过恬静生活就使他无法忍受。如果他到了另一个国家(假定他的收入在购买必需品和舒适品方面一点也不比他从前居住的地方多)，也许马上发觉他自己丝毫不亚于他的朋友，因此改善他生活条件的热情必定跟着低落。这就是为反对财产相当平均而辩解的全部论据：由于它麻痹了企业精神，所以不利于增进国家的繁荣。

但是，不管这种论据乍看起来似乎多么有理，我仍然认为，只要深入考察一下，就会发现它是错误的。有两个理由促使我要评论一下这个反对意见：首先，因为我曾提到财产的极大平均所产生的某些影响，看来这些影响证明了这种情况对国民财富的迅速增长和国家的强大并不最有利。与此同时，我愿意消除一切反对平均财产的论点，因为在我看来它们是没有根据的。其次，考察一下这一反对意见也许有助于我们进一步阐明企业主勤劳的性质。

我认为上述论点的根本性错误就在于它的假设，即假如资本毕竟被使用了，那么资本是被它的所有者使用还是被别人使用，这件事对国家还是举足轻重的。据推测，那些改善生活的欲望已被周围的财产普遍平均所麻痹了的人，是靠他们资本的利息来生活的。倘若真是这样的话，那么这些资本必定被用于某个生产性部门了。[①] 谁能说以扩大营业为目的而借进资本的人不可能像资本所有者自己一样地使资本转变为利益呢？事实上，根据上面已阐明的情况便可推断，几个小资本家的资金由一个人来承担经营管理，要比每个小资本家各自从事分散的经营对国民财富更为有利。

因此，只要人们能够并愿意利用资本，国家就根本不可能因满足于靠他们财产的利息来生活的资本所有者缺乏企业精神而受到损失。如果万一这一阶级的人数增加到难于找到贷出他们资金的可靠而有利的借款人，那么贷款人之间竞争的加剧将使利息率下降得如此之低。以致他们中间许多人发现单靠利息不可能维持生活而不得不从事某些积极的职业。由此可见，如果说它是一种弊端的话，那么这种弊端本身就带有自我纠正的因素，因而不能根据那些理由来挑剔财富十分平均的缺点。

这倒使我注意到企业主劳动与普通工人劳动在性质上的差别。在同一个行业中，一个普通工人干了两个人的活，如果可能的话，那也是少有的，更不要说干三个他的同行兄弟的活了；可是一

① 毫无疑问，资本也可能贷给政府或其他非生产性的借款人。但这种情况并不是任何一种社会状态所特有的现象，而且很可能都一定会发生这种现象，至少在财产极不平均占压倒优势的地方像财产更为均等的地方一样也会发生这种情况。

个企业主的辛勤工作可以轻而易举地取代十个以上同事的操劳。谁会说，一个从事棉织业、丝织业或毛织业的大制造业主，不能像监督 1,000 镑资本的使用那样，十分有效地监督 10,000 镑或者 15,000 镑资本的使用呢？所以一个人的劳动足可顶替十个以至十五个人的劳动。农业也同样如此，尽管在程度上有所不同。在一定限度内与在大多数情况下，一个富有的农场主完全能够像五、六个资金比较少的租佃人或土地所有者一样有效地耕种一片土地。前面已经证明，这样一种劳动的节约是大企业主在产品的销售价格方面和积蓄能力方面都超过小企业主的最根本原因。现在不是许多企业主必须从他们产业的、由几种收益构成的总价值中取得他们的劳动报酬，而是只有一个企业主应该为他自己的劳动支付这部分报酬，因此他能以较低廉的价格出售产品也就毫不奇怪了，而且除薪金之外，他所能获得的剩余额比所有其他小企业主合在一起的还要多。

由此可见，产业企业主人数的增加不一定构成财富的新源泉，而一国的人口中每增加一个健壮的普通劳动者则必然增加该国的财富源泉。

第七章　论地租

在开始探讨财富的分配时，我曾提到有资格在劳动总产品中取得一个份额的各种人，并列举了劳动者、雇主、资本家和地主作为劳动、资本和土地这三种主要生产源泉的所有者。只有这些源泉才能因它们被使用而要求某种补偿。我也注意到，直至一国的人口已有很大增长时，才会给土地支付报酬，并由此做出结论：必定存在着规定劳动者、雇主和资本家各自份额的原因，这些原因先于那些以后决定地主分得的份额的原因，而且完全与后者无关。在未涉及地租的情况下，研究了第一类原因，论述了工资和利润。现在，留待我们去研究的是地租了。

在研究地租时，应注意下述几点：第一，我们必须确切地规定地租的含义；

第二，我们必须阐明产生一般地租的原因。不论地租高低、多少，总之，只要有这些原因，就会引起完全像地租那样的东西；

第三，要弄清限制地租量的原因是什么；

最后，还要了解地租的产生是否会引起工资和利润或商品的价值和价格的变化。

首先，重复一下我已说过的东西也许是必要的，即不仅地面而且地下的矿藏以及有很多鱼类的内陆湖泽均可提供地租，完全相同的原理均可适用于这些东西。但是，目前我的研究只局限于狭义上的、也就是通常意义上的土地。[①]

一般说来，地租是土地与水域的总产品在补偿了耗费的固定资本以及按通常的比率支付了劳动工资和雇主—资本家的利润之后，留给这种财富源泉所有者的那部分产品。尽管政治经济学通常给它规定了这样的含义，但是在通常的社会往来中，人们远非总是在这种严格意义上来对待地租的，而是经常把它同付给所用资本的利息混淆在一起。因此，当农场主租佃一定数量的土地时，在他付给地主的总额中，虽然有一部分实际上是以前花费在改良土壤上的资本的利息，即资本的纯利润，但是他还是将这一总额以地租的名义支付给地主。该总额中的另一部分也许只不过是，因使用了地主耗资建造的房子和农场办公室而支付给他的补偿费。住房的租金与总产品的初次分配毫无关系，它并不构成社会原始收入的一部分，因为这类建筑物实质上是非生产性的。因此，通常所说的为住房支付的租金，必定是从原先存在的收入来源中提取的，不管这个来源是土地、劳动还是资本。

在我们不是按照通俗的、不严格的意义上而是按照上面严格规定的意义上来理解地租之后，还要弄清在支付了一切生产费用和雇主—资本家的利润之后，怎么会在一定条件下剩下一个余额的。最初，我们不能不碰到一个问题，即这件事似乎与以前得出的结论——商品的生产成本规定商品的价值相矛盾的。因此，我在

① 马尔萨斯先生在给土地这个词以广泛的含义时，给它下定义为：“地球上可居住部分的土地、矿山、水域和渔场。总之，它是原材料和食物的主要源泉。”——《政治经济学的定义》。

下面的探讨中将不得不指出这一原理所受到的某些限制。

看来，地租是由下列两个原因引起的：

1. 最适于耕种的土地数量有限；

2. 土地所有权的存在。

最适于耕种的土地是指具有最高自然肥力的土地，或者是指它的位置最有利于运销产品——靠近通航的河流或海洋，或者位于人口稠密地区的附近。这一类土地，特别是位置上有利的土地，在每个国家中总是有限的，只是程度有所不同罢了。确实，在社会发展的初期，甚至在开始耕种后的相当长一段时期内，土质最好的土地与能够利用它的人数相对来说，可以说是无限的，处在自然状态中的土地仍然比耕种它的人手多，或者土地所能生产的产量比人口的消费量大。在这种情况下，最好的土地完全像洒落在大地上的雨水和从崇山上泻下的河川一样，可免费使用。农产品的价格像其他商品的价格一样，是由生产它的成本来规定的，这种价格将足以支付工资和提供利润，但并不剩下支付地租的余额。然而，如果人口继续增加，耕作面积不断扩大，那么十分明显，一切最肥沃和位置最好的土地全都被耕种的时刻迟早总会来临。到那个时候，对农产品需求的进一步增长将会带来什么后果呢？当然，农产品的价格将会上涨。如果没有其他可以耕种的土地，必将无法按需求的比例增加供给。从而，农产品价格立即成为垄断价格，并依据消费者的需要以及他们的购买力可以上涨到任何高度。

与此同时，如果那些耕种土地的人在政府的许可下已能把土地据为己有，那么他们便可从谷物等农产品的昂贵价格中享有超额利润，因为这种价格不会因竞争而降低。如果这种收益已变得

很大，只要土地所有者能够找到人去承担经营农场的麻烦，同时还答应缴给他们一部分产品，那么他们中间有些人也许乐于靠一部分收益来生活。

另一方面，或许有人拥有若干资本并很想把它用在农业上，但因缺乏宜于耕种的新地而不知从何着手。这些人正合贪求安闲的土地所有者的心意，他们便与雇主—资本家订立了契约。雇主—资本家之间的竞争，使他们不能从他们资本的使用中取得比通常的利润更多的东西，其余的产品或这部分产品的价值以地租的名义缴给地主。

因此，地租原来不过是从谷物的昂贵价格中得来的超额利润。谷物的昂贵价格是由于与需求相比供给的不足所引起的。而供给的不足则最终取决于好地数量的有限。因此，无论如何，在一开始就要指明：地租是价格昂贵的**结果**，而不是价格昂贵的**原因**。它丝毫没有增加国民财富，而是像一切存在着垄断的场合一样，也不论是对自然物的垄断还是对人造物的垄断，一种人得到的东西正是另一种人所失去的东西。在目前情况下，消费者为购买原产品支付的昂贵价格起着增加土地所有者收入的作用。一部分财富就是这样从一种人的口袋里转移到另一类人的腰包里去的，如此而已。

地租不是商品量增加的结果，而只是它们的**价值**增加的结果。这一论点可从下述事实中得到证明，即同一块土地，产量也没有变化，一个时期可能提供地租，而在另一个时期则并不提供这种收入。在美国边陲地区，最肥沃的并生长着茂盛庄稼的土地却并不提供地租，而在英国类似的土地则一定要支付很高的地租。因此，我们有理由做出结论：原先，英国最好的土地，不论它的收成有多好，也并不提供地租。后来，俄亥俄和伊利诺两岸也像泰晤士河和塞文河两岸一样产生了地租。

显然，作为收入的一个独立部分，地租的存在同时取决于上述两个原因，而不是由其中的一个原因单独决定的。如果最好土地的数量是无限的，那么无论人口的增长以及由此引起的需求有多大，由于供给还是能以不大于以前的生产成本来增加，因此谷物的价格就没有理由上涨到任何其他商品的价格之上，从而最好的土地在数量上的限制是价格上涨并由此构成了地租的来源的基本条件。另外，如果土地的所有权尚未被普遍地认可，那么作为与利润截然不同的地租一定也不会被交纳给任何人的。因为，他甚至连一个年头都不能担保别人不会干扰他对农场的占有，每一个人都会认为他自己对土地具有与占有者同样的权利。土地财产制的确立，对于地租作为属于一个特定阶级的一种特殊收入而从利润中分离出来是必要的。确实，这是显而易见的，无须详述。可是，为了精确起见，对这样一个原因作简要的阐述还是必要的。

在找出了产生一般地租的原因之后，现在就要来考察限制地租量的原因。在前面的考察中，为了简明起见，假设只有一种土质的土地适于耕作，在这一假设的基础上，业已阐明不管是在社会发展的哪一个时期，所有这一等土地都总是要耕作和占据的，由于对原产品需求的增长，它的价格一定会上涨到所谓的补偿价格之上，从而产生了地租。我们已经假设地租主要取决于土地肥沃程度的不同，所以现在更有必要坚持这一论点。但是，我们知道，在只有一种性质的土地适于耕作的地方，如果其面积是有限的，那么地租便可能产生。由于存在着肥沃程度或位置上较差的土地，它们在投入劳动和资本的情况下仍能提供某些产品，因此尽管它们不能产生条件更为有利的土地上的地租，却能限制它的数额。如果不存在这些较差的土地，那么唯一适宜于种植谷物的土地一旦全都被占用，原产品价格的上涨就不可能受到限制，从而地租的增加也不可能受到限制。除非在人口稳定的情况下，才不致造成这种后果。[①] 但是，这些较差的土地却限制了价格的进一步上涨。在谷物价格已上涨到一定程度并超过了足够用它来支付耕作最好土地时的一切开支之后，用资本和劳动来开垦和改良不十分好的土地也就变得有利可图。这样，新的农产品供应便源源不断地涌进市场，阻止了农产品价格的进一步上涨。

但是，农产品的这一增量不能把价格降低到从前的那个水平。由于我们假定新开垦的土地在肥沃程度或位置方面都不如原先耕种的土地，因此就需要更多的耕作费用，这就使谷物持久的、更高的价值成为谷物供给的必要条件。如果谷物的价值下降，则这些土地就一定被弃置不用，直到市场上粮食数量的不足重又提高了它的价格为止。因此，这种价格开始由较差的土地上生产农产品的成本来调节。我们知道，它不能永久地低于这一价格；只要从这些二等土地上能得到新的供应，那么在相当长时期内它也不能大大高于这一价格。这些较差的土地，在粮食价格上涨到足以提供地租之前，显然只能提供利润，而这个利润必然足以产生去开垦它们的动机。农业经营者不会等待到农产品价值增长到可以使他获

① 当然，我是假设该国受到了它资源的限制，而且也没有外贸。因为，依靠外贸，可从远地运进谷物来压低国内的价格和地租。

得超额利润的时候才去利用这些土地的，他将以不低于其他行业中所能取得的利润为满足。所以最后耕作的土地并不提供地租。

此外，在这些最后开垦的土地上生产农产品的成本，不仅调节着它们本身的农产品价格，而且也调节着从最肥沃的土地上获得的农产品价格。因为，它在一个时期内制止了价格的进一步上涨，从而也必然限制了最先耕种的土地地租的上升。不论耗费在讨论中的两种土地上的相等资本所得到的总产量之间的差额有多大，地租都不能超过这一差额。举例来说，如果 1 英亩最肥沃的土地可生产 8 夸特小麦，而另一块相同面积的第二等土地用同样的开支只提供 6 夸特，那么 2 夸特小麦或者它的价值必定就是支付给地主的地租。因为，如果 6 夸特小麦足以为第二等土地的经营者提供一个合理的利润，那么耕种第一等土地的人也能得到同样的利润，因为我们假设他们的垫付资本是相等的。在那些急于把他们的资本和勤奋用于耕作土地的人们之间的竞争，必将使地产所有者能够从农业经营者那里得到对后者使用的资本、承担的风险和辛劳所给的通常补偿之外的全部余额。在目前情况下，看来 6 夸特已足可充做这些用途，2 夸特便留给地主。因此，在肥沃程度较差的土地上生产农产品的成本，限制了最肥沃的土地地租的增加。

显然，只要对原产品的需求和它的价格继续增长，只要农村中还有尚可做农业用途的土地没有开垦，那么这一系列事件就可能继续发生。谷物价格每一次新的上涨，土质最好的土地的地租就需要增加一次，而且也提供了支付它的可能，以前并不提供地租的土地便第一次产生了地租。粮价的这种上涨，以及由此引起的这种增加的地租量或新近产生的地租量，又受到了在肥力和位置上又次一等土地上以利润为目的而种植的谷物价格的限制。像从前一样，不管花费在土地上的相等资本所得到的收获量之间的差额有多大，这种差额总会构成地租。因此，每英亩质量最好的土地生产 8 夸特农产品而第二等土地只生产 6 夸特时，我们知道 2 夸特农产品一定是为前一种土地所支付的地租量。如果以后开垦的土地在花费在它们上面的开支相等的情况下收获量不多于 4 夸特而仍然继续耕种的话，显然，在以实际价格出售产品的情况下，这一数量的产品就一定会提供合理的利润率，即通常的利润率。但是，如果一种土地能提供利润的话，那么另一种土地也会这样。因为我们仍然假定在它们上面花费的资本是相等的，所以耕种最好土地的农场主，在他们的租约期满以前，不能为他们自己保留多于 4 夸特，余下的粮食都得交给地主。现在，这一余额在一种情况下为 4 夸特；在另一场合，即以前并不支付地租的土地为 2 夸特；最后开垦的土地还是不能提供地租。

这一系列变化也许会一再重复发生，直到再也没有可供种植庄稼的新土地，也不可能进一步改善已有的耕地时为止。因为，很明显，无论是从处女地上还是在那些原先耕作的土地上追加更多的劳动和固定资本中得到的新的粮食供应，同样都具有阻止价格和地租进一步提高的作用。直到这两种增加产量的手段已经枯竭，它的价格才能持久地被提高到足以补偿那些与开支相比收获量最少的种植者的价格之上。如果耕作竟达到了这样一种程度，以致无论如何不能从土地上生产更多的谷物了，那么除了因人口的稳定或减少而引起粮食需求的停滞或减少之外，粮食价格的上涨以及由此引起地租的提高，确实可能达到毫无限制的程度（我们一直假定国外的供给不在讨论范围之内）。于是，谷物的价格将是一种无约束的垄断价格，而从前这种垄断价格是有它的界限的。在这种情况下，甚至最后开垦的土地也可能提供地租，因为还有什么东西能阻止它的农产品价格上涨到超过仅可补偿该农场主的价格水平之上呢？价格一旦超过了这一限度，这种土地的地主就要求地租，并且不可能找不到能够而且愿意支付地租的人。

看来中国的条件也很可能有这种地租。正如我们所知，尤其是因为中国政府的政策非常反对对外贸易。尽管我们不得不提一下中国的情形，以便找到一个可供生产最普通农产品的全部土地均已得到最大限度地耕种的国家作为例子，但是我们还是可以在更为邻近的国家中找到这方面的例子，在这些国家中能够种植某种特有作物的全部土地也早已获得了充分的利用。在法国和其他产酒国，那些为酿造优质酒提供葡萄的土地就是这种情况。可以取得这种上等酒类的土地决不是很多的，而往往是极为有限的。由于这些土地早已得到了这样高度的利用，以致不可能用任何手段从它们上面获得更多的产品，于是农产品价格逐渐上涨到远远超过足以补偿生产费用的价格，甚至超过了那部分需要支出最大费用的土地所生产的农产品价格。因此，所有这些土地，甚至连产量最低的土地都给土地所有者提供地租。

这个例子是完全恰当的，而且可以用来证明小麦田、大麦田和马铃薯地等等必将是个什么样的情况，倘若所有能种植这些庄稼的土地恰好已经全都耕种了的话。唯一的区别仅在于种植这样一些农产品的土地面积要大得多，从而使人们不再能够用任何手段

从这些土地上获得更多收成的时期大大往后推迟而已。

在我们已经找出了产生地租的原因以及那些限制它上升的原因之后，现在尚待研究的是：地租一旦产生之后，它是否以任何方式影响农产品的价值。

因为我们曾经指出，地租是农产品价格高昂的结果而不是其价格昂贵的原因，所以这个问题也许好像已经很明确了，人们可能认为价格和价值完全不受地租的支配。

虽然对地租的起源以及对价格首先上涨到高得足以提供这样一种收入的那些商品来说，这种看法是正确的，但是在此之后地租还是可能影响其他农产品的价值。

不论人民最普通的食物是什么，由于这类食物的需求量比其他东西都大，它必将最快达到可以支付地租的那个价格，所以在生产这种食物的土地上首先产生地租。虽然对主要消费品的需求要比对其他商品的需求增长得快得多，特别是在国家发展的早期更是如此，但是随着社会财富和人口的增长，产生了并或快或慢地扩大了对主要依靠土地来生产的其他产品的需求。在这些产品中，主要的是人所需要的肉食品，以及饲养家畜和饲养许多用于农业、运输商品、旅行、战争、过舒适的奢侈生活的马、牛等等所需要的草料和其他植物饲料。

在国家发展的初期，对肉食品的需求通常是很有限的，而且仅能以捕捉该国森林中或开阔的平原上特有的野兽来供应这类食品。在这种情况下，这些动物的价格完全由捕捉或屠杀它们所必需的劳动来调节，可能确实非常低廉。亚当·斯密说："据乌罗阿说，在布宜诺斯艾利斯，四、五十年前，一头牛的普通价格为 4 里亚尔，合英币 21 便士半，而且购买时，可在二三百头牛中随意挑选。”[①]他说，“在那里，一头牛的代价稍多于捕捉它时所花费的劳动。”而且我们听说，有时在布宜诺斯艾利斯的街头，甚至可以看到骑马的乞丐。

可是，以后所有用这种方法获得的动物不再能充分满足肉店对肉类日益增长的需求了，家畜的价格便相应地上涨，而且可能继续上涨了某些时候。无疑，这会使更多的人把他们的技能和劳动用于打猎，从而也许在一个时期内和在某种程度上使市场得到了更加充足的供给。但是，由于耕作的发展，附近的动物都给赶跑了，捕猎者必须扩大他们搜捕的范围，取得满足不断增长的需求的供给就变得日益困难，于是价格不得不提高。由于这个缘故，随着时间的推移，土地占有者将发现，捕捉某些幼小的野生动物来驯养，以便建立起可随时带到市场上去销售的家畜饲养业是有利的。要饲养牲畜，就需要留出一些土地来放牧；要防止牲畜的逃走，就得有合适的栅栏或者有牧童或羊倌的看管。但是把什么土地用做这种用途呢？我们不能设想耕种者为了饲养家畜而放弃一些最好的谷物地，因为家畜只是刚刚被认为是完全值得饲养的。谷物的价格越高，这种情况越是不可能。非常明显，如果已经为这些土地支付了地租，它们就不能被用来饲养家畜。因为，根据假设，饲养家畜在开始时仅能提供利润。因此，做这种新用途的土地应当是至今尚未被认为是值得耕种的土地，无论如何，也至少是已耕的最贫瘠的土地。

① 《国富论》上册，第十一章。

在相当长的时期内，也许只有前者才做这种用途，正像目前在苏格兰高地的情形一样，让牲畜在一定的范围内漫游。家畜的价格主要由放牧的劳动量来调节，在某种程度内，也由饲料和在冬季最严寒的时候所需畜舍的费用来调节。可是，甚至在苏格兰的某些地区，畜群是整年放牧在野外的。而在西群岛尤其是这样，该地紧靠海洋，气候温和，平原上很少积雪。

但是，随着人口的增加，以这种方式供给的肉食品跟不上需求的不断增长，因此它的价格重新开始上涨，直到把某些最贫瘠的谷物地改成牧场终于变得合算的时候为止。这样便导致了圈地，而且还导致把资本用于增加牧草的数量和改进它的质量上。

肉食品价格上涨的另一个后果是，使那些尚未圈起来的、尚未耕种过的、属于私人的荒地也要支付一些微薄的地租。因为，即使牛还是以从前的价值来销售，养牛也能得到适当的利润，何况现在的价值必然已高于这一数额，余下的部分必将成为地主的收入。由于这些土地的总产量是很小的，用来交付地租的这一部分余额当然也是很少的。但是，就一个国家的大片土地来说，这种地租的总额也就相当可观了。

通过肉食品需求的增长，地主就这样从那些从未提供过任何地租，甚至从未曾提供过利润的土地上取得了收入。再也没有比苏格兰许多地方的山区更为贫瘠的土地了，可它们还是从这些山区饲养的牛羊的高价中，给它们的所有者带来一些收入，而牛羊价格之所以这样高，是由南部人口稠密地区的巨大需求所引起的。我们不能设想这些山丘曾产生过谷物地租。我知道有人曾断言：高地佃户交纳地租是因为某些肥沃的地点，比如与河流毗连的地方，构成了他们农场的一部分，结果溪谷就得为山峦支付地租。[①]当然有时情况可能就是这样，但如果说情况总是这样，那肯定是不正确的。每个熟悉苏格兰的人大概都知道，许多山区的佃户都支付地租，而他们也许除了宅旁的一小块燕麦或大麦田之外，整个农场全都是没有作物的荒地，要是从这么一点可悲的产量中能够支付100多镑地租，那是完全不可设想的。事实上，大家都知道，为了支付这么多地租，牛群常常是他们唯一可以依靠的东西。

此外，我们可以从上述情况中知道，尚未开垦的地区很可能首先支付放牧地租，因为这些地区可首先充做这一生产部门之用，(根据假设，其余的土地都已经用来种植农作物。)这种情况正好同谷物地的情况相反，谷物地是最肥沃的土地，提供这种收入先于其余一切土地的。我们大概还记得这种地区的地租无论如何是非常小的，而只是由于征收这种地租的土地广袤才使它变得重要起来。我们也不能设想所有荒地都要支付地租，因为有些太低湿，另一些则多石或多砂，以致没有多少用处或者毫无用处。

由于从这些没有耕作过的土地上所得的供给毕竟是不够的，决不能满足众多人口的需求，因此牛的价格继续上涨，直到把劣等的谷物地变为牧草地成为有利可图时为止。耕作区一旦引进了放牧，圈地就必然是不可避免的，而且必将采取各种措施来改良牧草，以便在一定范围的土地上饲养尽可能多的牲畜。由于从养牛场上得到的食物在产量上还是比同一块土地上生产的粮食低得多，因此直到畜产品产量的不足由它的高昂价格充分补偿时，耕地

① 参见穆勒先生的《政治经济学纲要》第二章，第一节。

才会变成牧场。由此可见，谷物地为牧场代替之前，肉类的价格必然大大高于谷物的价格。于是，牛的价格开始部分地由谷物价格来决定。

对某些人来说，这一结论初看起来也许是很奇怪的。只是在社会发展的早期，阉牛、绵羊等等的价格也像许多东西的价格一样是由获得它们的费用来调节的。正如我们所知，在开始的时候，除了捕捉它们的劳动之外，没有花费什么费用，所以它们的价格应当按这种劳动来调节。后来，这种价格是由大片尚未耕种的地区内放牧牛群的费用和在冬季照料它们的开支所决定的。至此，价值与价格的一般规律还是适用的。但是，从此以后就不是这样了。如果家畜的价格并不上涨到远远超过饲养它们的费用，就决不会把不太差的谷物地用来养牛。虽然这种土地的耕种者的收入可能比他的开支更多些，但是总产量无疑要少得多，从而他的利润总额也必然少得多。直到牛的价格已上涨到一磅牛肉比同样重量的面包贵得多，从而肉产品的价值补偿了它产量上的不足时，这种谷物地才能改成牧场。因而，更高的利润率必将补偿该农场主在同样大小的一块土地上所能得到的产品在产量上的不足。

许多比较贫瘠的谷物地已变为牧场之后，如果需求仍然增长得比供给快，牛的价格就必然会进一步上涨。显然，那些在种植谷物时从未提供过地租的牧场便开始产生地租。我们可以设想，初次为这些土地支付地租的时候，实际上几乎就是把它们变为牧场的时候，最迟就是在租约期满的时候。因为粮食的总产量总要高得多，所以只有非常高的利润率才能诱使佃户放弃谷物的种植。但是，这样高的利润只能维持到该租约到期时为止，以后就要求将利润的一部分交纳地租。因此，由于牛价的腾贵而引进放牧，虽然大大减少了能够在土地上种植的人类食物的数量，但确实增加了归入净收入项下的那个比例，从而在种植谷物时并不支付地租的土地也产生了地租。我们在苏格兰高地十分清楚地看到了这种结果。该地区之所以从谷物地变为牧草地，从小农场变为大牧场，只能用地主从牛代替粮食中得到了更多的地租来解释。毫无疑问，这些地区的人口已大大下降，土地的总产量也已大大减少。地主对这种变化最感兴趣，因此他们尽一切可能来推进这一转变。

至于确实已经给土地所有者提供收入的比较好的土地，十分明显，仍将继续用来种植谷物，直到对肉类需求的不断增长以及从次等地上所获得的供给不足，使牛的价格提高到这样一种程度，以致家畜提供的地租多于粮食提供的地租时为止。在这种情况尚未发生之前，不可能把好的耕地改变成牧场。

因此，牛的价格开始部分地由谷物地上支付的地租来调节，而最终则由粮价来调节。

过了一段时间之后，甚至最好的土地也可能让出来种牧草。如果家畜的价格预先没有提高到足以提供至少像同一块土地在种粮食时一样多的地租，这些土地就决不可能用来种牧草。由此可见，除了在社会发展的初期，牛的价格不同于大多数物品的价格，它并不完全取决于生产成本，在此之后，它就上涨到远远超过成本，最后则是由耕地所支付的地租来调节的。因此，足以提供这种地租的价格便成了不断供给肉食品的必要条件。现在已成为牧场的上等土地在种植谷物时所支付的地租，此时竟成了牛价的调节者。如果牛价超过了足以提供这种地租的价格水平，就将有更多这种性质的土地会停止耕种而变为牧场；如果牛价下跌到这一价格水平以下，接着必将发生相反的结果。因此，通过增加或减少肉食品的供给，肉食品与粮食之间原先的比例无论通过何种途径终将可以得到恢复。由此看来，谷物地所支付的地租确实是牛价腾贵的原因。

综上所述，可做出如下结论：虽然地租的起源无疑是谷物价格或者无论何种人民所需要的主要植物类食物价格腾贵的结果，但是一旦产生了地租，它就妨碍了像家畜和饲养家畜的草料这样一类农产品的供给，使它们不能很快适应这方面的需求，因而不断抬高了它们的价格，直到这些价格上涨到足以提供像谷物一样优厚的地租时为止。为一种产品所支付的地租就是以这种方式变成了别种产品价值提高的原因。因此，就地租的起源来说，它是价格腾贵的结果，但是后来它本身却成了各种农产品价格上涨的原因。

我们也已知道，在能够腾出耕地来饲养牲畜之前，在尚未耕作的荒地上饲养的牛很可能最先提供某种微薄的地租，而比较贫瘠的谷田用于这一目的也比更肥沃的土地要早，从而也较早地产生了放牧地租。在这一结论中，并不存在任何与我们在探讨地租的起源与证实最肥沃的土地最先提供这种收入时所得出的结论相冲突的东西。它只是表明，土地一旦种上了谷物并产生了地租，就引起了一系列新的实际问题，严重地影响着以后农业的发展，而且对其他农产品的地租也有重大影响。如果土地最初是由纯粹的牧民占据的，那么，毫无疑问，我们就可以设想在一个时期内只有最好的土地才用来养牛，而且正如种植谷物的情形一样，正是在这些土地上首先产生地租。但是，在大部分土地已经用来种植粮食之后，情况就变得很不相同。人们不可能立刻放弃已产生相当数额利润的、而且也许还提供相当数额地租的土地,而去饲养几头牛。在这件事情成为可能之前,价格必须大大上涨,上涨到甚至使荒地也能提供一些地租,——毫无疑问,与土地的面积相对而言,最初是非常微薄的,但是很可能会随着肉食品需求的增长而不断增加。我们可能也注意到,在目前情况下,产生地租的原因与产生谷物地租的原因是类似的,即当时能够改变为饲养牲畜的土地数量有限。唯一的差别仅在于,在前一种情况下,这种有限性取决于自然,而在另一种情况下,则取决于技艺的效果,也就是说取决于耕作的效果。由于存在着这种差别,一般原因在我们讨论中的这两种情况下的作用,首先不仅在差别很大的土地上而且在土质完全相反的土地上反映出来。

我们必须牢记,在这一方面,谷物与家畜之间存在着极大的差别——种植谷物费用的增加正好与土地肥力的降低成比例,而对于家畜来说,则不一定这样。当然,好地总比坏地可以饲养更多家畜,但不能由此得出结论:按家畜头数的比例来说,在后一种土地上饲养的家畜比在前一种土地上饲养的家畜费用大。毫无疑问,在人口稠密的地区,谷物地与牧草地纵横交叉,放牧如果不是修建起围栏就得经常有人照管。土地愈是贫瘠,按它上面饲养的牲畜头数的比例所需的土地面积就愈大,我们由此便可推测,修筑围栏或雇佣劳动所需的费用也愈大。但是,像苏格兰高地那样的农村,那里几乎没有什么庄稼或者根本没有东西可以被毁坏的,完全不需要围栏,也很少需要照管,牛群是允许在广阔的地区内漫游的。只要牧场主不时派人去照看一下,不让一只牛羊走出一定的范围,这就足够了。主要的开支是在冬季，只要地上有积雪，家畜就得在畜舍里饲养。但是，如上所述，甚至在苏格兰也有一些地区，由于靠近海洋，气候温和，所以就没有这种必要，而南部地区冬季更不需要御寒的畜舍了。此外，即使这类费用是必不可少的，但它不是一种为某种土地所特有的费用，而是对肥沃的土地和贫瘠的土地、改良过的土地和未经改良的土地都需要的费用。因此，也许没有地方比在这些尚未耕作过的荒地上饲养牛羊的费用更小的了。所以，尽管产量也许是低的，但是就地租在总产量中所占的比例而言，仍将与该国最好的牧场所提供的地租一样大。因此，我们无需对地主竟如此迅速地开始从这些地区获得收入而感到惊异。

我们可以用森林作为例子来进一步说明上述原理。我们知道，在大多数新殖民国家里，人们发现森林是这样丰富，以至于无需拿东西去同它交换。它仅仅被视为应尽快除去的累赘而远远不是一种财富。然而，即使在这种国家里，也许还有一些地方可以从木材上不仅得到利润，而且甚至可以获得地租。虽然在国内木材没有价值，但是在国外它可能有很高的价格。所以，如果有便利的交通工具，就能从木材上得到某种收益，靠近海洋或通航的河流地区的森林就会给它的所有者提供与采伐以及把原木或木板运到港口的费用相应的利润。如果在这种有利的地区木材的数量是有限的，就没有任何理由可以说明，为什么港口附近的木材价格不可能上涨到高得不仅足以给所有者花费的资本以报酬，而且也能提供可恰当地称之为地租的余额。这些林地正好类似于最肥沃的或位置最有利的谷物地，我们已经知道，在这些土地上最先开始产生地租。如果价格上涨到像我们所假设的价格一样高，就很容易找到愿意租用这些林地的人。完全像耕作区的情形一样,他们给所有者支付一部分木材或它的价值作为地租。在这两种情况下,这种价格腾贵以及由此产生地租的原因都是相同的,即最适宜于谷物或木材生长的土地以及就市场来说位置最好的土地数量的有限。同样,在这两种情况下,土地都必须被占有,因为没有人愿意为大家共有的土地支付地租。显然,这是可以料想到的。

为了用一个实际例子来证实这些原理的正确性,我可以提出施托尔希先生所说过的话,即可与波罗的海沿岸自由往来的俄罗斯各省的木材,在欧洲其他国家找到了在本地不能享有的市场,正因为这样,它们常常给所有者提供很大的收入。根据 1799 年所作的统计,位于德文那及其支流附近的林地所支付的地租,达到外国人在里加港买木材所出价格的 1/6。该作者注意到,没有几种农产品可以提供更高的地租。[①] 亚当·斯密也谈到挪威的森林提供某种地租。

可是,木材的这种高昂价格仅限于某些地方。在新殖民国家的内地遍地森林,正是因为它的丰富所以没有任何交换价值。美国边陲地区的情形也是如此,在那里每个人可以任意砍伐树木和运走木材,如果林地已被人占有,那么所有者只能因去除了地上的累赘而感到高兴。但是,随着该国人口和耕种的发展,部分地由于耕植面积的扩大,部分地由于居民饲养的许多牛群毁坏了树苗,森林便因此逐渐消失。恰恰是后面一种原因才使苏格兰从前覆盖着许多山区的森林毁坏殆尽。树苗刚露出地面就给成群的牛羊吃掉

① 《政治经济学教程》第四卷,第十三章。

或踩踏。因为树木对牧草生长不利，所以放牧的人很想除掉它们，森林普遍遭到接连不断的破坏。在萨瓦的山区，我曾亲眼见到极好的松树林新近的遗迹，松树与其说是被采伐还不如说是被乱砍和毁坏，以便使它们腐烂而使牧草获得改善。这样一来，过去还不能养活20头乳牛的一片山地，现在很容易供养四倍于这个数目的乳牛了，此外还养了许多山羊。[①]

由于这种原因造成的木材稀缺，以及对木材需求的日益增长，为了满足越来越多的人口对木柴、建筑材料和农用木材的需要，因此不能不给本来没有价值的东西以价值。这样，木材的价格随着社会发展而逐渐上涨。现在如果还存在天然森林的话，很明显，所有者就会及时从销售每年采伐的木材中获得收入。起初，木材的价格只够按采伐和运输木材所需的费用来提供利润，但是随着木材价值的进一步提高，便获得了比利润更多的收益，这个余额便构成了地租。因此，这种情况下的地租完全像牧场提供的地租一样，最初是由最不宜于种植谷物的土地支付的。毫无疑问，因为这些土地还没有被认为像其他土地那样非常值得耕种，所以在开始时这种地租一定是很少的。但是，它将随着人口的增长而逐步增加。

此外，这些天然林地首先支付地租的原因，是与前一种尚未开垦的荒地的情形相同的。由于已有粮食收成的土地维持着劳动者人口的生活，给耕种者提供利润，或许还提供地租，因而不可能一

① 在阿尔卑斯山脉中，养牛业是农业的一个主要部门。黄油、特别是干乳酪的销路比鲜肉更好。在萨瓦，一磅鲜肉的价格几乎要2便士半，差不多是面包价格的两倍。

下子用来种植树木。[1] 在这种做法可能被采纳之前,木材的价格必须大大上涨,与此同时,在从前被忽视的地带,从一种只因大自然的恩赐而存在的产物中也可能产生地租。因此,到这个时候,这些天然林地的所有者便享有一种垄断,它是土地普遍耕种的结果,但是这种垄断当然是没有界限的。

其次,没有任何地方比从这样的土地上能够以更少的费用来获得木材了。这里是在没有人的帮助,没有为开沟、栽植、排水和筑栅防护所需的资本支出的情况下,有了早已成材的森林的。由于从这样的天然森林中能够获得某些地租,所以土地所有者靠人工造林必然是不值得的,木材的价格也许不够支付这种开支的利润,更不用说还有什么余额了。尽管苏格兰的森林普遍遭到了毁坏,但有些还是从一般性的严重破坏中拯救了出来。布雷茂和斯特拉思贝的原始冷杉林给它们在高地的地主提供一些地租。在苏格兰陡峭的河岸和湖堤上,到处可以见到天然的橡树林。对制革非常有用的橡树皮的昂贵价格给所有者提供了很大的收入,而在战争时期尤其是如此。况且,一般说来,山上生长的树木虽然不那么粗壮,可是比平原上栽植的树木更硬、更坚实,因而质地也更好些。对谷物最适宜的土地并不最适宜于生产其他产品,特别不宜于种植树木,而我还要加上一种产品,即葡萄。最好的小麦田可能成为最糟糕的葡萄园。

但是,如果国内余留下来的天然森林已不能满足全体居民日

① 在土地所有者同时也是耕种者从而他不仅从利润而且也从地租中获得收入的情况下尤其是如此,但这一点将在以后详细阐明。

益增长的需求，那么价格肯定会上涨，直到所有者腾出一些他们最贫瘠的土地来植树造林变得有利可图时为止。很明显，最初只有最贫瘠的土地才会拨出来做这种用途，因为早在价格上涨(如果价格上涨的话)到高得足以吸引所有者把肥沃的谷物地变为林地之前，这样来利用劣等土地一定是有利可得的。如果一个国家没有大面积的荒地和丘陵，那么木材的价格就会更快地上涨到把耕地变为林地成为有利的那个程度。但是，非常明显，在木材的价格到达至少能提供相等于同一块土地在种植谷物时所支付的地租之前，就决不会拿耕地来做这种用途。如果所有适宜于树木生长的荒地都已用来种植树木，那么足以支付这种地租的价格就成了增加木材供给的必要条件。直到木材价格达到这种高度，新的供给才能得到。由此可见，正如我们在养牛的例子中所看到的一样，木材的这种价格是社会发展过程中在谷物地地租的影响下形成的。最初，它是由劣等地上的地租调节的，如果这些土地还不能满足需求，它就一定会上涨，直到这种价格能够提供相当于那些较好的土地所支付的地租时为止。

毫无疑问，我认为法国木柴价格的腾贵就是由这个原因引起的。栽植树林的大片土地必须支付像肥沃程度相仿的谷物地一样的地租，否则它们将很快地被清除掉，并用来种植谷物。正如木材的价格必须足以支付从事采伐和运输的劳动者和雇主—资本家的工资与利润是木材供给的必要条件一样，这种地租也成了木材供给的另一个不可缺少的条件。

在此，我可以指出，由于木材是一种体积比粮食大得多的商品，因此从国外进口粮食比进口木材不但容易得多而且费用也省。

由于这个缘故，随着一国人口的增长，林地将有侵占谷物地这样一种趋向的时期必然会到来（特别是如果没有只适于生长树木的大片山地的话），因为从国外进口部分粮食而在国内栽植树林是更为有利的。于是，在社会发展初期所发生的过程被颠倒了过来。十分明显，如果木材是居民的主要燃料，那么这种趋势必将大大加强。这种情况不能不造成极大的差别，因为这样消耗木材非常普遍和迅速，其用量比做其他用途所消耗的木材总量还要大得多。在法国，很多土地所有者从木材上获得了他们收入中的大部分。他们周期性地采伐而且让它们重新长出来，这样就给他们提供了一种最稳定的年地租。如果木材现在仍然是该国普遍受欢迎的燃料，很明显，由于上述理由，越来越大的一部分目前的谷物地就总有一天要变为森林。从国外进口粮食是比较容易的，而运进木柴的费用一定是极大的。随着木柴价格按人口增长的需要成正比例地上涨，与种植谷物相比，栽植树木变得愈来愈有利可图，从而必然要从远离本国的地方去寻找粮食。

除了用煤来代替木柴之外，就无法阻止这种趋势的发展（倘若法国的人口与繁荣还会发展的话）。用煤来代替木柴多半是要发生的。如果不是普遍地发生的话，至少也会在很大程度上发生的。木柴价格的不断上涨将加速这种结果的到来；它上涨得愈高，用煤来代替木柴的吸引力就愈大。按照上面提出的原理，为了满足人们的需求，尽管木材的供给会增加，但木材的价格仍不会下跌。因为，如果要获得更多的供给，就得把优良的谷物地变为森林，所以价格必然继续上涨，以便提供像从前一样多的地租。事实上，巴黎这些年来煤的消费量比过去大得多了。在目前，虽然用煤要合算一点，但这两种燃料的费用差别并不大。然而，这种差别很可能会变得愈来愈大。正如我们所知，木材价格有上涨的趋势，而煤的价格则很可能随着交通工具的增加而下降。[①]

随着一国的人口变得愈来愈稠密，林地有愈来愈多地代替谷物地的趋势。我就这个问题所说的那些话，对于牛以及牛和其他驯养动物食用的牧草来说更为正确，这是十分明显的。由海路，尤其是远洋运输牛羊，必须腾出很多地方来装载必要的饲料，这是一件很不方便、开支很大的事情。正如现在从爱尔兰出口的家畜数量所证明的那样。汽船的使用缩短了航行的时间，无疑减少了这方面的困难。但是，对于距离很远的运输来说，在很大程度上仍然存在着这种困难。据我了解，用这些运输工具把牛从苏格兰运到伦敦市场上的费用是非常大的，因此只有上等菜牛才能用这种方法来运送。况且，家畜在不到 50 小时的海运中看来受到很大的损失。[②] 显而易见，为了在国内饲养牛、乳牛以及许多用于农业、国内贸易、旅行或为了摆阔气与娱乐活动用的马，通常用来饲养这些牲畜的牧草、干草或其他饲料的需要量愈来愈大。但是，由于干草的体积很大，从国外输入的费用要比粮食大得多，因此把愈来愈多

① 在巴黎，煤很贵，1,000 磅煤通常要付 30 法郎，即 24 先令，这是按 1 吨 50 先令的价格支付的。而在英国的许多地方，50 先令可买到 10 吨。但是，即使按这种价格买煤，它还是比木柴便宜。根据这一事实，我们便可判断木材该有多贵了。把木材运到巴黎所需的费用比我们可能设想的这么大体积的商品所需的运费要少。因为，很多木材无需装船，而只要把它们扎成木排，沿着塞纳河及其支流顺流而下。我们由此便可推断，木材在产地的价格也一定是很高的，至少其中的一个相当大的部分构成了地主的地租。

② 请参阅《下议院关于铁路运输的报告》。可是，现在已可在冬季把大量屠宰好的家畜从苏格兰运到伦敦了。

的粮地改变为牧场和干草地，而从国外获得不断增加的粮食供给。这种做法对国家是有利的。

毫无疑问，这就是当前在英国的趋势。在牺牲谷物的基础上，牧草到处繁生。在像伦敦这样的大城市附近，这种情况尤为突出。需要有大量的牧草用来饲养供给大城市牛奶的许多乳牛、供屠宰的菜牛以及贸易上使用或首都及其附近的奢侈生活所需要的马匹。这一切都引起了对这种产品的经常不断的需求。因为草料的体积大，如果没有很大的运费就不能从国内更远的地方运来。①

如果说，即使在一国之内尚且如此地感受到了这种费用的高昂，倘若一国的交通工具并不比世界上任何一国优越而是差不多，那么从国外运进这种商品时，这种费用就必然更要大得多。整个地面将逐渐成为类似于靠近大城市周围的地区了，而在这些地区牧草地已大大压倒了谷物地。由于靠近城市的地区在这方面享有天然的垄断，它几乎不可能被更为边远的省份的竞争所打破。因此，对外国来说，该国的全部土地同样拥有这种垄断。由于这种天然的垄断总是能把牛的价格以及牛和其他家畜的饲料价格维持在很高的水平上，所以它可诱使地主甘愿放弃人为的谷物垄断。

我也许要提一下通常称之为地租的另一种情况，以便阐明它同

① 显然，鲜牛奶是一种不能从远地运来的东西，供给像伦敦这样的大城市所需要的鲜奶，牧场的面积是很不够的。为了增加供给，虽然采取了各种办法并增加了牛饲料的产量，但是市场上鲜奶的供给仍然是不妙的，它的价格很高，从而诱使商人去搀假。伦敦的牛奶真是十足的蹩脚货！当马修·白朗勃尔称它为白垩与水的可悲混合液时，他是并不怎么夸张的。然而，他们能够利用铁路的快速来运输产品，在离大城市更远的地方将开辟产奶的新地区，这样就有助于把质量较好的牛奶供销市场。请参阅《下议院关于铁路问题的报告》。

严格定名的地租之间的区别。这就是，现在苏格兰高地许多土地所有者，在狩猎季节从出租他们的荒野中获得的收入。很明显，这种收入与地租大不相同，因为杀死的猎物并不被看做是牟利的商品，也并不进入市场。这种狩猎者只把狩猎当做乐事，而并不关心可能赚到的利润。因为所付租金并不是从土地的产品中获得的，所以它必然是从其他来源中取得的，即从某个独立的国民产业部门中取得的。因此，根据我们以前给予这些词的含义来说，这种收入不是原始收入，而是派生收入。它丝毫不取决于松鸡或鹿的价格，而仅仅取决于出租猎场的大小和那些为了运动而很想租下它们的人的人数与他们财富之间的比例。但是，甚至这种收入最终还是由产生所谓严格意义上的地租的类似原因所引起的，即适宜于生产某些产品的土地数量有限和财产权利的存在。如果产松鸡的土地是无限的或尚未被占有，当然就没有人为了使用它们而支付任何东西了。

但是还得回到原来的问题上来。我们知道，随着社会的发展，某些农产品的价格，例如牛、干草和木材的价格，上涨到远远超过了生产它们的成本，最后终于由肥沃程度上相等于已做种植牧草或树林之用的最好的谷物地所支付的地租来调节。因为，在耕地变成了林地、干草地和牧场的时候，它们就完完全全做了这些用途而不再种植谷物，至少一般说来都是如此。毫无疑问，还有牧草地，举例来说，在苏格兰就是这种样子。这些草地上的牧草在过了若干年之后变坏了，因而相隔一个时期就需要翻耕，在种了一、两熟燕麦或大麦之后，重新种上牧草。牧草仍然是赖以支付地租的主要作物，其余农作物只是在相隔很长时间之后才偶尔种上一次。在土壤和气候更为相宜的地方，如美国，最老的放牧地被认为是最好的。

直到木材、干草或牛能提供与肥沃程度相等的、种植谷物的土地一样多的地租时，才会用耕地来种植树木、干草或牧草，从而完全或者基本上不需要翻耕。然而，还有一些别的作物，其中有一些可用做家畜的饲料，虽然它们的价格不足以支付地租，但由于不需要把土地完全或主要用来种植它们，所以甚至可以用最好的土地来播种，例如芜菁、野豌豆、稗子、马铃薯等。即使是最适于种植小麦或其他粮食的土地，也不能老是种这些庄稼而不致变得贫瘠的。与其让这些土地完全休闲，还不如在种植谷物的间歇期间种上别种产品，如果它们的价格能勉强抵偿必要的开支的话。农业经营者还是依靠小麦来支付他的地租，尽管他也许从其余的作物中得到适当的利润。于是，这些非主要农作物的价格完全不是由地租来决定的，而只是由生产成本决定的。相同的看法也适用于小麦间歇期间种植的燕麦和大麦。可是，由于这些农产品的需求随着社会的发展而增长，用这种方法从最好的土地上获得的供给也许是不够的，因此它们的价格将会上涨而且也开始提供地租。完全像小麦的情形一样，这种地租必将受到较差的土地上种植它们时所需费用的限制。众所周知，事实上恰当的轮作制是有效耕作的主要诀窍之一。农业的改进已经使休耕制比往常少用多了。上面提到的实例也充分说明，地租是价格腾贵的**结果**，而不是它的**原因**。

在这方面，干草是一种特殊的作物，它既有天然生长的，也有人工种植的。这样，我们就有了野生牧草与黑麦草之分，后者需要翻耕土地和进行播种。只要在种植谷物的间歇时期内用这种方法在耕地上生产的产量以及从河床边的低湿地上获得的干草能够满足消费，就不会诱使人们用良田来长年种草。但是，随着需求的增长，用这种方法获得的供给已经不足，从而引起干草价格上涨，直到单单种草也可提供至少相等于某些谷物地当时所支付的地租时为止。于是，草地提供的地租便与同等肥沃程度的谷物地的地租一样高。十分明显，这种地租也不能高得太多，否则草地的数量必将增加，直到干草的供给使它的价格降低到某种程度时为止。

根据上述原理，我们应该料想到在人口最稠密和最富裕的国家里可以找到最大面积的牧草地。所以在英国与荷兰的牧草地比法国或苏格兰要多得多。在苏格兰，牧草地很少，我们可以推测，间或种一熟牧草而并不把许多土地用于上述目的便可获得足够的干草来满足这方面的消费。在苏格兰，与人口相比干草的使用量确实远比英国为少，因为它贫穷得多，从而为富人娱乐而饲养的马匹也少得多。此外，只适宜于放牧牛羊的大片荒地也必然减少了把好的谷物地改为牧草地的必要性。

随着一国财富的增长，特别是随着工商业的扩大而引起用牺牲谷物来增加牧草的一个后果是，农场的扩大和农村人口的减少。假定收入相同，或接近相同，那么地主一般更愿意把他们的土地租给大农场，因为向几个人收租比向许多人收租的麻烦要少得多，同时还因为小租佃者在歉收的年景没有多少资金储备，所以他们认为与小租佃人相比同拥有大资本的人打交道更加安全。因此，出租给少数人所得的地租即使略微少于把土地分成较小的小块来出租所能获得的地租，可是由于更加可靠和减少麻烦，因而还是会使地主乐于采用前一种方式。如果他们预期可从大农场那里得到比小佃农更高的地租，他们就更愿意选择大农场了。现在，牧草替代谷物的过程大大地促进了这种转变。经营一个大养牛场总比管理一个大种植场要容易得多。虽然刚开始的时候给大牧场购置牲畜需要相当多的资本，但是相对说来它所需要的亲自监督要少，因而管理的范围就可以大得多。管理一个面积很大的种植场要有超过一般的能力、丰富的经验和经常的照管。因为，耕作的工序是如此的繁杂，而放牧工作却简单得多并且是千篇一律的。此外，牧场一旦备齐了牛群，它所需要的劳动和其他费用比一个种植场要少得多。由于这一切理由，牧场就可以大得多。

因此，在牛价上涨时，地主会不失时机地有意利用这种机会。在租约期满时，赶走原来的小佃户，把他们的土地集中在少数大租佃者的手上，而他们将主要用这些土地来饲养牲畜。如果土质和气候对于牧草的生长比谷物更为适宜，那就更易于产生这种结果了。于是，在苏格兰，许多本来生产粮食并且居住着依靠这种农产品来维持生活的大量人口的地区，现在已成为牧羊场和养牛场，人烟几乎绝迹。在苏格兰的高地地区，单幢村舍或甚至整个小村落的废墟简直随处可见。因为照管大牧场比相同面积的土地分成小块种植谷物的租地所需要的人数要少得多。

这一点使我还要谈一谈谷物地变为牧场的另一个后果，这就是土地所生产的食物量的减少。毫无疑问，牛羊饲养场的年产量比同一块土地上生产的粮食所能供养的人数要少得多。[①] 但是地主一心要得到的地租必须至少同从前一样多，否则他决不会同意这种改变。地租多半还要高一些。那么，这一高额地租应当是由

① 亚当·斯密说："中等肥沃程度的谷物地为人类生产的食物，比最上等的同面积牧场所生产的多得多。"《国富论》第1卷，第11章。

于因补偿该产品数量上的不足而引起它价值上的增加所致。我对这种产品价值高昂的原因已经作过说明。

尽管如此，肉产品的总价值甚至可能，而且在多数情况下实际上少于过去粮食产品的总价值。因为牧草地所需要的劳动和其他费用比种植谷物所需的开支要少，所以较少的总价值当然可以抵偿这一较少的费用，而提供的利润率还是同从前一样高。牧场主也不能希望长期享有比谷物种植者更高的利润率。因此，如果地租大致相同或至多略高一些，十分明显，产品的总价值就要比从前少。正如刚才所看到的那样，食物的产量必定会减少。[①] 由此可见，在任何一点上来说，谷物地变为牧场减少了土地的总产量。

就价值来说，如果对于养牛场的年总产量，甚至对它的年总产值比从前减少还有怀疑的话，那么这些怀疑将马上被我们所知的什一税所经历过的过程所消除。众所周知，在英国，地主通过把他们的地产变为牧草地来控制什一税，使牧师的收入大大减少。这件事证明什一税在价值上大大减少了。如果什一税的价值减少，那么总价值也必然减少。但是，由于地租无疑没有降低，而且我们很有理由认为利润率也可能不变，所以我们可以推断这两者合在一起必然构成总产值中较大的一个部分。由于利润的总额已经下降，所以除非地租大大提高，这两者的绝对量，不管以产量计算还是以产值来计算都会减少。由此可见，不仅土地的总产值可能减少，而且甚至它的净产值也可能减少。[②]

---

① 如果我们把鲜肉的总重量同谷物的总重量进行比较，那么这方面的差别一定更大。但是这种比较是没有什么意义的，因为唯有食物的营养量才是重要的。

② 关于这个问题，详见“论国民收入”一章。

土地生产供人食用的食物数量的下降，必然使从国外获得谷物或其他生活资料变得愈益必要。如果本国政府并不阻止粮食的自由进口，那么工业的扩大——它一直是一个引起鲜肉需求增长从而导致它价格上涨的主要原因——便提供了从国外换取这样一种供给的现成手段。这正是目前英国的情况。近五十年来，该国工业迅速扩大所引起的财富与人口的巨大增长，使谷物地变为牧场已愈来愈有利可图。如果我们不把战争的某一时期计算在内，因为在此期间极高的粮价暂时抵消了这种作用，那么牧场仍在继续增加，而且只有用限制自由进口谷物的办法才能制止，因为这种办法可提高国内的粮价。如果英国并未享有与一个近邻国家爱尔兰的事实上的自由贸易，而这个国家的境况因种植并出口谷物而非常有利，那么即使这些限制仍然相同，毫无疑问，耕地变为牧场的趋势还定会受到更高粮价的进一步控制。但是，近年来，每年从爱尔兰获得的粮食供给一直在迅速增加，正是这种情况才有助于打破粮价的垄断，而地主则出于他们自身的利益尽一切努力来建立这种垄断。时代的自由精神不再允许把爱尔兰作为被征服的国家或作为外国来对待了，要阻止爱尔兰与英国之间建立自由贸易是不可能的。无疑，1801 年大不列颠与爱尔兰的联合是这一结果的直接原因，而且这一措施已产生了巨大的利益。确实，自从那次事件以来，爱尔兰的财富和它的进出口量空前增长。它的自然资源是如此的丰富，它又是世界上最靠近、最富有的市场，现在大不列颠已敞开接受它的产品，它怎么可能不是这样呢？[①]

① 请参阅“论不同行业的毛利润”一章及注一。

爱尔兰也是一个特别适宜于出口谷物的国家，这不仅是由其土地的肥沃而且是由该地人民的生活状况所决定的。它的土地比英国的土地更加富饶，它的人民则更是贫困得无法比拟。马铃薯，有时还有牛奶——但更多的时候是吃不到牛奶的，是广大农民的唯一口粮。太贫困了，以致不能购买小麦或任何一种谷物。因此，这些农产品在国内找不到销路，自然要把它们大量运往英国。这种情况，即肥沃的国土和贫困的人民恰恰对价格更高的农产品，例如小麦和牛的出口特别有利，如果能给牛找到一个足够靠近的市场的话。

波兰和爱尔兰正好处在上面所说的这种情况之下，因而它们甚至是比新殖民的国家，例如美利坚合众国，更大的粮食出口国。美国有大量肥沃而尚未占用的土地，这种情况对农业财富的增加极为有利。但是，由于那里的居民自己用价格比较高昂的食品来维持生活，因此国内市场比国外市场远为重要。在满足了本国人民的需要之后，用于出口的产品只构成整个产品中很小的一个部分。

这些原因引起了来自姊妹岛的大量供给，在很大程度上满足了英国对谷物日益增长的需求。因此，限制谷物进口法令的作用受到了很大限制。当然这些法令对爱尔兰极为有利，因为它们给予它向大不列颠运销产品的专有权。小麦和其他粮食的这种供给至少已经在很大程度上允许英国农业听其自然地发展，并且在很多地方已容许牧场取代谷物地。如果没有起阻止作用的规定，那么毫无疑问这种现象将更为普遍。

确实，近年来，汽船的发明大大缩短了航行的时间，使爱尔兰的牛运送到海峡对岸也成为可能。大量阉牛和猪每天从都柏林向利物浦出口，而从前只有腌肉才能运到英国。这必然对阻止牧场之遍布于整个大不列颠稍有帮助。

正如我们所知，由于国民财富的增长，特别是由于工业的扩展而引起的谷物种植场变为牧场的一个后果是，农业人口的缩减。当然，这件事必然引起工商业的进一步发展，因为农村中失业的劳动者现在必然涌向城市去谋生，从而扩大了那些已经成为上述生产部门中雇佣劳动者的队伍。因此，以牺牲那些依靠农业为生的人口为代价，在这些行业中做工的人数却有不断增加的趋势。尤其是彻底废除谷物法之后必将导致这种结果。如果它的废除对价格会产生什么影响，或者说至少会产生任何重大影响的话，那么必然是某些现在种植谷物的土地，例如所有目前仅可支付各种费用和利润但并不提供地租的土地，不再能这样耕种了。不管这些土地变成什么样子，是抛荒呢还是被改变成树林或牧场，总之，我们可以肯定，有一部分从前在这些土地上耕作的劳动者已不再被需要了，因而他们不是靠教区的施舍来生活就是涌向城市去寻找工作。废除谷物法的这些后果是：首先，由于已不再需要某些农业成员的劳务而引起的灾祸，必将落到目前农业人口的头上；其次，农业人口的持久减少必定会跟着发生，当然，这是在考察这一重大问题时不应忘记的一件事。我们知道，正如有些人所说的那样，这不仅是一个影响地主的问题，而且是一个对广大农民的利益有着重大影响的问题。离开人们虔诚地希望结束以牺牲农业人口为代价而使英国工业人口更进一步增加的局面还有多远，也许是很难揣度的。

当我正在探讨地租时，论述一下全国范围内地产的占有方式将大大加速或延迟把谷物地变为牧场的过程，也许不是与本题无关的吧。哪里的土地已成为少数人的财产，哪里的地产就大，因而上述的变化过程要比土地非常分散的地方快得多。

如上所述，当土地的总产品不仅在数量上甚至在总价值方面实际上已经减少的时候，构成地租的那部分国民收入仍可能增加。因为完全依靠这种收入的大地主，很少关心他土地上的产量，除非这种产量已下降到了影响他地租的程度。尽管供食用的食物产量可能会大大减少，他当然还是要采取有利于增加地租的任何一种体制。随着社会的发展，当牧草在很多情况下终于比谷物提供更高的地租时，他当然要把他的土地出租给牧场，尽管这样一来这些土地所能供养的人数无疑比以前要少。而小土地所有者的情况则大不相同。有一种小土地所有者，例如法国就有很多这样的小土地所有者，他自己一身兼有劳动者、雇主、资本家和地主的身份。因此，很明显，他以地主的资格只能享有一部分利益，它也许少于其余三者合在一起的利益。他的家庭成员往往是农场里工作的仅有的劳动者。他自己和他的家人消费掉他农场里那么大的一部分农产品，以致增加食用食物的产量而不是增加赖以取得高额地租的价值就成了头等重要的事情。小土地所有者不断用他辛勤的劳动来种植谷物、马铃薯和其他农作物，他通过这种方法从一小块地产上得到的食物比他经营牧场所能得到的食物在数量上要多得多。没有人像小土地所有者那样勤劳的了。所有产品全都归他所有的意识，极大地促使他竭尽全力从土地上取得尽可能多的粮食。不能指望按日被雇用的劳动者去干差不多同样多的活。我们就用

法国的例子来作为这方面的一个明证。众所周知，法国为数众多的小土地所有者是以勤劳著称于世的，他们不像雇工那样吝惜他们的劳动。只不过为了获得一点小小的附加收益，他们甘愿付出极大的努力。如果他们把耕地变为牧场，他们就将享受到较多的安逸。然而，即使像这样的安逸也不能诱使他们去进行这种改变：首先，因为他们不能用这种方法生产出足够的食物来维持他们自己和他们家庭的生活；其次，正如我所说的，因为他们懂得他们土地上的产品都归他们自己所有，所以他们不会斤斤计较他们的劳动，而是甘心情愿地去付出劳动。假设一个小土地所有者把他的农田变成了牧场，从它上面获得了在种植谷物和马铃薯时一样多的他的小资本和小企业的毛利润，以及一样多或甚至更多的地租，但他必定会失去他自己以及他家中的成年人作为劳动者的报酬，而这种报酬也许构成他年收入的大部分。这一情况是重要的。他与他的家庭成员作为劳动者的收益抵消了，甚至也许超过了他作为雇主、资本家和土地所有者的收益。就是因为存在着这种情况，所以才阻止他用放牧来代替耕作的。

但是，即使土地尚未再分割到这种程度，以致土地所有者自身必须兼有以上列举的四种身份，那么小土地所有者对于他的地产改变成牧场的兴趣仍然比大土地所有者小得多。如果我们假定土地主要被一度在英国很普遍的一个阶层，即自耕农或者说身兼土地所有者和农业经营者的人所占有，那么我们将发现他们的情况也近似于上面论及的那种情况。这些人与大土地所有者不同，他们不单单从地租上获得收入，而且从利润上获得收入。由于这个缘故，两者在管理他们地产中的利益并非总是相同的。

大土地所有者只关心：一、地租量；二、收租的方便和可靠。由于这些原因，当牛价一高到足以提供比谷物更多的地租，或甚至只有同样多的地租时，他总是偏向于大牧场。但是自耕农所关心的不仅是地租量而且是利润量，因为同一个人可取得这两种收入。我们知道，谷物变为牧草的一个后果是，土地总产品不仅在数量上而且甚至在总产值方面都有所减少，以及尽管利润率仍保持相同，但利润量必然减少，因为这种改变的结果使年支出不那么大了。因此，由于上述改变，自耕农的利润量必将下降。虽然严格说来构成他地租的那部分收入也许稍有增加，但他利润上的减少可能长期超过这方面的得益。如果他把他的耕地变成牧场，他一部分目前投资于耕作并给他带来利润的资本就会停止发挥作用，除非把它贷出以取得利息，否则他就不能从它上面得到任何东西。可是，如果它已被固定在谷仓、脱粒机和农具上，这种做法也就不可能了。另一方面，在租佃人承担这些开支的情况下，资本的这类损失无论如何不会与大地主有什么关系。如果在租约期满时他能够用一种不同的耕作体制来获得更高的地租，那么他何乐而不为呢！

自耕农与小土地所有者相似而不是与大地主相似的另一个情况是，他受产量的影响很大，而产值对他没有决定性的影响。他本人、他家庭、他的朋友以及他的雇工不经过交换而直接消费的产品数量，构成他农场全部年产量中不可忽视的一个部分。既然把谷物或其他供人食用的植物类食物变为牧草使食物的数量大大减少，专门养牛对小自耕农绝对不可能像对拥有成千上万英亩土地的地主那么有利。农民通常会发现，为他自己和同他有直接关系的一些人生产足够的植物类食物，对他来说是有利的。因此，分割成小地产和小租地的土地越多,用这种方法来维持生计的家庭数目就越多,从而主要用于耕作的土地面积也越大。

另一方面,地产的再分割引起两种情况,它们显著地减少对鲜肉的需求,从而减少了把谷物改为牧草的吸引力。首先,在地产小、因而农场也小的地方,大量资本积累在个人手上的机会要少得多,那么转移到制造业上去的大资本也就更少,而没有这种资本的转移,这些制造业就不可能取得重大的发展,其结果必然是经营工业或用他们的财产来致富和过着舒适生活的人数将增加得较为缓慢。因此工业区对一般农产品,特别是对鲜肉的需求也将受到限制。生活在城市中的工业人口所消费的肉类,总是比同数量的农村劳动者消费的肉类要多得多的。

其次,在我们现在所设想的这种地产状况下,制造业的扩展,至少那些制造精致品的制造业的扩展(这些产品在促进外贸方面起着主要作用并有迅速增长的趋势),受到国内对它们的需求不足的牵制。

在任何一个国家里,人们对制造业产品的需求必然主要取决于,农产品在养活了所有生产它们的人以及补偿了农户在生产中所消耗的固定资本的各种组成部分之后所留下的余额。这个余额是创造种植者自己并不生产的便利品或奢侈品的有效需求的基金,而这种便利品和奢侈品或是国内制造的或是通过贸易从国外取得的。同时,这个余额也起着维持从事这些行业的人的生活的作用。它的数量必然决定了任何一个国家中制造业与商业的数量,至少决定了制造业与商业刚开始时的数量。因为在制造业已臻完善并扩展之后，它们能够在远地为它们的产品找到市场，并能依靠国外的供给来供养它们自己的人。可是，在一个相当长的时间内，它们必须主要依靠这一余额。因此，什么情况最能促进其数量的增长就成了一个重大的问题，是土地在少数所有者手里而农场大好呢，还是所有者多而农场小好呢？在所有者少的地方，农场也许大，也许并不大。但是在地产为数多而小的地方，由于这些地产通常是由它们的所有者耕种的，所以农场必然也是多而小的。[①]

一个小土地所有者在各方面都大大胜过一个小租佃者，因为土地是他自己的，每一点改善都有助于为他自己和家庭所专有的利益，所以他对土地有着更为大得多的兴趣。此外，他自己意识到是个土地所有者，这种感觉本身使他一心扑在工作上，在开支方面也注意节约。因此，在小农同时也是土地所有者的地方，人们必定发现凡是小规模耕作所具有的一切长处都得到了充分发挥。但是小租佃者的耕作制度必然差得多，尽管差别当然仅在于前者更为勤劳和节约，因为土地的一般耕作方法必然是相同的。在两种情况下，耕作都是以小规模进行的，在这一点上他们是一致的。那么，问题就在于一方面拥有大农场的大土地所有者与另一方面由所有者自己耕种的小地产之间。

如果在两种情况下生产的产品品种并没有什么不同，看来后一种情况的产量很可能比前一种情况更大。如前所述，小土地所有者在改善他的一小块土地上毫不吝惜他自己和他家人的劳动，无论就劳动者的数量还是就劳动强度与持续时间来说，花费在土

① 这一点将在以后作更为详细的说明。

地上的劳动一定更多。便于经常性的亲自监督也是他的有利条件，他也不至于为各种各样需要广泛关心的复杂情况所困扰。另一方面，在把大量土地出租给富有的农场主的地方，他用大量资本来耕种土地，由于花费土地上的劳动比前一种情况为少，而且也不那么急切地充分利用每一英尺地面，所以总产量可能不如前者高，虽然使用劳动的更高技巧、采用先进的农具和先进的耕作方法都将部分地抵消这种影响。在这种制度下，虽然总产量也许更小，但是，由于优越的技能和各种需要大量资金的新发明的采用，因而在供养了雇佣劳动者和更新了消耗的固定资本之后所剩下的余额在总产量中所占的比例必定更大。因此，我们得到了这样的结果：在小土地所有者的情况下，总产量更大，而在相反的制度下，上面所说的余额在总产量中所占的部分更大。可是，我们仍然没有确定在哪一种情况下这种余额的数量最大，也可能认为这不是一件很容易确定的事情。如果始终假定在两种情况下的产品品种相同，而它们的主要产品都是谷物而不是牧草，那么我倾向于相信大农场的余额在数量上比小农场的更大。因为我在以前已经说过总产品不仅在数量上而且在价值上的减少，是由牧草代替谷物以及大地产具有偏好这种改变的倾向所引起的。

关于这个问题，我想最好引用译自萨伊先生下面的一段话来作答："如果我们不下功夫去思考它，也许没有人会相信犁、耙以及其他类似的机械，由于失去了蒙昧时代的本来样子，已经有力地帮助人类不仅取得了很大一部分生活必需品，而且也取得了很大一部分现在享用的奢侈品，要不然，人们甚至可能根本不知奢侈品为何物。可是，如果只能用锄头、铁锹和其他没有什么效率的农具来

进行各种操作，如果我们不能在农活中使用牲口，而它在政治经济学中也被看做是机械，那么为了获得我们目前人口所需的足够食物数量，可能需要使用现在在工业中工作的全部人手。因此，犁的使用使一定数量的人专心从事各种工艺、甚至包括最无用的工艺成为可能，而更为有利的是，使人们专门从事于智力的培养也成为可能。”①

与拥有能采用农业中一切新改进的资力的富有资本家大规模经营的农业相比，特别对铁锹耕作来说是正确的论点，一般说来也同样适用于小土地所有者或小佃农耕作制，尽管在程度上有所不同。虽然大农场的总产量比较少，但是在供养了雇佣工人之后所余下的剩余产品，不仅在比例上而且在绝对量上都更大。

因此，如果大农场制度下的这种剩余产品比小农场制度下的剩余产品多，那么，很明显，对制造业产品造成有效需求的基金以及用来维持更多雇佣工人来制造它们的手段也更多。所以，有理由相信这种产业部门将更为迅速地发展，从而这些地区的居民对鲜肉的需求将促使谷物地变为牧场的时期更快地到来。

可是，即使我们假设在这两种相反的生产方式中上述的剩余基金完全相同，在它们的分配方面仍有着很大差别。在一种情况下，剩余基金落进了人数比较少的租佃人与地主的手里；在另一种情况下，它一定在人数众多的小土地所有者之间进行分配。但后一类人的需要与前一类人是很不相同的。就制造业产品来说，正如我们可以很容易设想到的一样，他们仅限于那些粗制的品种，而

① 《政治经济学概论》，第一卷，第七章。

大地主，甚至富有的租佃人则把相当大的一部分收入花费在更为精制、更加昂贵的物品上。因此他们的需求促进了各种制造业的建立，其中某个或某几个部门有着日臻完善的强烈趋势，以便使产品能够出口，而国外的新市场必然有利于这些工业部门的进一步扩大和改进。此外，更为精制的制造品是那些最适合于对外贸易的产品，因为在小小的体积中包含着很大的价值。

根据这些理由，根据需求量和需求的性质来看，我认为地产和农场的集中比把它们分割成小块土地对一国的制造业，从而也对它的商业的迅速发展更为有利。而正是这些生产部门的发展，主要造成了对牛奶和鲜肉的日益增长的需求，并且在一定条件下使种植牧草比种植谷物对地主有利。

我在上面也说明了，把地产分割成小块不利于大量资本的积累，不利于工业的发展，因而也不利于对肉类、牛奶等等的需求。

我们也已知道，一般说来，小土地所有者在他土地上主要种植谷物、马铃薯或其他植物类食物比把它用来种牧草要有利得多，而大地主的利益也许正好相反。而这并不是由对这些农产品需求方面的完全不同来决定的。因此，就这个问题的各个方面来看，地产和农场的再分割是与牺牲谷物来扩大牧场对立的。

法国的例子提供了证实这些论点的有力证据。在这个土地分割得如此之小的国家中，干草地与牧草地很少。除了在每年秋末的一个短期内把牛放到田里去吃一些稀少的落穗之外，几乎所有的牛都完全是在户内饲养的，因而普遍使用人工搜集的草料。甚至在大城市的附近也几乎或根本看不到牧场或牧草地，直到巴黎城下，整个地面都在耕作——与伦敦附近的农村形成了鲜明的对照。

至此，我已尽力探索了地产和农场的集中或分散，在耕地之变为牧场、农业人口的数量以及工商业财富的发展方面所引起的一些后果。

我可以谈一下，在土地分割得很小的那些国家中，为了占有土地，必须支付非常高的地价来作为上述论点的有力佐证——很小的地产所有者认为他们得到的主要的或至少非常重要的一部分利益，并不是以地主、资本家和雇主的身份得来的，而是以劳动者的身份取得的。在法国的许多地方，购买土地通常必须支付40年地租的价格。以货币计算的地租只有这一价格的2.5%，而该国通常的利息率肯定要超过5%。我听说，实际上除了政府和真正有第一流抵押品的个人之外，对所有人的利息率都要高得多。[①]

那么，很明显，这些小块土地的买主并不指望以地租或利润作为他们唯一的或主要的生活来源，而是指望获得他们体力劳动的成果。他们认为土地之所以有利，主要在于把它看做是他们自己的和他们家庭中较年长的成员的可靠就业基地，从而作为防止贫困的保证。光是这一点便能说明地价非常高的原因，以及在法国出卖地产时人们通常会发现把它分成小块比不分更为有利这样一个事实。这种高价和高利息率确实是非常显著的。我们从亚当·斯密那里获悉，大革命前，在法国购买土地一般需支付20年地租

---

① 我见过坚持要小所有者和制造商支付8%、10%甚至12%的利息。据说有头等不动产作为抵押的人，一般至少要给6%的利息。调查是在所谓“不转移占有权的抵押银行”创立时开始的，在它建立以后，抵押贷款的实际利息可在5%～10%，甚至15%之间变动，所以平均数约为8%。

的价格。没有任何东西能更有力地证明,通过把土地分裂成为小地产对土地的价值所产生的这种作用了。

我们的姊妹岛给我们提供了一个实例,它虽然在其他方面有所不同,但在某些方面却类似于刚才提到过的情况。在这个国家里,非常高的地租必须用类似于上述的原理来说明。它并不像法国那样,地面被许多小所有者占有,而是由一大批小佃农租借的,而他们必须支付极高的地租。据说土地常常被出租和转租到了惊人的程度,以致有时在我们到达实际的耕种者之前不少于 10 个不同的人作为部分农产品的收取者,从出租土地中都得到了一份利益。这些人中间的每一个人都应作为一个地主来看待,并且应当把他的收入看成是地租,因为它既不是从他的劳动又不是从他的资本中产生的。第一个所有者将他的地产租给第一个租佃者并得到一份小小的地租,这一个租佃人又将它出租给另一个人,照此类推,直到土地到达实际上利用它来耕作的人的手里为止。虽然每个人收到的地租也许很少,但是总起来看,它在土地总产量中所占的比例却很大。所有这些地租都是由耕作者付给直接在他们上面的那些人的。

事实上,爱尔兰的地租极高,远远高出于大多数国家中相同质量的土地所提供的地租。这种原因现在是不难解释的。看来总共有三个原因:第一,农业区的人口过剩;第二,转租的惯例;第三,马铃薯用做人民的一般食物。

其中第一个原因引起了爱尔兰农业劳动的价格极端低廉,而对它的需求则很不稳定。因此,一旦采用了转租的惯例,占据一小块土地就成了获得生活费的主要手段,成为免于饥饿的唯一还算过得去的保证。

另外，由于很多人为了这个缘故而渴望得到土地，所以所有者或者他的代理人利用他对土地的支配权力来同他们进行拼命的讨价还价，其结果只给耕作者留下年产量中的一小部分，其余都作为地租支付给他了。这些穷苦的人并不是抱着像富有的英国资本家同样的目的租下农场的，英国的资本家把它看做是最有利地使用他资本和才能的场所，因此决不同意给他的地主支付超过他预期在合理补偿了他的技能、操劳和开支之后所剩下的东西。穷苦的爱尔兰佃农就不是这种情况。对他来说，土地是生活费的唯一来源，是他防止匮乏的唯一希望。不管用什么样的代价，他必须租得土地，即使他答应支付的地租如此之大，以致只给他留下一点点可怜的收入，其中还包括他的利润和他劳动的工资。如果说他把土地视为利润的来源，还不如说作为不断雇佣他劳动的手段。在这方面，他的情况与法国的小土地所有者十分相似。后者同意支付一大笔款子以便一劳永逸地买进土地，而前者则为了使用土地而同意每年支付一大笔款项。两者都为了同一个理由，即他们主要把土地视为某种在它上面可以经常使用他们劳动的东西。在一种情况下的小买主而在另一种情况下的小佃农对土地的这种看法所引起的激烈竞争，妨碍了他们以较为合理的价钱来获得土地。

迄今为止，我只说到了在法国小土地所有者与爱尔兰小佃农的情况之间有其相似之处。当然，我的意思一点也没有比较他们在其他各方面的情况。由于前者有现款，所以他用现款来买地是一个选择的问题；而生活悲惨的小佃农必须承诺支付极高的地租，否则就要挨饿。前者一旦占有了他的小地产，所有的产品全归于他自己；后者不得不拿出大部分产品给他的出租者，否则就有无家可归和身无分文之虞。毫无疑问，就法国的小所有者来说，拥有土地的自豪、因缺乏地方银行而带来的存款方面的困难、对于政府公债券的可靠性怀有小农阶级的疑虑以及上述的那些情况，都有助于说明对土地所表示的偏爱，从而也有助于说明土地价格的所以昂贵。

在我们刚才考察的那个例子中，因为地租吞没了全部农产品中的大部分，所以我认为，把它仍然称之为地租并不会因此而有什么不确切。根据我们开始研究这一问题时所下的定义，地租是土地总产量中的这样一个部分，它是总产量在更新了所消耗的固定资本并以通常的比率来支付劳动工资和雇主—资本家的利润之后，留给那个财富源泉的所有者的余额。

在爱尔兰，支付的高额地租完全符合这一定义。刚才已经说明，地租所以这样高，主要是因为劳动工资过于低廉，尤其是生活悲惨的小佃农的劳动工资过于低廉所致；同时，由于租佃者对土地的激烈竞争，因此从这些低工资中得到的利益不像其他国家那样归于雇主—资本家所有而是归于地主的。即使我们假定小农的利润率并非低得异乎寻常，因而在支付了他的劳动报酬之后，总产量中仍然余下更大得多的一个部分可用来缴纳地租，由于他身兼劳动者、资本家和雇主的身份，因此很难说在他微薄的收入中有多少属于他的某一身份，又有多少则属于他的另外几种身份的。然而，可以肯定：与世界其他地方所得的报酬相比，依据同量资本和同样的技能和劳动合在一起来看，他的全部报酬还是极少的，因此更大得多的一部分产品必定构成了地主的地租。

不过还有另一个促使这一部分增大的条件，这就是上面所说的第三个原因，即用马铃薯作为人民的一般食物。根据毛利润一章中所说的原理来看，农业的生产力是决定毛利润的主要原因。以一定的费用在一块马铃薯地上生产的食物量，比同一块土地上种植小麦时所得到的食物量要多得多，其结果必然是：如果人民依靠前者来生活，那么总产量中更为小得多的一个部分将足以维持雇佣劳动者的生活，从而更大的一部分产品将留给雇主—资本家。因为这个缘故，所以在那些以马铃薯、大米、玉米或其他高产作物为人民的一般食物的国家中，利润应当更高。但是在爱尔兰，由于上述情况，这些高额利润中的大部分却用来增加了地租。由此便可得出结论，正是后一种收入而不是前一种，由于我们现在正在考察中的原因而受益。

如果小农不侵占他的固定资本就不能给地主交纳地租的话，那么把落进后者腰包里的全部收入看做地租就的确不太恰当了。至少其中的一部分与以上所下的定义并不相符，它并不构成在更新了消耗的固定资本以及支付了工资和利润之后所留下的余额，而只不过是第一部分中的扣除额。再者，如果工资与利润低到不足以维持目前的劳动人口与农业人口，而且不能让他们抚养同样多的、同样健康的新一代来代替他们，那么就不能把全部地租认为是净收入。但这完全是另一个问题。净收入问题既不同于利润又不同于地租问题，须在适当地方加以论述。

在结束这一章之前，我不得不指出，在任何一个国家里，没有一种制度像在爱尔兰盛行的、刚才已描述过的那种制度，设计得那么适于榨干小佃农的最后一滴血汗的了。不能设想还有什么方法比经过多级的转租更巧妙地压迫悲惨的佃农了。毫无疑问，这种制度部分地是由人民的极端贫困，部分地是由该国的动乱状态所造成的。只要这种制度得以维持下去，它必然会妨碍像独立资本家那样的阶级的形成。而在英国和其他国家，当所有者把土地直接出租给那些占用并耕种它的人时，不管作为地租来支付的是什么东西，全都成了某一个人的财产。因此，他对于真正完全是他自己的土地有着专一的巨大兴趣。由于大多数人都倾向于以眷恋的心情来看待专门属于他们自己的东西，所以他把对他的森林和田地的一部分顾念之情变为对它们上面工作的农场主和劳动者的关心。因而在地主与承租人之间自然而然地产生了某种亲密的关系，在歉收或者在农产品价格异常低廉的困难时刻，常常可以减免一些地租。在英国经常发生这样的事例。但是，在爱尔兰的转租制度之下，类似的事情是绝不会发生的。那么多的人都成了地租的收取者，他们都从土地上得到一份收益，实际上没有一个人有权认为只有自己是土地的所有者。因此，没有一个人有独自占有的感觉，正是这种感觉不仅使人眷顾其土地，而且也使他关心那些耕作并占用它的人。也没有人认为只有他自己应该对居住在该土地附近的农民和佃农的状况负责。此外，在困难的年景，土地所有者根本没有能力用减少地租的办法来减轻耕种者的负担。这一方面最恰当的个人是土地的所有者，也就是最初出租地产的地主。正如实际情况所表明的那样，他并不是从耕种者那里索取他的收入的，而是从某个转租给别人的中间人那里收到地租的。也许这个中间人又转租给第三个人，以此类推，直到这块土地最后到了那些真正耕种它的人为止。因此，不管原来的地主多么想要减轻种地

佃农的痛苦境遇，但是他没有这样的力量，何况他同他们没有经济关系，他同他们毫无关系。[①]

唯有那些把农场从他们手上直接转租给耕种者的人，才与耕种者接触。在困难时刻，这些人即使想要给予后者以相当大的减免，也不可能。因为他们也得给他们的地主或上一级的承租人交纳地租。如果他们不能强迫不幸的耕种者交出全部地租，他们自己必定不能履行他们的租约。因此，这种转租和中间人制度，不仅使原来的所有者对他的地产和承租人毫无兴趣，因为他把他的地产完全置于别人的支配之下，所以严格说来，这些人已根本不是所有者，也没有所有者的感情；而且使大地主以下的任何一个在出租或转租序列中的人，纵然有这样的愿望，也没有力量去减轻土地占用者的负担。看来不可能想象还有什么制度比这更适合于压迫的目的了。

① 兰斯多恩侯爵、德文公爵以及其他在爱尔兰有着大量地产的英国贵族都属于这种情况。虽然在实际上只有地租的一小部分落入他们的腰包，但是在名义上他们还是土地的所有者。在大没收之后，爱尔兰的动乱状态使在该国拥有土地的英国人乐于以很长的租期和很低的地租把它们出租给任何一个愿意管理地产的人。这些人又把它们转租出去，如此等等。

第八章　论地产的分割及其在经济上的后果

在结束对利润问题的考察时，我论述了在企业家手中的资本积聚或者再分割各自对国民财富量的利弊。与此同时，我注意到把资本的分割同土地的分割区分开来，并提到在地租学说之后，要开始更透彻地论述后一个问题。在讨论地租问题时，已涉及到地产的“集中”或“再分割”的影响问题。在完全结束我们对这一部分的研究之前，更充分地探讨这一非常重要的论题，特别是把论述利润时已经确立的原理应用到这个问题上来，也许不致被认为是不恰当的吧。

“地产的再分割”本身当然完全不同于“资本与生产性行业的再分割”，因为就土地所有者本身来说，他未必是资本的占有者或是在生产中使用资本的人。但是我们将发现前一种情况不可避免地会导致后面的两种结果。

当土地分割得非常零碎的时候，土地所有者完全不可能仅仅靠地租来生活，因为他的地产太小，以致不能为维持他自己的和他家庭的生活提供足够的地租收入。因此，如果他还不是一个劳动者的话，他不得不成为一名农场主，以便把利润和工资合并到地租上去来增加他的收入。无论他那时拥有的资本多么少，都将用在他土地的耕作上。当一国的许多小土地所有者分割了该国的全部土地时，每个人都成了他自己小领地的农场主，当然就不可能还有大规模耕作的土地了，因为富有的资本家还能上哪儿去找可以占用和耕作的土地呢？虽然不是所有的土地都处于这种状况，但是分割得很零碎的土地面积越大，大地产所有者拥有的土地就越少，而他们的大地产则使他们有可能亲自进行大规模耕作，或者把它们出租给富有的承租人。因此，地产的再分割必然趋向于排斥富有而开明的农场主的耕作，并且大大增加农业企业的数目。此外，当农场主把土地分给他的几个儿子的时候，他不能不把农具也分给他们（除非他有意让他们中间一个或更多的人把他的一份地产卖掉或出租），因为只给他们留下一小块土地而没有留下利用这些土地的工具一定是荒唐的。如果他分割了他的土地，那么他也必须大致上平均地分割他的资本。促使他以相等的或接近相等的份额遗赠他不动产的同一感情，当然也一定会引起他对他的动产作相同的分配。如果这一地产很大，在他的儿子之间分掉之后，每一份土地还能使它的所有者单靠地租就能维持生活，那么这位父亲就可以把他个人的财富增加到他最宠爱的一个儿子的财产上去。但是，当地产太小而做不到这一点的时候，当每个幸存者为了依靠他的土地来生活而必须亲自耕作的时候，就没有选择的余地了。总之，如果家庭的土地被分割了，那么对这些土地作应有的改善所需的资本就必然也要被分割。我们由此看到，地产的再分割直接导致农业企业的再分割，并不可避免地会引起对农业中使用的资本作同样的分割。

为了揭示这一现象对国民财富所产生的影响，我们只要查阅利润一章中关于资本与企业的集中或分割方面已说过的东西就行了。我们在那里发现，就任何国家的财富量而言，少数大企业主管理社会的生产性资本比许多小企业主管理更为有利。没有必要再来重复我们用来证明这一论点的论据，而只需查阅一下叙述这些论据的地方就足够了。那里所阐明的凡适用于一般生产性行业的论点，当然也必然适用于农业和其他行业。因此，我们只需弄清一个问题，即农业有没有它所特有的情况，而这些情况是否倾向于限制或扩大上述一般原因的作用。

在为农业所特有的并使影响一切行业的那些一般原理的作用受到限制的情况中，首先我要提到的是，就农业本身的性质来说，它是不能用像商业或制造业那样大的规模来经营的一种行业。大农场所占据的一大片地面是对经营管理的一大障碍。占地面积越大，农场主要处处照顾到就越加困难，而没有这种监督，他的事业成功的可能性必定会大大减少。显然，制造业企业不存在这种障碍，因为它们必须限制在厂房的四壁或院墙之内。甚至商人也不必行走比从会计室到码头更远的路程，因为他可以利用信件来处理远地的事务。当然，尽管同制造业者相比，不论商人经营的规模是大还是小，他们受别人的支配总要多一些。

除了这一特有的情况之外，农业是一件特别需要农场主精心管理的工作。因为，这种工作，不像许多别的行业那样可简化为相同的日常工作。如果走进一家棉纺厂，你就可以确信，你在今天看到的工作是全年工作的一个样品，春天和秋天，夏季和冬季都没有任何差别，永远重复着千篇一律的常规性工作。可是，在一个大农场里，不断有变化。总有一些意外的事故需要提防或补救，农事的好坏取决于一切变化中最多变的天气，洪水的突然暴发或者暴风雪的骤然降临，使庄稼、牲畜和围栏处于危险之中，必须立即采取果断的措施，否则一切都会被损坏或者丧失殆尽。所有的土地也是不尽相同的，从而对一切土地用同样的方法来处理将是行不通的，用各种土地来生产同一种农产品也是不利的，农场主必须注意到这些差别。他必须时刻注意认真清除田间的杂草、整修围栏和保持排水沟的疏通。最重要的是，在坏天气到来之前，他必须不失时机地收藏好他的干草和谷物。此外，他必须有大量的实践知识，以便确定最适合于当地的土壤和气候的作物轮作制，并且在必要时加以改变。所以，一个农场主的工作，不仅要有非常丰富的技术知识，而且经常需要机警敏捷，以便及时采取对症下药的措施。因此，如果同能力极差或能力一般的农场主的人数相比好的农场主是很少的；如果他们获得了很高的报酬，那么这一切也就不足为怪了。但是，所有这些困难必将随着一个人管理的土地范围的扩大而增加，所以很快会到达一个极限，如果超过了这一极限，农场面积的增加就不再是可取的了。

再者，如果农场非常大，每天把劳动工具搬到田头以及把谷物和其他农产品运到家里，就得浪费过多的时间和劳动。因此，为了较边远地区的便利，就得建立某种附属机构。这样一来，这个农场实际上分成了两个以上的农场了。可是，它们都失去了农场主专心致志管理的好处。①

① 使大资本在农业上的效用远远低于在工业上的效用的另一个原因是，农业中不能达到像工业那样高度的劳动分工。这是由这样一个简单的原因引起的，即在农业中一切必要的工序，必须按照季节的变化一个接一个地进行；而在工业中，它们是由不同的个人同时进行的。所以在农业中，同一个人必须接连不断地做许多不同的工作，从而在很大程度上失去了大资本的一个有利条件，即有利于精细的劳动分工。

由于这一切原因，用制造业或商业那么大的规模来经营农业是不会有利的。因此，就农业来说，中等企业对国民财富和个人财富都更为可取。

上述论点只是用来说明，任何人经营的农业不仅受他所支配的资本量的限制，而且受该行业本身性质的限制。但是，在任何一个国家中，这些限制也许还是宽得足以使一个人能够有利地经营的最大农场与最小农场之间造成极大的差别。

下一个论点，如果有什么用处的话，那么它有助于证明小规模耕作制的优越性超过大规模的耕作制度。

在论述地租学说时，我们根据在那里摆出的理由做出了这样一个结论，即在一切耕作制度中，由许多小土地所有者各自在他的一小块土地上劳动的耕作制度，对土地的总产量最有利。地产和农场分割得越小，总产量可能越大。因为在一切耕作制度中，用铁锹的耕作提供的产品最多。

我们确实不能否认，在很长的一个时期内，甚至在最不利的情况下，在小农耕作制下，人的劳动产生了显著的效果。称之为“威斯地方”的整个农村，从根特一直到安特卫普就是用这种方式耕作的，这个地方与其说是个耕作区，倒不如说看上去像个大花园，而且产量也极高。农田都很小，中间隆起，四周有深沟环抱，这些都是适应该低地所必要的措施。但是，按上质来说，那里的土壤不过是些贫瘠的沙土，所有尚未耕作过的地方，例如各处道路的两边和零零碎碎尚未开垦的地段，都证明了这一点。在开始时，人们在这些土地上栽植冷杉。在这样瘠薄的沙地上，冷杉虽然长得不高，但它们的落叶却开始给了土地一些肥力。这个地区就这样渐渐地被改造成为像今天这样非常富庶的状态。布鲁日周围的土地也是这样，那里的土壤原先不过是海边的沙滩，但是通过好几个世纪以来的人工改造，它已成了很好的菜地。可是在许多地方，我们仍可看到露出地面的沙土。毫无疑问，只有小农制才能造成如此惊人的变化。据我所知，在威斯地方，最大的农场只有两匹马。试图改良如此无利可图的土壤绝不会符合只贪求利润的大资本家的目的。但是小农，尤其是同时也是土地所有者的小农的处境，则大不一样了。他自然依恋着这块度过了他年青时代的土地，现在这块土地是他自己的，看到它大有改善而感到自豪。此外，由于他知道产量每有增加都将是属于他自己的，所以就乐于不遗余力地提高他土地的总产量。他并不斤斤计较这样获得的许多产量都是以很大代价换取的，因为他是一直习惯于劳动的，而且如果他通过更多的努力能使他的土地和资本生产出哪怕是稍微多一点的产品，那么他就会心甘情愿地去做出这种努力。因此，我们从经验中知道，在地产太小以致不能充分使用一个人的时候，他必须在很大程度上依靠做零工来维持生活，尽管这样，他还是挤时间来耕种他的小块土地。为此，他起早带晚地苦干，对他说来，牺牲安逸是很平常的事情。许多农活也许就是这样抽空干的，法国人把它称之为“消磨时间”。

如果小土地所有者有子女，特别是儿子，他们就帮助他干活。由于无论他们劳动与否，他总得养活他们，所以对他来说，他们的劳动全是收益。他之供养子女并非因为他们是他的佣仆，而是因为他们是他的后代。因此，尽管他们的努力也许并不十分有效，但是对家长来说，还是比没有好得多。他去雇一个零工也许是不上算的，但是如果他有儿子，那么他最好还是让他们劳动而不是养着让他们游手好闲。当他自己的土地通过他们的帮助得到了最大程度的耕作之后，而且也只有到这个时候，他才允许他们为别人劳动。

由于这些原因，一个小农，尤其是如果他也是个土地所有者的话，在土地上花费的劳动量将大大超过一个只关心利润并能从雇佣劳动中得到利益的富有的雇主—资本家。因此，他必然能够从土地上获得比后者更多的产量，甚至能把雇主—资本家决不会开垦的土地改造成为肥沃的农田。我认为，威斯地方和布鲁日周围的农村可作为这一真理的例证。在比利时的其他地方，像从布拉邦特和从布鲁塞尔到迈斯特里希特的整个北部乡村，列日和那慕尔，那里的土地天然就很肥沃，不需要花费像在东佛兰德和西佛兰德那样的劳动和精心管理，一般来说，农场也大得多。

在山乡也是这种情况，那里的土地分得很小，可是小土地所有者的毅力和勤奋是无与伦比的。在萨瓦的阿尔卑斯，我们看到了位于惊人高度的峡谷之上的耕地，大多数旅行家一定认为，即使靠着健壮的四肢和一根合用的手杖，要登上这样的高度也是一种不可轻视的技能。当我们考虑到把农具带上这样高的地点又把收获的庄稼运到山脚下的时候，我们可以想象到这些小土地所有者所作出的努力了。

于是，我们可以完全承认，小土地所有者的耕作方式是从土地上取得最大数量产品的一种方式。但是否可以由此得出结论说它对国家的财富最为有利呢？在这种耕作制度下，总产量之所以如此之高，是因为在土地上花费了这么多的劳动。然而，毫无疑问根据我们在探讨利润学说时得到的那个影响一切产业部门的原理，并根据我们在地租一章中关于那些仅适用于农业的考察，我们知道，虽然就绝对量来说总产量更大了，但相对于所花费的无论是普通的还是管理方面的劳动量来说，与土地操于少数富有、聪明和有事业心的雇主—资本家之手的情况相比，总产量必将更小。换言之，前一种情况的劳动效果比后一种情况差。因此，前一种情况与后一种情况相比，存在着财富主要源泉的浪费。[①] 如果土地的总产量比较大，那么在另一方面必将存在着所有别的东西的不足，这就是问题的核心。毫无疑问，土地上使用较少的一部分人口，而与他们的努力相对而言却有更多的收益，让其余的人去从事商业或制造业，在这种地方国民财富的总量将更大。我们可以肯定，除非后两个生产部门至少像前一个生产部门一样有利可图，那么他们是不会这样做的。在这种情况下，农产品也许要比大部分人从事农业的情况下所得的为少，但是，其他各种财富的超过额不仅绰绰有余地抵消了这种减少，而且甚至可以有更多的农产品，当然不是国内生产的，而是用工业品从国外换取的。那么错误就在于，忽略了小规模耕作获得的大量总产品，是以其他各种东西的减少来换取的。因此，从整体上来看，国家的产业总收入比更为有利地使用劳动的国家少。当小规模耕作推进到最大限度，它终将导致用铁锹耕作，所以我们一定会在铁锹耕作中见到，土地分割成零碎的小块所造成的最终后果。毫无疑问，一个国家以这种方式来耕作就能生产出比在任何一种耕作制度下多得多的农产品。如果食物是

① 塔莱朗说："最大的经济是人的经济。"

人的唯一必需品，那么从本国土地上生产的粮食就能供养更多的人口。[1] 但另一方面，该国人民的财富必定减少到只能勉强维持生活的程度，全部或者几乎全部收成一定被生产它的人吃光，只有很少或者根本没有余剩可以用来购买国内或国外的工业品、艺术品和天才的杰作，而且也没有资力来供养从事这些职业的人。即使有人愿意献身于艺术和科学，并期望得到货币报酬，但是没有人可以富裕得足以有空闲的时间来从事这种工作，因而普遍的野蛮状态必将逐渐遍及全国。

我已说过：同任何其他耕作方式相比，在铁锹耕作下，能够生产出更大的产量，因而任何一个特定国家的土地产物可以供养更多的人口。但是，一个制造业与商业非常发达的国家，还是可以比一个专门用铁锹来耕种的农业国所供养的人要多得多。因为，任何一个国家的土地产量必然受领土范围的限制，而工业品的增加则是无限的。只要这些产品不断增长，并能用它们来有利地交换各种各样外国生产的食物，就可以维持人口的继续增加。我们可以肯定，每当通常从国外进口食物的时候，这样做要比用本国的土地来生产更大的一个数量对这个国家更为有利。

由此可见，用铁锹耕作的国家人口之所以必然稠密，完全是因为大多数人被用来从事单一的食物生产。如果在上述情况下他们的需要主要地被限制在所有必需品中这一最必不可少的必需品上，那么同一个国家在无需增加劳动和资本量的情况下，只要通过

① 两块同样大小和同等肥力的土地，一块用犁耕种，另一块用铁锹耕种，后者总会提供更多的收益。我听说，在某些土地上，比如黏土，这种差别比在别种土质的土地上更大。在一切土地上，这种差别都是相当大的。

对劳动和资本的不同分配，就可以供养同样多的人口，而且食物的供给更可以丰富些。在我看来，这是不言而喻的。

如果一切好地均以最适于把它们转变为利益的方式，即以最少的劳动耗费取得最大收益的方式来耕种之后，再加上完全以制造业来作为向外国取得口粮的手段，那么，通过这种方法所取得的食物量，可能比相同人数的劳动用铁锹来翻耕国内吃力不讨好的土地所能生产的食物量更要多得多。因此，如果人口相同，对他们的供给就更要充足得多；如果人口增加，那么他们的生活还是不亚于铁锹耕作所能维持的水平。

可是，在高度文明的社会里，奢侈和艺术已有了巨大的进展，只有一部分人，也许只有少数人从事食物的生产或商品的制造，以便运往国外交换食物。其余的人，如不担任国家公职、自由职业或进行文学和科学的研究，就从事于国内消费的生活舒适品和雅致品的生产，或者仅仅为大人物的愚行和怪想效劳。因此，如果居民的人数甚至比不利的铁锹耕作制下可能有的人数更少，那么直接间接地从事于增加食物供给的人数在居民中所占的比例更要小得多也就毫不足怪了。但是，如果他们的人数更少，那么在另一个方面，他们就更富得无法比拟。不仅因为这个缘故，而且因为他们更懂得使用劳动的最有利方式，所以进一步积累财富的能力也更大，从而为未来人口的发展开拓了更多的余地。

对于这样一种看法，即认为土地分割成零碎的小块对任何特定国家的土地所生产的总产量有利，所以这是对国民财富最有利的制度，就谈到这里。我们现在已经知道，这种看法是十分错误的。我只需补充一点就足够了，这就是，在法国和爱尔兰，农业中使用的人口比英国多得多。这在很大程度上是由于在一种情况下存在着地产的再分割，而在另一种情况下则有农场的再分割。那么这两个国家是否比英国更富了呢？众所周知，实际情况恰恰与此相反。

但是，有人认为：不管怎样，与其面积相比，爱尔兰供养的居民人数甚至比大不列颠南部——欧洲最富庶、耕种得最好的地区——还要多。姑且承认情况就是如此（可是，这种情况看来不大可能是真实的），也只是因为绝大多数人光是在生产食物，还因为这种作物所提供的食物量比大多数作物所能提供的口粮更多。①

再说一句，我就结束这个问题。我相信，没有一个人将坚持认为，用大量耗费劳动和资本的方法来强使贫瘠的荒地和山岭提供很少的农产品，对国民财富来说是一个好办法。但是，不管是以上述方式来使用这种劳动和资本，还是把它们用于从已耕地上竭尽全力榨出更多的收成，情况是完全相同的。因为，用这种方法，每英亩土地上生产的收获量也许确实很大。但是，在这种情况下，所浪费的国民财富源泉也像另一种情况下一样多。所以这样一种想法——使一定面积的土地尽可能生产最大数量粮食的制度必然有利于一般财富的增长，也是错误的。人们注意了大的产量，却没有

① 德斯塔埃尔先生在《有关论英国的书简》中说："他们估计，英国每个居民有$3\frac{1}{2}$英亩土地；爱尔兰平均只有$2\frac{5}{9}$英亩，而且在人口最多的一些地区还不到1英亩。"

可是，我查阅了1831年的人口统计表，发现并不是这个情况。如果分别把居民人数与土地面积比较一下，那么每人所得土地的平均数看来几乎是相同的，尽管在某些地区也许有一些差别。但是，爱尔兰没有一个地方能有接近于曼彻斯特周围二十英里的农村中那么多人口的。

注意到为此支付的价格——“购买一切东西所支付的最初买价”，即劳动。如果后者是相当大的，毫无疑问，那么前者也将是如此。但两者相比，产量毕竟还是不大的。

我们已驳斥了支持地产和农场的再分割有利于一国财富的论点，这一论点源出于在这种情况下总产量通常很大这一事实。现在我们可以转入另一方面的考察，同一个观点可以用来有力地证明大地产不利于国民财富。

在论述利润问题时，我提到，虽然大雇主兼资本家比那些小规模经营企业的人相应地有着积蓄他们盈余的极大便利，但是他们的实际积累常常远远不是同他们的积蓄能力一致的。因为他们热衷于挥霍，而满足挥霍的收入甚至常常跟不上不断增长的挥霍程度。如果这种考察适用于这样一些人，他们的财产是他们自己努力的成果，他们也许应该非常珍惜他们一生的积蓄，那么它将更适用于大土地所有者。因为，他们从童年起就在奢侈的环境中长大，没有缺乏财富的体验，因而对拥有财富的好处没有恰当的估计，没有最强有力的纽带，即用自己的劳动来获得财富，使他们不忍舍弃财富。虽然人们在不再需要节俭的时候，节俭的习惯常常还会保持下去，但他们则从来就不惯于节俭。因为他们非但没有听到过节俭被称颂为一种美德，而倒是一直接受这样的教导，即认为节俭仅符合于店主的身份，而与绅士的身份毫不相称。这些人根本不可能去积蓄。众所周知，大土地所有者不仅没有积蓄，而且没有一个阶级像他们那样易于负债累累的了。他们不仅花光他们的收入，而且常常挥霍掉借来的非生产性资本，不管这些资本是以货币形式还是以商人的货物形式贷给他们的。因而，他们不但不增加

国民财富，而是绝对地减少它。由此可见，大地产必定对国家的财富不利。

小土地所有者，或者甚至中等土地所有者的情况则与此迥异。前者是最勤俭的一种人，他劳动得比任何短工都多，同时他有更多的预见和节约的途径。他意识到自己是个土地所有者，有一些可靠的东西可资依靠以维持他的生活。在他自己的眼里，这些东西给了他一种尊严，这种尊严使他不去做完全靠打短工度日的人往往会做的那些非分的事情。此外，正是因为他拥有了一点财富，所以才不仅使他产生要去占有更多财富的欲望，而且依据一个人越是富有进一步增加财富越是便利的原理，也为他提供了更易于获得他所要获得的东西的条件。然而，贫苦的短工却没有任何东西可以用来作为他发财致富的开端，他发觉他的工资积累得如此缓慢，以致他认为简直不值得去积蓄，因而更易于受到引诱。在法国，小土地所有者的勤俭是十分有名的，而我确信，他们的大土地所有者负债之多则不亚于我国的大土地所有者。①

因此，土地的再分割非常有利于节约，从而也有利于国民财富的增加，而土地的集中必定只能导致极度的浪费。

没有一批人像那些欲望大于他们收入的人那样容易入不敷出，而不管他们是些什么人。从政治观点上来看，同一个原因也将

① 根据两年前一位号称“登记所总监”的人所提供的一份官方账目来看，那时，法国的抵押财产总计达 110 亿，债款为 23,300 万法郎，相当于 44,900 多万英镑。现在，以 6%（它还低于平均利率）来计算利息，那么利息几乎达到 2,700 万英镑，这一总额并不比大不列颠全国的债款每年支付的利息少多少。

使他们具有很大的依附性。大土地所有者，甚至包括那些在大地产很普遍的国家中被认为只不过是中等的土地所有者，尤其是这样。他们必须保持和维护也许从久远的年代传下来的地位和名望，还得维持奢华好客的美名。没有东西像维护门第的骄傲那样花钱的了，因为它所需要的不仅仅是偶然的铺张浪费，而是要永久地维持一个人丁众多大肆虚饰的邸宅。乡绅的欲望不但繁多而且耗费巨大。因此，无论他们的地租有多大，也至多勉强够他们过挥霍无度的生活。由于这个原因，他们常常感到很拮据，不是他们自己就是他们家庭中的某个成员在等钱用，因此他们自然要依靠政府的庇护了。

在任何一个国家里，门第的骄傲越盛行，乡绅越是挥霍，他们依附于政府的程度也越大。这就说明，为什么苏格兰的土地所有者所过的生活一般都比拥有同等财产的英国乡绅糜费得多，尽管全国的倾向倒是与此相反的。同时，也说明了为什么他们缺乏公益精神，而这种精神在过去被说成是我们岛国北部的土地所有者所特具的美德，我怕这种说法也有些言过其实。在皇帝陛下各种臣民中，最顺服于当局的是苏格兰贵族，那是为什么呢？是他们的傲慢以及与他们的傲慢成正比的穷困。

当然，我的意思并不是说所有的大土地所有者都入不敷出，甚而至于非生产性地花掉全部收入的。他们中间有许多人也确实作了一些有利于国家的改良。

有时，地主会资助佃户在开垦土地、排水、筑围或者其他改良土地的措施中所需要的费用。这类事情在苏格兰并不罕见，或许在别的国家也是如此，这里还没有包括在欧洲许多地区仍然很盛行的"分成"佃农制。[①] 至于紧靠他房子附近的土地，我们完全可以想象到，他一定会不惜一切工本尽可能地加以改善的。

甚至许多被认为与其说是为了牟利倒不如说是为了装点门面的改良，也并非毫无效用的。有许多改良是农场主不屑为的，因为取得利润所需的时间太长或者可能不足以补偿他的开支。但是，土地所有者却常常会完成这种改良。虽然这样花费他的资金也许对整个国家并不是最有利的，但还是比全都用于非生产性开支更好些。

只要看一看近30年来覆盖在苏格兰大片山地上的茂密树林，就不难了解有多少大土地所有者将他们收入中的一部分用于植树造林了。即使这些树林也许从来没有给它们的所有者提供过与他们的费用相称的巨额利润，但现在所有这一切都无疑地增加了国家的财富。一般说来，把这些钱花费在植树造林上，总比把它们在宴请宾客中浪费掉，使他们自己和国家都更富有些。

为了对大地主有一个公正的评价，说了这么多话看来是恰当的。虽然我们决不能由此得出结论说，小土地所有者一定不会作出相同或甚至更多的改良。这些考察只是用来证明：从经济观点上来看，前者并不像某些人认为的那样对国家毫无用处。有些人确实做出过很好的事例，他们曾把殷实的财产以最有利的方式用在他们家乡的农业上，他们的大量财产使他们能够做一些旨在普遍改良耕作制方面的耗资巨大的实验。有位名叫科克先生的人就

① 在农业中的"分成"制度下，地主给他的佃户提供经营农场所必要的资本，而全部产品通常在他们之间平均分配。

是因为这个缘故受到了称颂，而且像这样罕见的实例也都受到同样的赞扬。这样利用他们大量收入的地主确实是他们国家的恩人，无论得到多么高的评价也不会过分的。如果这样的实例更多一些，那该多好啊！

这几个突出的实例无论使我们多么感动，财产，特别是从土地上取得的财产的极大不平均，无疑会大大助长各种非生产性的消费，不管是为了奢侈还是为了铺张。而收入的普遍平均，则恰恰有利于节约。铺张完全受个人财产的支配，因为在没有挥霍迹象的地方，人们对讲究排场是不满意的；而昂贵是滋生铺张的真正要素，在一切事物中，这里最忌讳的是价廉。但是铺张也像奢侈一样是财产不平均的产儿，因为铺张与挥霍正是财富上优越的明证。在一切都很平均或大致平均的地方，这种狂热怎么可能产生和滋长呢？因此，它是财富上优越的真正后裔，是由它的母亲养育成长的。

在此之前，我曾有机会驳斥了赞成财产极不平均的论点，持这种论点的人认为财产的极大差别可促进事业心。现在我们看到财产的极大不平均造成了浪费的习惯，它对国民财富绝对有害无益。我们发现拥有巨大财富的一切阶级或多或少地都爱好挥霍，而在极大的程度上是大土地所有者所固有的恶习。我们必须牢牢记住积累，即生产性消费的增长，如同劳动与资本力量的增进一样，是增加国家或个人财富的丰富源泉。这是一个重大的条件，它至少能部分抵消任何一个国家中财富发展方面可能产生的障碍，而这种障碍则是由导致劳动和资本的力量不能得到有利使用的土地再分割所造成的。如上所述，因为小土地所有者的勤劳和节俭正像大地主的浪费一样著称。

我们已论述了农业所特有的实际的或推测的“情况”，这些情况趋向于限制那些影响一切行业，并使大企业一般都比为数众多的小企业对国民财富更为有利的“一般原因”的作用。尚需弄明这些为农业所特有的“情况”是否也有与“一般原因”一致的另一个侧面，而使地产与农场的再分割对国家的财富特别不利。

首先，我可以指出，这种土地再分割的不断继续，必定造成豪华的住宅和管理农事的办公室等建筑物这样一部分国民财富的很大浪费。我们可以设想，中等地产的所有者在他的地产上为自己建筑了一幢舒适的大厦，而在它的周围又盖起了与其财产相称的马厩、马车房和其他侧房。在他死后，留下五、六个儿女，土地须在他们之间进行分割。那时他的住宅和办公室变成什么样子呢？这些房子被任何一个子女占用显然必定太大了。因为，如果它们同未被分割时的地产相称的话，那么它们必然与全部地产中的 1/5 或 1/6 的一个部分十分不相称了。那时，没有一个孩子富有得足可维持这样一些建筑物以及这么多管理房屋所需的佣仆。从而分到父亲大厦的那个儿子只能占用住宅的一角，而其余部分必然渐渐陷于失修的状态，或者他将把大厦统统拆掉，并另建一幢与他的财富更相称的住宅。无论在哪一种情况下，都存在着国民财富的浪费。

不管原有的地产有多大，只要它被分成了小块，都会发生同样的事情。没有必要作这样的假设，即土地所有者是个完全靠地租来生活的乡绅，他占有一幢宽敞的房子，周围还有只有巨富才能买得起的一切奢侈物。他也许不过是一个耕种自己地产的自耕农，他留下了与他的财产和他自己手中的土地面积相称的住房、马厩和农用建筑，但这些建筑物对于一个地产也许已减少了4/5的人来说，一定还是太大了。因此，在一切情况下，地产的再分割必定导致国家财富中一个重要部分的浪费，包括各种农村住房和各种农场用房的浪费。

今天，我们在法国看到了这方面的大量例子。在那里，有那么多坚固的大厦不是坍塌，就是为了取得建筑材料而被拆掉。[①] 如果土地的分割以过去20年来所发生的那种情形继续下去，那么不久以后，很少会有一幢古代人居住的、完好无损的、相当规模的农村住宅了。这个王国从一个极端走到了另一个极端。实际上，新的大厦也许会被建立起来，老的大厦也会被那些靠商业或制造业发了财并以他们的一部分财富买了土地的人保留下来，但由于上述理由，这些大厦为时也不可能长。这些年来，原可维持多年的房子的过早损毁所造成的损失，不能不是非常可观的。

也许有人会说：意识到这一问题的人可以用坚固程度差得多的方式来建造农村住房，使它们只能维持一个相当短的时期，就像伦敦某些地区一样，只能维持40年。但是，即使如此，另一个弊病也一定不可避免，即住房危险而又不舒适。在这种住房里跳舞是危险的，它们的墙壁既不能抵御冬季的严寒，又不能防护炎夏的酷热。同样明显的是，只要稍微考虑到安全问题的话，农村中一幢孤立的住所就不能建造得像城镇住房那样不结实，因为城镇住房能

① 一个以“黑帮”的名称著称、马上就会引起人们注目的社团，大大加速了这种破坏。

得到毗连邻舍的支撑和防护。

另一种反对意见可以被看成是特别针对小农场和小土地所有者的，它认为，农业人口总是易于陷入愚昧无知和墨守成规，在把土地交给许许多多贫困的人耕作的地方，这种弊病就变得更加顽固和不可救药。毫无疑问，这种说法是有道理的。即使我们假定小农的头脑容易接受书本上的指导或易于接受从亲自观察其他国家或地区的实际应用中所得到的教益，但是他们的资力也必然要限制他们去取得这方面教育的机会。像这样一类生产者在采用各种改良方面，无论在家畜品种、耕作程序还是在农具制造方面的改良，都要比富有而更为聪明的租佃人占用土地的情况下更加缓慢。由于刚才说过的所有各点，今天法兰西王国大部分地区的农业均处于极为落后的状态是势所必然的，不管是食用的还是耕田的牛和农具，都差得可怜。①

但是，把这一缺点完全归罪于地产的分割成小块也是不公平的，它是土地一般大量集中在少数人手中的旧时代的遗产之一。首先，农业不可能在短期内得到改善，但毫无疑问，现在它的状况总比“大革命”前要好得多。在一个没有大资本农场主的国家里，把贵族的大领地分成小块必定极大地有利于该国的耕作，如前所述，这是因为小土地所有制比佃农所有制有着无可置疑的优越性。

① “如果我们把法属佛兰德、阿尔萨斯、诺曼底等某些地区除外，那么几乎在所有小土地所有者拥有和耕作的土地上，马、骡、驴、公牛、母牛和羊都属于退化的品种。”而且“在法国 5/6 的土地上，仍使用着原始形态的农具。它们如此不适用于耕畜，又配合得如此不好，以致这些农具的使用使耕作的畜力损失了一半、2/3、有时竟达 3/4。”——杜宾：《小土地所有者》

在很大程度上，它远胜于从前在法国普遍盛行的而且至今还在该王国的南部盛行的“分成佃农制”，这已是无可置疑的了。

法国各地，为了对小土地所有者进行启蒙教育，现在已经或正在成立的农业社团，也可能做了许多工作。它们奖励农业各个部门中的最好榜样，并创办模范农场，以便树立一切新改良的实际范例。

杜宾先生在他的小册子《论小土地所有者》中，给我们详细地叙述了这样的一个农场，它位于离南锡六里路一个地名叫罗维尔的默尔特山谷中，它有 190 公顷土地，一个农业实验学校和它所需的一切设备，甚至还有一个制造犁和其他农具的车间以及一个马铃薯酒厂。① 我们听说：“在罗维尔，由于劳动工具的改进和更为合理的使用，5 匹马加 9 头牛所做的工作等于、甚至超过从前在同一块土地上使用 30 头到 35 头耕畜所做的工作。”在默尔特县，每 1 公顷土地，扣除了一切费用之后的平均产值估计为 28 法郎 50 生丁，而在罗维尔的农场里，相同面积土地的平均净产值为 59 法郎，竟达一般平均产值的一倍多。② 在 1822 年，这个农场就按目前的规划来开始经营。广泛采用了劳动分工，其范围要比通常认

① 1 公顷比 2 英亩大得多。

② 该农场的账目上这样写着：

总收入	47,733 法郎
总支出	36,470
净收入	11,263

将净收入在 190 公顷土地之间平均分配，每公顷提供约 59 法郎。就这个例子来说，它表明大规模科学耕作在增加净产值的相对量和绝对量方面有多么大的潜力。这一点与我们在“论地租”一章中所作的论述是一致的。

为农业中适用的劳动分工更大，因而就有：1、牲口长，即主管畜力耕作的工头；2、手工作业长，即指挥雇工进行工作的工头；3、灌溉者，他负责所有低洼地区的水情，监督改善牧草地、干草作物以及冬季耕地的干燥等所需的各种作业；4、羊倌；5、肉畜长，在他助手们的帮助下照管菜牛、猪等家畜的饲养和催肥。我们不难设想这种企业可以带来极大的利益。

在一切可以用来反对地产再分割的意见中，最强烈的一种异议无疑是，认为这种制度具有走到极端的倾向。在一定限度内好的东西，当它超过了这一限度时，也许就非常有害于国家的繁荣昌盛。我认为这种看法显然是符合于我们所说的这一情况的。在讨论地产分割一系列发展进程中的最后一个阶段即铁锹耕作时，我们已经详细论证了土地分割成极为零碎的小块所带来的这种后果。因此，在此就没有必要再作详尽的研究了。我们知道如果普遍建立了这样一种耕作制度，那么土地的全部产品或几乎全部产品必然被生产它们的人们消费殆尽，只有很少或根本没有余剩可资购买国内的制造品或进口商品，也无法养活在这些工业部门中工作的人口，更没有剩余来获得艺术和天才的杰作，或供养一批献身于这些光荣事业的人。总之，土地的再分割推进到它的最后阶段，就直接导致野蛮状态。

对这一制度的最后阶段适用的东西，也必定适用于在此之前的各个阶段，尽管在程度上稍有一点差别。如果土地的再分割还没有达到用铁锹来代替犁的地步，那么这种分割也会引起许多严重的弊病。如果农场不太大以至于不能被一个拥有资本和才智的经营者来管理，那么也不可能设想在它分裂为 20 块互相分离的地产时，还能被经管得一样好，一样经济。这个结论，当然是根据那些已经确定的、为一切行业所共有的一般原理得出的。特别是在农业方面，我们可以很容易地想象到，在农场变得如此之小甚至于不能充分使用一匹马和一张犁的时候，一定会造成多大的资本浪费呀！这正是逐步导致替之以铁锹的条件，因为仅仅为了耕种一小块土地而去养一匹马，一定是太破费了。但是，在农场变得这样小以前，资本和劳动的浪费也许还是很可观的。我们假设：现在一个人占用了一块土地，并且充分使用了 25 匹马来耕种。如果这个农场最终分成了 10 个一样大小的各自分离的企业，每个农场用 2 匹马显然已不够了，那么它们各自都得有 3 匹马，因此原先用 25 匹马耕作的土地，而现在没有 30 匹就不能耕种了。为了避免这种浪费，如果耕作者满足于每块地上用 2 匹马，那么十分明显，许多土地就得用铁锹来翻耕。这就在一种情况下浪费了资本，而在另一种情况下则浪费了劳动。

确实，有一个办法可排除这种不便，即几个小土地所有者共同养一匹马和保有一张犁。如果普遍实行了这种性质的协作，那么它将是非常有利的。事实上，这种协作或类似的组织，对于使用畜力的犁耕和土地不断再分割的并存是完全必要的。可是，我们不难预见这种合股机构必将引起多少争执啊。[①] 另外，就以任何一

① 更为行得通的一种办法是小耕作者临时从他们更富有的邻居那里租用马匹和犁。据我所知，在萨瓦就实行这种办法，在那里小土地所有者分得了许多土地。犁、牛和扶犁的人都可租用。尽管有了这种办法，也还是常常使用铁锹耕作。我猜想许多人甚至连租费都付不起，所以他们宁可自己去劳动。此外，用铁锹耕作所获得的更大总产量乃是很小的土地所有者的主要目的。在瑞士也采用了同样的办法，但那里也常常使用铁锹。

种更加昂贵的农业机械，比如一台脱粒机来说，一两个，也许甚至五六个很小的土地所有者一定负担不起这样一台机器的费用。因为，除了支付机器本身的价钱和维修费之外，只要在找不到水力的地方，还必须有几匹马去拉动它。即使有五六个人，那么在分摊维修和操作脱粒机所需的建筑物中各人的份额方面，又怎样达成协议呢？这个例子将使我们对土地分成小块之后在采用农业的各种改进方面所造成的障碍有所了解。

即使人们完全承认土地分割过小的这些弊病，可是他们也许还是要说：在家庭所有子女中实行平均分享遗留下的地产，并不一定导致地产再分割得过于零碎，而恰恰就是这些弊病的经验提出了一种补救办法，因此这一制度能自我纠正。换句话说，由于这些所有者发现拆散农场对他们不利，因此就把它完整地保留下来。[①]

有许多办法可使这种看法成为可能：第一、我们假定父亲把他的地产均等地留给他的子女。在他死后，所有孩子也许一致同意生活在一起，并共同耕种土地。十分明显，只要他们还是单身汉，这种情况是非常可能的。但是，在他们结婚并有了家庭之后，这种办法必定变得越来越不方便，甚至也许是不可能的了。毫无疑问，虽然他们各自住在自己的房子里，但也许仍在一起劳动。可是，每个人天生喜爱拥有某些专门属于他自己的东西，这种心理必定使他老是反对这种制度。当这些家庭成员不再住在一起并有了他们

① 在《威斯敏斯特评论》第四期，有一篇很有才识的文章，它论述了我们目前讨论的问题。文中作者反驳了长子继承权，同时充分肯定了农场的极度再分割所带来的弊病。但是，他集中一切力量证明地产分成平均的小块不会导致这样的结果。由于这个缘故，它促使我对讨论中的这一点，作了也许在许多人看来过于冗长的论述。

自己的妻儿时，则尤其如此。那时，各自的利益就显得突出，而这种利益是与财产共同体不一致的。

其次，儿子中的一个也许自愿承担共同财产的全部管理工作，每年把总收益中的适当部分付给每一个兄弟，直到他能够用货币来偿清相当于他们一份土地的本金时为止。而另一方面，他的兄弟们也许到他们认为最合适的地方去寻找发财的机会。但是他们的收入来源仅仅是一小块未出卖的土地，而且他们的兄弟或许还不能以资本来付清他们土地的价值。在一个人只有很少一点钱来作为他事业的起点时，要在世上发迹是困难的，他们必然也是这种情况。除此之外，我们还须记得，小土地所有者的一切习惯和感情都非常反对这种办法。他当然依恋着使他长大成人的土地，依恋着农村生活和各种农务，他一想到背井离乡就憎厌，尤其不愿改变职业。①

凡是在田野和山林之间养育成长的人，在他们身上或多或少都有这些天然的感情，但是这种感情在小土地所有者身上显得尤为突出。拥有一点点他可称之为他自己的土地这样一种意识，紧紧地把他束缚在这块土地上。确实必须有一种强烈的诱因，才能使他离开他的土地，并且把他的财产投入他陌生的、波澜起伏和变

---

① 我记得，在巴黎曾听到萨伊先生的一次公开讲演，他在这次讲话中提到一个关于乡下人依恋他们出生地的突出例子。在瓦兹县，许多劳动者生活贫困，他曾花了很大的精力和费用把他们迁往法国的另一个地方，因为他知道他们在该处能得到报酬较好的工作。可是，不久以后，他们却又回到了他们原来的地方。正是最贫困、人数最多的这个阶级，才是最牢固地扎根在他们的土地之上的，这主要是因为除了出生和长大成人的这块土地之外，他们对别的地方一无所知。要使贫困的劳动者改变教区，如同使一个有钱人改变他的国籍一样费力。

化无常的世界。

不管某些作者怎样嘲笑这些被称之为乡巴佬的愚昧无知，因为他们不愿到别处去尽力增进他的财产，而宁愿在故乡的一小块土地上过着单调的生活和眼看着家庭的地产遭到不利的分割，以致使他们永远和他的地产分开，但是我们还是不能否认人们常常有一种强烈的感情，足以使他们即使在清清楚楚见到了物质利益的时候，还会做与这些利益相反的事情。以经济观点来看，当这种离乡背井改操他业的做法对当事人来说也许并不像更冷静、更聪明的旁观者看得那样清楚的时候，情况就更是这样。我们总得记住，人有各种各样的利益，虽然财富是欲望的主要目的，但远不是唯一的目的。①

可是，有人也许要问：为什么小土地所有者必须改变他的住处和职业呢？他可以把他的土地租给他的兄弟或别人，并在他自己的土地或邻居的土地上当个受雇佣的计日工。这样，他对农村生活的爱好就可以得到满足，而父亲的地产又可保持完整。那么让

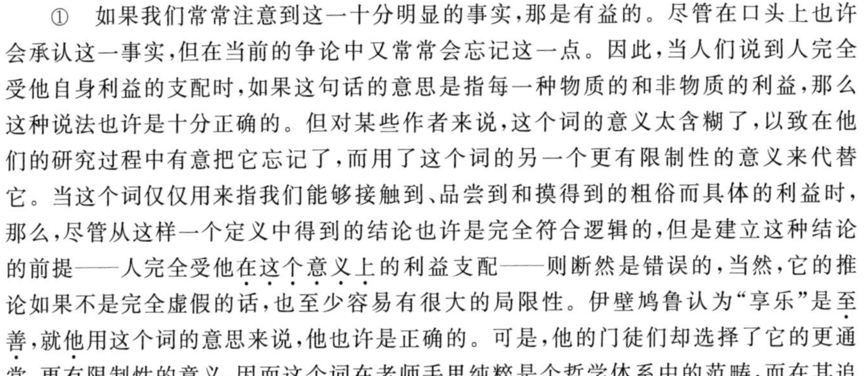

① 如果我们常常注意到这一十分明显的事实，那是有益的。尽管在口头上也许会承认这一事实，但在当前的争论中又常常会忘记这一点。因此，当人们说到人完全受他自身利益的支配时，如果这句话的意思是指每一种物质的和非物质的利益，那么这种说法也许是十分正确的。但对某些作者来说，这个词的意义太含糊了，以致在他们的研究过程中有意把它忘记了，而用了这个词的另一个更有限制性的意义来代替它。当这个词仅仅用来指我们能够接触到、品尝到和摸得到的粗俗而具体的利益时，那么，尽管从这样一个定义中得到的结论也许是完全符合逻辑的，但是建立这种结论的前提——人完全受他在这个意义上的利益支配——则断然是错误的，当然，它的推论如果不是完全虚假的话，也至少容易有很大的局限性。伊壁鸠鲁认为“享乐”是至善，就他用这个词的意思来说，他也许是正确的。可是，他的门徒们却选择了它的更通常、更有限制性的意义，因而这个词在老师手里纯粹是个哲学体系中的范畴，而在其追随者的笔下却只不过成了不道德行为和亵渎的借口。

我们来看一看，就财富而言，他的利益是否真的会促使他这样做呢。

据有些人说，他出租了他的土地并获得了该土地的地租，也贷出了他小小的资本从而得到了该资本的利息，他也把劳动出卖给了别人。但是，很明显，他用这种办法只能实现三种收入而不是四种：他得到了地租、利息和工资，但是得不到一点儿企业利润。为了取得利润，他必须管理他自己土地上的耕作。如果是这样，那么在土地上使用他自己的和他家庭的劳动肯定比雇佣别人来耕种更好些。所以，他的土地、资本和劳动绝不能像亲手耕种他的小地产一样给他带来那么大的收入了。如果他出租他的一小块土地，那么他不仅会失去企业利润，而且会失去可利用他一切额外时间的一个有利的职业。一个做短工的劳动者并不总是能找到充分受雇佣的机会的。在这样的时节，他自己的土地给他提供了防止浪费时间的可靠手段，可使他有效地利用那些在另一种情况下将在无所事事中消磨掉的时日。因此，把小地产保留在农民自己的手里，显然是符合他们利益的。我们已说过，他们在零碎时间里就用这种方式实际上做了那么多的工作。此外，由此产生的安全感是这种行为的最迫切的动机。靠着他自己的地产，他可以有效地把他的劳动用在上面，在某种程度上，使他免除了那些完全依靠别人的雇佣来谋生的人所感受到的依附感与不稳定感。我确实相信，这种动机是如此强烈，以致即使能证明农民靠转让或出租他小小的地产和自己去当别人的计日工可能在一年中赚到更多的钱；而同样重要的是，即使能使他知道这一点，他还是宁愿要地产保留在自己手里所产生的独立感和安全感，而不愿要收入较多的、不可靠的

前景。安全是人的基本欲望之一，而它的达到则是一切法律和政府的主要目标。

我在这里所说的一切，都已被平均分割制度占统治的法国和其他国家的经验所充分证实。在这些国家里，农民购买土地所支付的极高价格已充分证明，他们是多么牢固地抓住土地不放呀！据我所知，这种偏爱确实已发展到了这样一种程度，以致在萨瓦的乡里人赊购土地而以耕作该土地所得的收入来分期付清地价已变得非常普遍。

第三，为了付清他兄弟所得的遗产，如果自愿负责经营全部地产的那个兄弟必须借抵押贷款的话，那么这件事情必将使他处于极为不利的听人支配的地位，他的一生也许再也无法摆脱债务的拖累。他的债权人已不是他的兄弟，而是陌生人了。毫无疑问，这些人一定更严峻地索取他们到期的应付款项。[①]

卖掉全部地产并分掉所得的价格，倒比使他自己处在这样一种地位要好一些。这种做法是使每个人在共同的遗产中分得一个份额而地产仍可保持完整的第四种办法。但是，这种办法，除了遇到与我们在第二种情况下所看到的大致相同的动机的妨碍之外，还要求所有各方的一致同意，而这一点常常是不可能做到的。如果他们留在他们原来的地方和当了计日工，那么出于对金钱的考虑和安全感而反对出售的理由，适与反对出租的理由完全相同。出售土地所得的资本也许确实能使他们成为别人土地上的农场

① 上面已经说过，在法国，目前抵押贷款的高额利息最有效地制止了人们常常用贷款方法来防止农场分割的过程。

主，但是这样他们只能在四种收入中实现三种，因为他们没有资格得到地租。尽管他们的实际收入也许没有减少，或者由于从一笔更大的资本中得到了数量更大的毛利润而使收入更多些，但是他们不能同时享受到那种成为地产的主要魅力之一的安全感和独立感。另一方面，留恋自己出生的地方，在那里度过了无忧无虑的童年和轻松愉快的青年时代，以及酷爱农村的习俗和乡间的消遣，这样一些强烈的动机也使他们反对迁居和改变职业。我们能不能设想，一生从事田间劳动和在乡土娱乐中度过了空余时间的一批庄稼人，家长一死就马上改变他们的习惯，离开他们唯一熟悉的工作，出去学习新的职业而跻身于对他们毫无兴趣的不合意的社会中呢？确实，对人性无需有很深刻的了解便可证明这样一种突然的转变是罕有的。人是习惯的奴隶，随着年龄的增加，尤其是这样。正如我们已表明的那样，由于农业人口最为因循守旧，因而使他们改变任何陈规陋习也最为困难。

但是，即使要把地产卖掉，也不仅绝不一定意味着它被完整地出卖，而且至少可以说，发生相反的情况倒是完全有可能的。其理由，请参见前面论地租一章。我们在该章中看到，一旦地产成为一国农业人口普遍欲望所追求的目的并被视为可经常使用他们劳动和一点点资本的主要对象时，土地必将具有比人们主要把它看做有利的投资场所的地方更高得多的价格，因为在后一种情况下，它的价值将取决于利率。在证明这一点的时候，我以目前法国的地价作为例子。尽管法国的利息高于英国，购买这种财产通常仍然要付 40 年地租的买价。而使我们的证据更为完整的是在“大革命”之前，因而也是在大领地被分割成小地产之前，通常的地价还不到 20 年地租。

部分由于上述原因，部分由于财产的不断分割减少了能够出价购买大片土地的人数，现在法国经常发生这样的事情，即当出卖地产的时候，人们发现把它分成小块比不分开更为有利。杜宾先生告诉我们：农民对土地的竞争是如此剧烈，以致为了以小块土地转售的特殊目的，有时既有一些人合伙购买一宗地产，又有富有的人单独购买一宗地产的。他说：为了购买一块地，一个人将把 20 年所得的全部地租作为买价支付给土地所有者。这些合伙团体的存在，是众所周知的事实。他们被称为"黑帮"，常常为贵族所不齿，因为当他们为了以高得多的价格转让给农民而买进一宗从前的领地时，他们拆毁古老的大厦以出卖建材。这种团体不仅在法国有，而且在平均分割制度盛行的其他各国也有。举例来说，在萨瓦，自法国入侵之后，就通常采取这种做法。我听说，这些合伙团体支付的地价与转让给农民的售价之间的差额是大得惊人的。

因此，经验证实了我说的话是正确的，即在平均分割地产相当普遍的国家里，即使所有家庭成员认识到，同各自耕种他的一份小地块相比，出卖世袭地产对他们更为有利，而且都同意这样做，也许地产终究还是不能保持完整的。

我们推测，这些便是用来阻止由家庭所有子女平均分割地产所引起的土地过分再分割的办法。虽然其中有一些可能偶尔也被人采用过，尤其是被上层社会所采纳过，但推行这样一些办法的障碍是如此之多，因此我不能认为它们会变得如此普遍，竟致有效地制止农业企业的过分分裂。它们至多只能在某些地方延缓这种自然趋势，但是不能最终阻止这些地方的自发发展。

但是，在实际生活中而不是在数学上，土地当然不是无限可分的，这种分割的不断发展总有一天会停止。那么，是什么东西阻止它了呢？我承认，除了限制人口的增长之外，我不知道还有什么足够有力的原因了。当土地普遍地分割到了这样一种程度，以至于如果再分裂成小块时，一个家庭就不可能靠其中的一小块来维持生活，到那时，确实将有效地使它的继续分割告一结束。但是，有人也许会说：如果小土地所有者在耕种了自己的一小块土地之后，还有多余的时间和精力，如果仅仅依靠他自己的土地还不能维持生活，那么什么东西可以妨碍他去接受别人的雇佣而当一个计日工呢？但是，持这种反对意见的人忘记了这样一件事，即尽管这是非常可能的，而且在这种制度还未到达它最后阶段的国家里，事实上也是这样做的，不过在像上面假设的那种社会状态中，就不会有人急于需要这种劳动者了。因为，土地一旦普遍地分裂为小地产，每一块土地都由它的所有者耕种，每个人都处在相同的条件下，因而都有大量劳动要出卖而不需要他人的劳动。在这种情况下，劳动价值一定被压低到很小或者根本就没有价值的限度。小土地所有者制度所特有的基本倾向是把人束缚在土地上，以及使更多的人在它上面忙碌而不能充分和有利地使用他们的资本和劳动。在盛行这种制度的国家里，人口也许并不像劳动安排得比较合理的国家那样多，由于净产量不多，人口也不可能增加得那么快，因为未来人口的扩大必然取决于净产量。但是，如果预防性限制人口没有发挥特别有力的作用，那么人口势必有变得过剩的强烈趋势。既然每个家庭足可耕种自己的土地，也就没有什么余地可以容纳其余的劳动者了。在这样一种社会状态中，这些无法谋生的人为了生活就必须取得一点土地和耕种土地所需要的少量资本，由此引起了对土地的剧烈竞争，从而无论在出卖还是出租土地时就要求对方出很高的价格。[①]

由此可见，每当土地已被分割得过分零散的时候，劳动的市场价格一定降低到很小或者一无所有。土地的占有者除了耕种他们自己的小地产之外，必定不会再有其他收入来源。当这些地产变得如此之小，以致一个家庭不能依靠它所分得的一份地产上的产品来维持生活的时候，倘若地产的分割更进一步推进，那么人口的发展确实必将被结婚的减少或饥荒和疾病的恐怖所制止。人口停滞，当然土地的进一步分割也将停止。于是，我们达到了这一制度的自然限度。

然而，在达到这一限度之前的一个时期内，小土地所有者的状况必定非常悲惨。在一个只有非常小的土地所有者的国家中，这些小耕种者的状况必定比世界其他地方的计日工更加不稳定得多。因为完全依靠他小农场的产品来维持生活，可以预料，如一旦遇到反常的季节和不测的暴风雨使作物受到意外的损失时，他就毫无办法了。如上所述，如果无人急需他的劳动，这种劳动也就不值分文。对他来说，劳动之所以有用，只因为他有一块使用他劳动的土地，而劳动在市场上则没有什么价值或根本就没有价值。如果有一年他自己的庄稼颗粒无收，那么他怎么能够把生活维持到次年的另一个收成呢？除非他预先积累了一些东西，否则他必将面临饥饿。毫无疑问，在其他多数国家中，计日工的境遇总比这种

① 这一原理有助于我们去解释爱尔兰的高额地租。见《论地租》一章。

状况要好些。他的劳动已不像从前一样束缚在一块土地上，并且还要在那里得到有利的运用，否则就找不到别的地方去有利地使用他的劳动了。恰恰相反，如果计日工在一个地区找不到工作，一般说来，他将在另一个地区找到工作。事实上，与一个土地的再分割已成为普遍现象的国家中的小土地所有者的生活相比，他的生活更自由，也更有保障。当然，只有根据后一种假设，小土地所有者才比计日工更加贫困。因为，在地产普遍分裂到使劳动在市场上没有什么价值之前，他总是兼有两方面的有利条件。但是，我们必须时刻注意到任何一种制度的最终后果，而不要被暂时的、无论多么耀眼的表面现象迷乱了我们的视线。我认为这种看法特别适用于我们目前的论题。在一定限度内，我们必须把地产的分割看做是非常可取的，如同它是道德上、政治上与经济上的巨大利益的源泉一样。但是，在家庭全体成员之间平均分割的习惯一旦确立之后，就存在着势将超越这些限度的最大危险，这种制度必将继续推进到它在普遍贫穷和野蛮状态中终止时为止。

甚至在更为幸运的情况下，很小的土地所有者的生活也有它特有的疾苦。我们已经知道，他所做的苦工比任何计日工所能做的还要多得多。确实，他们也许时常使自己劳动过度。他们的生活也远不是无忧无虑的。因为，不仅他们的直接生活来源而且包括他们小资本的补偿，都得靠即将来临的收成，一次歉收必将危及一切。在这一方面，他们与除了每天的劳动之外一无所靠的人相比，更需要小心谨慎。他们老是为担心某种天灾以及能做些什么来防止它的种种想法所折磨。尤其在收获的季节，他们日日夜夜都不能休息，直到把收成弄到手为止。而普通的劳动者至少可以免除这些疾苦。

我尽力要确立的原理是这样的，即除了那些阻止人口发展的原因之外，看来没有足够有力的原因可以有效地制止财产与农场的分割。因此，后者的有效程度将取决于前者。在那些因有深谋远虑和先见之明而把预防性限制贯彻得如此有力以致在很大程度上减少了人口增长的速度或使它完全停止的地区，也许要经过很长时期，人们才能感觉到或甚至可以完全避免这种制度带来的最终后果。毫无疑问，由于这一原因，恰巧在某些早已盛行平均分割制的国家中，它的灾难性影响至今尚未为人们感受到。这就是瑞士大部分地区的情况。在该国的许多州中，很少看到一个很贫穷的人，没有乞丐，有的只是一派安适和整洁的景象。[①] 几乎没有绅士，财产的均等普遍占优势，而且大家都有相当的家产。我不知还有什么地方比旅游者在这个确实很幸福的国家中所见到的景象更令人爽心悦目的了。

然而，必须承认，这并不是这个小小的共和国各地的公正描述。在某些州里，例如瓦莱州，贫困是够显而易见的，还常常伴随着疾病。而在其他州，如伯尔尼，人们对土地贵族并不陌生。[②] 即使以最赞许的眼光来看待这种情况，也不管我们对小土地所有制早就占统治的国家的面貌感到多么高兴，并承认这种制度是它繁

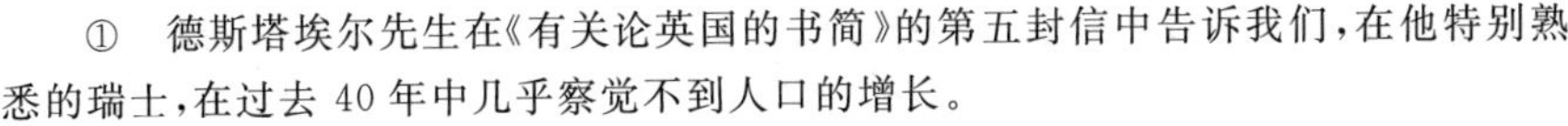

① 德斯塔埃尔先生在《有关论英国的书简》的第五封信中告诉我们，在他特别熟悉的瑞士，在过去40年中几乎察觉不到人口的增长。

② 在伯尔尼州盛行看特定继承习惯法。据可靠方面告诉我说，把土地传给年纪最小的继承人是那里的习俗。这一点也许有助于说明，为什么该州贵族比较普遍。但是还得说句公道话，无论就国内的繁荣还是就政治影响方面来说，伯尔尼州在联邦中一直是特别卓越的。

荣的主要原因之一，虽然也须估计到自由政府和纯宗教的作用，但是在做出结论之前，我们还得犹豫：如果普遍采用在局部地区内成为幸福源泉的制度是否一定有利。贸然宣称这种办法普遍可取，确实是鲁莽的。因为这种办法的倾向必将确立起不仅在财产上的普遍平均而且在知识和智力上的普遍平凡，从而在各个方面都妨碍着卓越成就的产生。我已说过，在瑞士的很多地方，人们几乎不知有士绅。于是小农场主、小牧场主和牛的饲养者充斥了那些地区的立法会议。我们从最近的争吵和本来就很小的州的分裂中，部分地了解到这样一些人对他们所履行的职务是很不适当的。但是，他们如果在做立法工作方面还算比较精明一些，那么，由这样一批只可凑合着管理瑞士一州小事的人才，去处理一个很大王国纷繁复杂的大事，当然是完全不能胜任的了。但是，土地的不断分割势必使这样一种人越来越减少，他们由于免除了体力劳动的必要，因而有空余的时间，使他们有可能献身于智力方面的事业，不管是在他们国家的政府中担任职务也罢，还是在科学上作出新的贡献也罢，他们总是把知识一代一代地传递下去。如果一个小国处在不同状况的国家之中并能自由地从这些国家的文库中借得知识，与它单独依靠自己的知识所处的情况相比是有很大差别的。但是我们必须把注意力集中在考察中的这种习惯做法的后果上，如果它被普遍采用的话。

既然我们已经知道人口增长的缓慢和最终处于停滞状态是限制土地不断再分割的唯一有效途径，那么不论小土地所有制是否有利于居民的迅速增加，人口就成了一个重大的问题。许多人似乎认为，当然没有一种制度像我们目前正在考察的这种制度那样有可能导致这种结果。在这一点上，我认为他们是完全错误的。

我们发现什么样的一种人最不顾将来呢？是一无所有和完全依靠做短工来生活的人。一个人一有了一些他可称之为自己的东西，由于在近期内有取得成功的可能性，这种前景增强了他改善境况的欲望。因为有所失，所以他不再漫不经心；由于希望有更多的财产，因此他就变得谨慎和节俭。另一方面，当一个人除了他每天的面包和身上所穿的衣服之外只有很少一点东西或一无所有的时候，生活的改善看来是那样的遥远，向它迈出第一步又如此之艰难，以致去拒绝眼前的诱惑看来是不值得的。因而在一切国家中，处在最下层的阶级是最无顾忌和最无远见的。越需要节制，越不节制。与吃得好住得好的英国工人相比，穷苦的爱尔兰茅屋农更是轻率得多么不着边际啊！

但是，大概没有什么东西像拥有一小块土地那样有利于增长一个人的远见和约束眼前的放纵了。他所拥有的一小块土地给了他尊严感和独立感，每一种财产都具有激起这种感情的倾向，而地产尤其是这样。一个受着这种感情驱使的人不可能去干蠢事和铺张浪费。首先，他不会轻率地结婚，因为他很懂得这件事必然把贫困遗留给他自己和他的子孙后代。

就我们经验所及的范围来说，它充分证实了上述结论的正确性。我已经引证了瑞士的例子，在那里对人口的预防性限制已为人们强烈地感觉到了。但是广阔的法兰西王国更在大得多的规模上给我们提供了一个属于这方面的例证。正如我们所知，这个国家普遍实行了家庭中所有子女之间的平等，而且在大部分地区甚至用法律来加强这种制度。根据该国每五年进行一次的人口调查，我们知道，过去一个时期以来人口的增长比欧洲其他大君主制国要缓慢得多。在这方面，它与大不列颠和普鲁士之间的差别确实是非常鲜明的。甚至在奥地利人口的增加也比法国快得多。[①]

刚才所作的考察，仅适用于土地为许多小所有者占有的地区。而在土地为小佃户所占用的地区，情况是很不相同的。小佃农既不是小土地所有者，也没有后者所特有的感情。他总是或多或少地依附于他的地主，而这种对地主的依存关系起着压抑他事业心的作用。他知道对土壤所作的改良并不可能作为一种遗产来传给他的子女，过了若干时间之后，只不过使他的地主得到好处而已。因此，我们可以认为他既无小土地所有者的自尊和勤奋，又不具有他们的远见。

① 杜宾先生认为：在欧洲所有大国中，自 1815 年和平以来，普鲁士人口增长得最快，而法国的人口则增长得最慢。普鲁士在 26 年间居民增加了一倍。大不列颠需要 42 年，俄国为 66 年，奥地利为 69 年，而法国则需要 105 年人口才能增加到一倍。(《法国的生产力和商业》巴黎 1827 年版，第 1 卷第 4 章。)

在法国，人口发展滞缓可能部分地是由财富增加缓慢所造成的。如果这是确实的话，那么它有助于证明分割制对国民财富的增长多么不利。就目前情况来看，当我们把法国的例子与英国相比时，便可确证我在前面提出的论点是正确的，即“在这种制度占统治的国家中，人口也许并不像劳动得到更合理使用的国家那样多，很可能由于净产量小而使人口增加得并不那么快。”人口增加缓慢的另一个原因是预防性限制占着更大的优势。法国大部分产业部门中所使用的劳动和资本的生产效益都比不上英国，刚才引证的杜宾先生的那部著作充分证实了这一点。另一方面，尽管我们海峡对面的邻居性格爽朗，但他们还是比我们更加谨慎和较少铺张浪费。相对说来，我们也许可以这样说：英国是靠苦干来致富的，而法国是靠节约来致富的。在不同时期内委派的调查特派员都把法国生产落后主要归结为三个原因：第一，国内交通状况恶劣；第二，由于缺乏信用贷款而引起的高利率；第三，同英国相比，工人和雇主的技术都比较差。前两个原因适用于一切产业部门，最后一个原因仅适用于某些产业部门，特别适用于机械制造工艺，而在化学工艺方面，我们的邻居无论在知识还是在熟练程度上，都不亚于我们，我相信甚至往往胜过我们。

因此，我们知道，农业企业过分的再分割以及由此产生的弊病的最显著的事例，都可在小租佃制占统治的国家中找到。爱尔兰可作为这方面的一个实例。我们只需看一看它的情况就行了。毫无疑问，要是该岛没有转租制，就决不至于到达它今天这样贫困的境地，这种制度使土屋与马铃薯园地遍布各地。在生来轻率、不顾将来和习惯上不到20岁就结婚的人们中间实行的这种制度，已被推进到了它的最终阶段并带来了相应的后果，现在只有饥荒和瘟疫的惩罚，才能制止它的进一步发展了。迄今为止，该国大多数暴行案件实际上都是由土地争执引起的。因为丧失一份土地，就失去了免于挨饿的保证。大多数暴行都是因剥夺维持生计的唯一手段而引起的报复行为，而并不是为了抢劫财物。无疑，也有因什一税的缘故而犯罪的，但与前一种罪案相比，这只不过是引起动乱的一个微不足道的根源。退掉一个佃农，常常不亚于剥夺一个人的生命。

我说占有一小块土地是谋生的唯一手段，从理论上来说，它完全与我们所发现的分割制度的最终后果是一致的。有那么多的过剩劳动，实际上就是只有很少人才能得到土地。因此，那些愿意利用他们劳动的人，不得不远渡重洋到英国去谋生。

在苏格兰高地，大牧场产生之前，小佃农耕作制是非常盛行的。但是这种人一般都非常贫困，常常拖欠地租，因而总是听任地主的摆布。正如马尔萨斯先生所说的那样，大英帝国没有一个地区的人口像这个岛国的这个地区那样过剩的了。在某些地区，如泰湖沿岸，情况依然如此。该处小块的谷物和马铃薯地是地产分割成零碎小块的标志。

取得一小块土地的困难是对农民之间轻率结婚的巨大限制，因为这块土地是用来盖小两口子住的茅屋以及预期可取得一个家庭所需的口粮之类东西的基地。分裂农场的惯例排除了他们结合的第一个障碍，并提供了安定生活的虚幻前景。可是在那里，那些土地占用者的性格并没有被具有强烈创造倾向的情感所振奋，我们很可以设想那里到处都是过着悲惨生活的过剩人口。

现在，我们就要来研究，我们能否从经验中得到更多的证据来支持从推理中得出的上述结论，即尽管人们可能发现土地极度的再分割所带来的不便，但是把土地平均地遗留给家庭中所有子女已成为惯例的地方，确实仍将发生这样的再分割。人们将不会如此普遍地采用为了防止这种分割所能设计的一切办法，因而也不至于在总的结果上造成任何实质性的差别。在此，我们必须再一次依靠法国的例子，因为它是我们最熟悉的国家，并且它也是使我们有机会看到大规模试行这种制度的唯一国家。

在 1827 年，离实施家庭子女间平均分割各种财产的著名法令获得通过还不到 40 年，虽然根据目前的法律，父亲总是有权力随意处理他的一部分财产，这部分财产的数量可按其儿女的多少而有所不同，但是在所有情况下都充分允许他使某个儿子的财产比他任何一个兄弟的财产多出一倍。然而，该法令的精神却如此深入人心，以至于人们极少按照这种许可来行事。如果这种强制性的安排明天就废除，在实践上也许不会有任何改变，因为我们发现民众的感情和习惯就像法律一样有力。但是不管平均的制度是法律还是习惯的结果，不管是自愿的还是强制的，都不可能在它的经济后果上造成任何差别。让我们看一看这一制度对土地的分割已经造成了什么样的影响吧。如上所述，在 1827 年，离通过这一法律还不到四十年，法国土地所有者的人数已增加到四百万，这一数据是我们从所有这类问题上的卓越权威杜宾先生那里得知的。当我们知道英国有地产的人数仅为 32,000 时，我们就会对英法之间在这方面的差别有所了解了。[①] 如果我们以平均每户 4 人计算，那么在法国作为土地所有者或作为这种人的妻子和子女而与土地有直接利益关系的人数就达 1,600 万。这个数目正好是该王国总人口的一半。如果我们假定平均每户 5 口人，那么处在上述情况中的人数必定是 2,000 万，将近占全体居民的 2/3。杜宾先生在他的著作中说："自大革命以来，几乎有 4/5 的农业人口成了土地所有者，并作为一家之主而享有超过 64 法郎的地产收入。"大约等于 2 镑 11 先令。这就是试行这一平均制度还不到 40 年以后的地产状况。[②] 我们的确知道，从 1815 年至 1830 年的 15 年时间里，再分割以非常快的速度继续发展。这一事实已为这一时期内对该国地产所作的几次实地调查所确证，又为有资格选举下院议员的人数不断减少所证实。在七月革命中推翻的那个政权的统治下，这一特权仅限于付 300 法郎，即 12 镑英币直接税的那些人。

① 外国人几乎总是用英国来指大不列颠的，我认为在上述社宾先生的话中也包括了苏格兰。尽管如此，这种差别还是巨大的。请参见《小土地所有者》。

② 准确地说来，平均分割并不是在法国大革命时期首先开始实施的，而是在某些地区，特别是在推行罗马法的地区，即有成文法的国家早先就已存在的。因此，我知道亚瑟扬格早已在悲叹地产分裂的后果了。这一事实已被德·斯塔埃尔先生所证实。（《有关论英国的书简》，书简四。）

所谓直接税，不仅指土地税，可是它至今仍是一切公众税负中最大的税项，而且还包括门窗税、家具税和人头税，还有工商业者所缴纳的特许证税，这种税捐是随着买卖规模的不同而有所不同的。但是，正像我所说的那样，土地税至今还是一切税款（包括直接税和间接税）中最大的税款，按照 1828 年的预算，它共计 21,100万法郎，即将近 850 万英镑，占全部财政收入的 1/5 以上。同年的直接税总额为 28,900 万法郎。在波旁王朝第一次复辟的时候，有选举权的人数约为 13 万人，可是这一数目在 15 年中主要由于地产的分裂已降低到 8 万人。在 1815 年，须向政府交纳 12 镑直接税的房地产所有者为 13 万人；而在 1830 年，交纳到这一数额税款的人数还不到 8 万人。这当然是非常惊人的，但必将继续发展下去。上一次革命后不久，选举人的一般资格从 300 法郎降低到 200 法郎，即从 12 镑降低到 8 镑，而对某些特殊等级的人来说，他们的资格被认为应由他们的学术地位或从事某一学问的职业来证实的，[①]这一金额更进一步减少到 4 镑。但尽管采用了这一切措施，在法国有选举权的人数仍然没有超过 18 方人。如果所有这些人都交纳 8 镑以上（实际上这种情况是不可能的。因为，如我所说，有些人可能从事只征收 4 镑税款的职务），那么我们便可推断在该国的 4 百万小土地所有者和房产所有者中间，财产达到须向政府缴纳 8 镑直接税的人数还不到 18 万。虽然在 1835 年土地税总额达到 25,000 万法郎，

① the learned professions，学问的职业，是指神学、法学和医学三种职业。——译者

即 1,000 万英镑，足足相当于全部国家岁入的1/4，而全部直接税则达到 35,900 万法郎。[①]

1829 年，我在法国出席一个论述法国地产的分割问题的讲座，报告人是孔德先生，他是已故著名经济学家萨伊先生的女婿，他本人是好几种深受尊敬的出版物的作者。像所有其他现代学派的法国人一样，该报告人明显地倾向于平均制度，但是他所搜集的事实仍是如此明显，以致在某种程度上动摇了他的先入之见，这是显而易见的。现在我就要提到其中的某些事实。官方文件中说，在 1825 年法国的不动产总数为 1,000 万。但是我们无论如何不要认为所有者的人数也相等于这一数目。因为有两个理由：第一，在某些情况下，同一个人有不止一处的不动产，它们彼此是完全分开的；第二，不动产的实际数目比文件上出现的数字要少，因为有时同一宗不动产重复计算两次，这是由估定土地税时所用的特殊方式所决定的。首先由年度的财政法案确定每个省的税额，然后由省的总议会把这一总数在各州县之间分配，又由州县把分配到的数额再在公社或教区之间进行分配，最后，由每个公社中担任这种职务的人把本行政区的份额在各个不动产之间分配。这种方式最终导致由公社来负责征收估定的税额。由于每个公社分别计算不动产的数目，因此如果有一宗不动产中的一部分位于一个公社，而另一部分则位于另一个公社，那么每个公社将分别征收属于它地区内的一部分财产的税款。从而在总计该王国的整个不动产数

① 前几天，在法国最好的报纸之一《争鸣日报》上说："有一些记载在案的土地缴纳 5 生丁(半便士)直接税，因而这种土地约值 20 法郎(16 先令)。许多土地征收 10 生丁和 15 生丁的直接税，因而值 40 或 60 法郎。"

目时，有时将出现两笔财产，而实际上只是同一个人的财产。正因为公社是很多的，所以我们不难设想，这种重复计算的现象大概是常常发生的。我们还应记得，上面的财产估算不仅包括了土地而且还包括了房屋。因此，我想很有必要指出，读者们不要认为在1825年法国竟有1,000万个土地所有者。我们从杜宾先生处得悉，大约在这个时候实际上只有400万个土地所有者。不过，还是让我接着说下去吧。那么就是说在1825年法国有1,000万宗估计的不动产，这一年中，其中只有17,000宗不动产交纳1,000法郎(40镑)以上的直接税。随着财产规模的缩小，它的数目变得越来越多，对它们征收的税额也随之减少，直到我们到达只给国家交纳20法郎(16先令)以下的那些财产时为止，这些财产不少于750万宗。但这不是全部。在比较1826年和1825年的统计表时，我们发现这一年中不动产的数目增加得非常惊人，它们总共增加了20万宗以上，但那些交纳1,000法郎以上的不动产却足足减少了1/4。由于财产规模不断缩小，因而属于这一类财产的数目已经减少，而随着应缴税额的下降它们所占的比例也变得愈来愈少，直到那些税负在20到30法郎范围内的财产又开始增加时为止。这最后一种交纳20法郎以下的财产数目倒是增加得很多，不少于50万宗以上。因此，这一类财产在1825年仅有750万宗，而在1826年则超过了800万宗。这些事实无需评述。[①]

此外，我还要提及杜宾先生在1827年出版的著作中所说的

① 根据1835年公布的账目，我发觉按照最近的调查来看，反映房地产估算数目的各级直接税限额的数目已上升到1,081.4万宗。在1826年，它是1,029.6万宗，而在前一年则又少了2万宗以上。

话：正如我们所知，土地所有者的实际数目为400万。仅仅过了两年，他在下议院中说：有450万个家庭拥有土地。这位作者的话充分证实了上述的论点是正确的，即地产的分裂不仅是由家庭子女间平等的法律和习惯直接促成的，而且是由某种条件造成的，即把地产分割成小块出售比整块出售更为有利。就其根源来说，当然可追溯到同一个习惯，而产生这种情况的直接原因则是在农民方面对土地的激烈竞争。其理由我已在本文前一部分中作了详尽的说明。

但是，从经验中得到的其他证据有待作如下说明：

就我自己的观察所及而言，在平均分割制占统治的一切国家里，农民总是用他们自己的双手来耕种他自己分得的那部分土地的。如果有人用其他方法来处理他们的土地，那也是并不多见的。除非他们自己的土地太大，以致无法充分利用，只有在这种情况下，他们也许才会出租一部分土地。不管家庭的遗产多么小，如果不在女儿之间分配的话，那么仍须在儿子之间进行再分割。在我去过的无论哪一个实行上述制度的国家中，对我所探询的关于父亲去世后家庭的地产如何处理这一问题的回答，始终是每个子女分占一部分土地并由其本人来耕种。在法国、萨瓦和瑞士，我从来没有听到过其他说法。我知道在上流社会中的情况是不同的，常常由家庭来统一安排，用这种办法来使土地遗产保持完整。但是对大量农民来说，几乎总是发生相反的情况。

固然，在那些早已盛行平均分割制的国家里，尤其是在那些以铁锹耕作代替犁耕的国家里，它们的土地状况本身就足以证明土地再分割的零碎程度了。

在佛兰德、萨瓦和瑞士，许多土地都是用这种原始方式来耕种的。在瓦特县，平均的制度早已确立，住在该地的德·斯塔埃尔先生在反对长子继承权时，并不否定在他的住地戈皮特周围的地区已被分裂成很小的地产。他说："在我周围的土地被分割到这样一种程度，以致大部分所有者拥有的土地还不到 1 英亩。"①这种情况同我在瑞士目睹的情况是完全一致的。我时常同这些小土地所有者谈话，他们指给我看他们地产的范围，有时只不过是一小块 1 英亩的土地。

现在让我们看一看，在法国，人数极多的土地所有者的实际情况究竟是什么样子的。杜宾先生描写他们舒适生活的图景却并不那么美妙。"从巴黎出发到卡昂，途经厄尔省（古代诺曼底的一部分），我们都同样惊奇和痛苦地发现：在富庶而肥沃的国土上，在一个极好的地区的中部，总之在该王国的 3/4 的地区内，仍然可以看到用木头和泥土建成的、屋顶上盖着茅草的、最粗劣和最可怜的住宅。"

"在皮卡迪，由于牲畜头数的增多和某些无机肥料得到合理使用的结果，农业的发展和有机肥料的增加已使大量土地可以用来

① 《有关论英国的书简》书简五。法国的亩与英亩大致相同。德·斯塔埃尔先生作了上述的断言之后，接着说：虽然如此，在欧洲，没有一个国家呈现出像这样的繁荣景象。"人口不仅没有过剩，那里的劳动价格还比任何其他大陆国家高。"在 1835 年，洛桑附近的普通劳动价格每日为 10 巴兹，大致上等于 15 便士，由于粮食价格不贵，应当认为这是很不错的工资。1 磅最好的小麦粉面包是 3.5 便士，肉为 4.5 便士，杂货也是便宜的，因为只需缴纳很少一点税款或根本不需付税。我们惊异地发现，在大陆中部的殖民地产品反而比英国和法国的海港城市中的价格低廉。我已提到，据德·斯塔埃尔先生说，40 年来，在瑞士的这一地区的人口几乎没有增加。

种植小麦了，而在过去这些土地是用来播种黑麦的。在法国，通过这些方法使农业得到最显著改善的地区，小农的经济状况较好。但是，该王国的其他地区，他们仍然吃得很坏。”(《小土地所有者》)

此外，“法国将近有 2/3 的居民几乎完全没有肉食，而 1/3 以上的人完全靠燕麦、荞麦、粟子、玉米或马铃薯来生活。”(《法国的生产力》第四章)

当我经过这一幅员辽阔的国家中耕种得最好、最富庶的法北即法属佛兰德时，我所了解的情况与这种说法是完全一致的。在我看来，那里的小土地所有者还没有我们英国的农业计日工吃得好，这是明明白白的。对他们来说，啤酒是一种太贵的奢侈品，由于该地既不生产葡萄酒又不生产苹果酒，所以清水就是他们的唯一饮料。他们的食物几乎全是植物，难得吃到肉类。如果偶尔吃一些，也不过是猪肉而已。杜宾先生告诉我们，在法国每年猪的屠宰量接近 400 万头。他说：“这是小农的食物。”如果我们认为这种食物仅限于农村人口消费的话，那就大错特错了。因为，其中很大一部分是在城镇中消费的，并由猪肉商以各种方式来加工和包装。即使根据这一假设来计算，全年每个小土地所有者的家庭也分不到一头猪。因为，正如我们所知，这些家庭的数目是在 400 万个以上。

这些事实和陈述，都没有使我们对数量很多的法国土地所有者的舒适生活有一个恰当的看法。但是，当它们有助于表明土地的再分割不足以使广大的农村人口的境况富裕时，我们不应由此作出结论说，他们的贫困是由于这一原因引起的。正如我们从大革命前到过法国的人，尤其是从亚瑟扬格的证言中得知的情况一样，如果他们现在是贫困的，那么他们在该历史事件之前更要贫困得多。那时所发生的大地产分裂不能不大大改善了大批人民的状况，至少在一个时期内是这样。因此，从长远来看，无论这种分割制是好还是坏，目前农民经济状况总要比从前好些，这是十分自然的。如果考虑到贵族大地产分裂的时间还并不那么远，那么我们倒要奇怪人民的境况为什么不比我们发现的情况更要好些。

我在萨瓦消暑期间，经常有机会去研究眼下考察的这种制度的影响。在革命战争初期，该地已采用了法国的继承权法。尽管自1815年和平以来老的法典，即罗马法已重新生效，可是仍然实施着平均分割。至少对儿子来说是这样的，因为女儿只能得到合法的较小的一部分，它不过是每份中的1/3或一半而已。除了完全按照贾斯丁尼安编定的罗马法规定的限额分给女儿的那份财产之外，其余都在儿子之间平均分配。[①] 看来，虽然在法国入侵之前的法律是同现在相同的，但是实践上是有差别的，因为分割土地只是从法国入侵后才开始的。由于这种分割已发展到非常严重的地步，所有报道都认为过去40年以来人口有了很大的增加。[②] 居民的状况决不是值得羡慕的。他们的食物都是植物，包括主要由黑麦制成的面包、玉米、马铃薯和菜园的各种产品，特别是芜菁。农

① 根据罗马法规定，如果父亲死后留下的子女在4个以下，那么在他们之间合法分配的部分为1/3。如果有5个以上子女，在他们之间分配的部分为一半。因此，在每种情况下，父亲都能随意分配他一半、往往2/3的财产。在罗马史上更早的一个时期内，在子女间合法分配的部分仅占1/4。

② 我注意到一个事实，它可作为最近人口大量增长的一个证据，即在萨瓦最好的一个地区，从尚贝里一直向北伸展的那个地方，我所看到的老年人很少。可以肯定，在一个不健康的国家里，这一事实看来表示他们是为数不多的人遗留下来的代表。

民很少吃到小麦面包。可是,耕畜的饲料和燃料是他们最感缺乏的两种东西。我们无法设想,还有什么比他们不得不用修剪树枝和篱笆所得到的树叶来用做饲料更为困苦的了。这是他们牲口的一部分冬季饲料。因此,当我们看到这些可怜的牲口在早春的那种悲惨状况时也就不以为奇了,它们常常疲弱得无力站立起来。人们也备受缺乏燃料之苦。在冬季,他们不得不在牲口棚里蜷缩在一起来暖和身体。从前,这个国家覆盖着树林,但这些树林在前40年中遭到了极度的破坏。这些小土地所有者的需要是如此急迫,以致他们不能等到一棵树长高就得把它砍掉,结果使树木不能成材。这是穷人最大的特点,而这种穷人就是农民。我们看到在许多山上树林开始在生长起来,而且长得还不错,但由于这些小树三年左右就要被砍伐一次,因而从它们上面也得不到多少好处。在瑞士,分割的制度是与自由政府和普及教育同时发展的,而在萨瓦则后两种利益至今仍然非常缺乏。这也许有助于解释这两个国家的不同状况,虽然它们都盛行这种制度。可是,我们也应看到萨瓦的农民虽很贫困,但非常有道德,而他们的举止是有礼貌的,同样脱离了粗鲁和卑躬屈膝的奴性。

至此,我已概述了农业所特有的情况,这些情况可以被认为或是限制了或是扩大了那些影响一切行业的一般原因,即一般说来,由比较少的富裕雇主—资本家进行生产比许多小雇主兼资本家从事生产对国民财富更为有利。我们从全部论述中不能不得出的结论是:虽然我们不能以制造业或商业那样大的规模来有利地经营农业,但是在我们面前的这种情况下,上述的一般原因却被农业本身特有的其他情况加强了,这种特有的情况使农业企业再分割为

小单位对一国的财富特别不利。而且我们发现，农场的再分割必然导致地产的再分割，从而使我们考察了这种制度可能产生的后果。按照这种制度，土地就应平均地分给家庭中所有子女。在此，我们有机会注意到小土地所有者的习惯。这种习惯之有利于积累，正像大土地所有者的习惯之促成铺张浪费一样。但是，我们发现，尽管小土地所有者的耕作制在各个方面都优胜于小佃农的耕作制，可是不能认为它会像一批富有而有事业心的雇主—资本家的耕作制那样有利于国民财富。诚然，农业本身的这种情况，也许还不足以成为反对平均制度的充分理由，因为广大农村人口从他们之间分割财产中得到的幸福也许远远超过财富绝对量减少所带来的不利。如果我能看到有什么办法可以有效地制止土地的过分再分割，那么我肯定会像在动产的情况下一样倾向于同意这个结论。我们已寻求过这样一种制止办法，可是毫无结果。除了人口变得停滞之外，看来没有别的办法可阻止土地的过分再分割。因此，不管我们每想到这样一种情况时可能会多么高兴，——在地产普遍分散的国家中，大部分农村居民因拥有一小块土地而享有相应的家产、尊严和独立性，并具有远见、谨慎和节约的精神——但是平均分割制一旦被完全采用，它就会被推行到如此地步，以致最终必将形成普遍贫困和野蛮状态。由于存在着这样一种极大的危险，我们就被迫（虽然很不愿意地）决定反对可能最终导致这种灾难性后果的办法。无论地产的过分集中可能会带来什么样的弊病，同地产的过分分割所产生的弊病相比，它们毕竟是小的。

所以，我有这样一种意见，即在这种情况下对一般规定应做出一个例外。在一切情况下，允许立遗嘱的完全自由。但在死者没有立遗嘱的情况下，除了土地之外，通过法律规定，各种财产应在子女间平均分配。在这里，立法机关一定要干预，在不限制遗赠权利的情况下，用它的法令来认可保持地产完整的习俗，以防止土地过度分割造成种种令人不安的弊端。这种法令一定要完全足以使大家遵守这种做法，也根本不需要详尽的叙述。这些集中财产的措施无论是永久性的还是暂时的，都应成为无法超越的障碍。因为大量分割土地是件坏事，所以我们就得走向另一个极端了吗？不。当一个人在未留遗嘱的情况下死去时，立法机关必须选择他后裔中的一个人作为他地产的继承人，这个人当然是家中最年长的一个。但与此同时，法律应当责成他给每一个弟弟和妹妹用货币来偿付一个适当的部分。当然，这部分钱应随着财产价值的不同而有所不同。

我们应以财产权本身所依据的同一理由，即一般的便利，来捍卫把土地传给长子的惯例。如果这种便利得到了明确的理解，那么这种情况并不比另一种情况更不公正。

跟每天除了闲逛或打鹧鸪之外无所事事而生活阔绰的大地主相比，一个不得不整天苦干以便为他自己及其家庭获得很少一点生活资料的穷人，也许认为他的命运确实是非常艰难的。诚然，任何一种排他性的财产权利一经采用，不平等就立刻产生，虽然它可以被节制，但绝不能完全被防止。因此，在贫穷而勤劳的人与富有而无所事事的人之间，总是存在着这种常见的对比的可能性，但是没有一个有理性的人因此而想去反对这种财产制度。

同样，虽然家庭中的某个人单独继承父亲的地产也许看来十分令人震惊，但是，从整体来看，这一惯例如果比相反的制度对国家的普遍繁荣更为有利，那么弟妹们也就无权抱怨。此外，根据我所推荐的方案来看，如果父亲认为把他遗下的土地分割开并没有什么不利的话。他还是有权立下一份指明要把土地分割的遗嘱。地产的大量集中绝不是我们所希望的——这一极端和另一相反的极端均须避免。我认为，刚才提出的那种方式，是达到避免这两种极端的唯一适中的方式。

第九章　同一个问题的政治后果

以上关于地产分割优缺点的考察几乎完全属于经济方面的。严格说来，唯有这种考察才符合像目前这样一部著作的性质。我尚未涉及这一制度在道德上与政治上的后果，因为本题的这一部分与另一部分是完全不同的，而且它本身开辟了一个广阔的研究领域。虽然这方面的问题不属于政治经济学研究的范围，但在我尚未提出一些看法之前，也不能完全放弃这一最有兴趣和最重要的问题。

我在考察地产再分割在政治上的得失时，首先想到的是这件事主要取决于一国政府的性质。相同程度的分割对共和政体也许是，而且必然是很好的，而对君主制度来说，可能是致命的。所谓共和政体，我的意思当然是指真正的民主政府。因为，废除王权之后，在政府机构中几乎没有民权的国家或至少被贵族分享很大一部分权力的国家，也经常使用共和政体这个词。

我认为，完全可以肯定：如果没有财产的、尤其是地产的相当程度的平均，纯粹的民众政府是不可能存在的；如果没有土地贵族，则君主制度也不可能巩固，看来这也是无可置疑的。因此，我们想要采纳或支持的政府的性质必然决定着我们所期望的制度在政治上是否得策。这一点只是让我们牢记：我们不能调和矛盾；如果我们希望得到某种结果，我们必须采取达到这一结果所必需的手段。

例如，在共和制机构包围下的君主政体，是一个不久必将毁灭它自身的政治怪物。这是法国第一届国民议会所犯的大错误。大多数人希望君主政体，我毫不怀疑，他们真诚地抱着这样的希望。可是，他们却通过建立与王权并存的、具有过于民众性的机构来务必使君主制成为不可能。虽然这些机构中的大部分很快就消失了，被革命的洪流扫除了，但是继承权的法律却依然被保留了下来。[①] 这是第一共和国所做的一件大事，它经受住了帝国的专制与波旁王朝阴险而横暴的统治，整个改变了法国的方向，并逐渐深入了人心。因此，现在企图去改变它看来是十分愚蠢的。但是，毫无疑问，只要它继续存在，专制政体就绝不会十分安全。

由于上述法律的缘故，该王国现在处在这样的地位：王权没有足够的支持，而共和政体是不可能的。也许没有必要提及这一论断所依据的理由，但概括起来说，它们是这些：第一，人民在君主制

① 这个法律经历了若干次修改。立宪会议根据 1791 年 4 月通过的法律规定，未留遗嘱的死者，他的全部财产应不分性别和长幼在他的后裔中平均分配，但这一规定并不与留遗嘱的自由相抵触。这一法律被国民大会在共和国二年通过的一个法令（二年雪月 17 日的法令）保留了下来。这一法令允许有直系亲属继承人的所有者，有权处理不超过他 1/10 的财产，而在只有旁系亲属的情况下，只能处置他财产的 1/6，其余一切财产均须在他的子女中或其他继承人之间平均分配。此外，它还规定，所有者不得将其任意处理的部分留给最喜欢的一个孩子，而只能留给局外人，如果把它遗赠给合法继承人，则也须平均分配。根据现在作为该国法律的拿破仑法典的规定：如果父亲只有一个孩子，他可任意处理他的财产的一半；如果有两个子女，那么他可任意处理其 1/3 的财产；如果三个以上，那么有 1/4 的财产听他支配，其余一切财产必须在子女间平均分摊；如果他死时不留遗嘱，则全部财产应在其子女之间平均分配。

度下形成了完全与自治对立的古老习惯；第二，欢快、爱好享乐、容易激动、反复无常和缺乏坚韧的人民性格，是与控制纯粹民众政府素有的不稳健和轻率所需要的那种稳健的、商业性的和会打算的气质完全不相容的；第三，国民喜好军事荣誉；最后，其他欧洲国家的政治状况。这些国家的君主绝不会容忍在他们近邻有一个伟大的共和国，这种状况不可避免地引起战争，不论哪一方胜利，它必定很快使民主政府垮台。如果别国胜利，则通过外国干涉或内部的动乱来推翻民主政府；如果本国胜利，则通过某一个胜利的将军的野心来实现这一目的。

因此，继承法本身还不足以使共和制成为可能，而它却使君主制不安全。法国今后的命运不能不充满着极大的不稳定，我们不能认为它已消除了过去的经历。该国政府在过去四十年中的频繁更迭，从极端放任到极端专制以及自目前的王朝即位以来连绵不断的动乱，都是为大家所熟知的。这些便是人们从希望达到某一目的中所体验到的弊端，但是他们拒绝采取对它的持久存在所必要的手段。

对所有处在改革中的国家来说，法国的例子应该成为前车之鉴，要避免把改革推进得那么远以致危及人们本想去支持的政府形式。如果目的是要完全变革政府的形式，那么这又是另一回事了，而且应该以它本身作为论证的基础。我所指的是这样一种情况，即保持这种形式的完整是大多数人的愿望，不过大家都希望尽可能纠正这种制度的弊病。

所有考虑到这一点的官吏的特殊使命是，要清楚地看到他们的措施将会引导到什么地方，并且要记得，有许多变革本身，抽象地说，也就是在不顾及现状的情况下来说是好的，但是它们可能危及那些他们都不希望看到被颠覆的组织机构及其制度。因此，如果人们承认，在条件许可的地方，家庭所有子女间平均分割地产就其本身来说是最合理的制度，但是它绝不意味着，由于这个缘故，我们就应该希望采取这种制度。如果该国的政府是君主政体，如果我们确信这种形式总的说来最适应我们所处的社会状态，甚至还确信伴随着变革而来的风险太大，那么我们必须下定决心去忍受这种制度所固有的不便，就像去忍受所有其他社会制度的不便一样。因为绝不是只有君主制或贵族政治才有它不可避免的弊端，民主制也有它自己特有的其他不可避免的弊病。首先，我们必须确信有些利益必然是相互排斥的，因此我们不可能同时完全享受两方面的好处。一个十分谨慎的君主政体不可能享受到像一个真正的民众国家一样的平等，同样也不会显示出像真正民主政府那样的惊人活力。而在另一方面，我们也不能期望在共和政体下会有像国王与贵族统治下一样的稳定。因此，我们必须决定我们大体上喜欢哪种制度，并且在作出了抉择之后，我们一定要坚持我们所选择的对象。尽管它必然带有许多弊端，也不管这些弊端可能在多大程度上为相反原则的采用所阻遏，我们还是要牢牢记住它们绝不能完全被防止的，并且要始终如一地考虑到我们希望支持的制度的安全。

如果一个制度还有些力量和朝气，它不能不趋向于某种过分，因而也不能不带来某些弊端。只有使这种制度处于绝对的低能，才能完全排除这些弊端。拿一个人来说也是如此。没有激情的人做不了坏事，因而他也做不成好事。同样，如果目前法国的古老贵族政治不能损害这个国家，那么它也不可能对这个国家有用，它已处于完全无所作为的状态。

这些考察必然把它们自身同一般的财产，尤其是地产的继承问题联系在一起。因为，在一切可能引起激烈辩论的政治问题中，这是一个无与伦比的、最为重要的问题，它是该“国”拱门上的真正的拱顶石；因为那里有什么样的所有制，那里或迟或早也就有什么样的政权。这两个方面必然是互相关联的，只有在个别情况下和在短期内才会有相互脱节的现象。

取得权力的欲望是拥有巨大财富的必然结果。某种欲望的满足，为达到另一种欲望的目的提供了可能，因而只会导致另一种欲望的产生，这就是人性的素质，因为我们绝不会对于自己明知做不到的事情寄予强烈的希望。所以一个对财富厌腻的人便会追求在他的财力所及范围内的其他显贵。比如说，一个在保险柜里装满了黄金的商人，渴望结交贵族和同他们联姻的荣誉。

但是，一切荣誉都不能像权力那样点燃起富人的欲望。因此，一般地说，拥有比他们的同胞更多财富的一批人，绝不会仅仅满足于平等分享政治权力。不管他们将怎样统治，不外乎通过正当的手段或是使用卑鄙的手段来统治。如果不是用政治影响和秘密的贿赂来统治，那么暴力必将导致要么建立起他们的绝对统治，要么立即使他们的权力和他们的财产彻底崩溃。

在土地通常完整地由父亲传给儿子的地方，不仅使造成权力不平等的财富的不平等保留下来，而且使每一代所有者从前辈那里取得力量。这种力量不必从新开始建立，而是有着现成的基地、播好的种子和成熟的庄稼。连续好几代地保持着一致的目的与一致的努力，这种情况不能不大大加强土地贵族的权力。

每个家庭都被固定在一个地方，也是一个极为有利的条件。由于他们一直在同一个范围内发挥作用，他们的影响必然比他们有时在一个地方有时在另一个地方试试他们的力量要大得多。从前，苏格兰的地主对他采邑上的人拥有至高无上的权力。只要在土地长期掌握在同一个家族手里的地方，这种权力仍然是强大的。

不仅当代的土地贵族而且他们历代祖先的这种计划和努力的连贯性，不可避免地造成一个结果，即加强他们的力量。这种地产的继承制是一批富有的世袭地主拥有力量的主要源泉，从而也是他们所要支持的任何政府稳定的源泉。对每件事情，不论是大事还是小事，确切明了你要达到的目的，并且坚定地朝着它前进，总是成功的首要原因。

但是，在土地的不断再分割已摧毁了所有那些原先从拥有比别人更多的财富中产生的、后来又被习俗和社会联系所加强的家庭影响的地方，不再有被共同利益的感情与对权位的热衷联结在一起的、在保卫与他们自身的权力成败攸关的现存制度中顽强地团结起来的一批所有者了。但是有人也许会说，不断地实行平均分割所引起的土地所有者人数的极大增加，使政府取得了更大的一批人的支持，因而必然会大大加强起来。因为，他们认为，这批人特别喜欢秩序，而对可能危及他们如此珍爱的小地产的任何变革非常恐惧。可是，我们必须牢记，这批为数很多的小土地所有者所共有的感情是喜爱一般的好政府，而不是强烈地钟爱某种特定的政府。

这一阶级中的任何一个人从好政府那里得到的利益，例如人身与财产的安全，它们所具有的消极性往往多于积极性，特别是具有类似的性质，即这种巨大的利益直到它失去以前是绝不会被充分认识到的。如果一个野心家或本意良好的人提出了任何一个貌似合理的计划，这种计划可能允许在一个新形式的政府之下有平等的保障和更少的公共负担，那么什么东西能阻止这批小土地所有者赞同变革呢？他们有的只是害怕某种无法预见的灾难，而绝不是喜爱现存制度的强烈感情。但是，人的思想一旦不为压倒一切的明确欲望所支配，各种打算和摇摆不定就没个完结。理智像一只没有舵的小船，在接连不断的每一个浪头的支配下左右摇摆。人最重要的是需要有一个行动始终一贯的强烈愿望。尽管不存在偏爱任何特定制度的一切前提常可防止偏见，因而也最适于在会议室里空谈，可是它在实际生活中是不行的。权衡任何一个被提出来的步骤可能有的一切有利方面和不利方面的习惯，是与行动所要求的敏捷和干劲绝然相反的。即使在无人可与之商量的情况下，一个人在行使职权时尚且深感过于平心静气和慎重考虑之不易，那么当我们不得不把许多冲突的意见统一起来时，其不便程度也就可想而知了，“各种意见不可救药的分歧，在一切问题上缺乏明确的说明”不是大家都已熟知的吗？[①]

因此，所有拥有些财产的人，在这些人不仅确信现存制度总的说来是好的而且相信它们是最合理的制度之前，对好政府的一般喜爱，绝不是防止变革以及随之而来的危险的因素。可是，如果他们不去尝试一下另一种制度，他们怎么能确信这一点呢？那么什

① 佩利。

么时候才能把足智多谋之士所能设计的一切可能的混合物都试验过一遍呢？一般喜爱好政府就是如此地不能把人吸引在任何一种特定的政府之下的。

然而，当国家早已被接连不断的变革所动摇和弄得疲惫不堪的时候，就易于产生一种情绪，它将给政府以某种稳定并在某种程度上恢复对现存制度的留恋。然而这种制度因处在那么多的动荡不定之中，所以一直没有时间完善起来。这种情绪不会是对现存制度的强烈的爱，而是恐惧不可预测的变革所引起的后果，以及国家所经历过的那么多的灾难。因此，特别是在土地所有者之间将产生一种保守情绪。这种情绪很可能不会持续到超过当时一代人的时间。要不了多久，新的一代必将成长起来。毫无疑问，他们也许曾经听说过他们的国家曾经因政府的不断更迭而遭受过许多不幸，但没有亲眼见过这些灾难，而这种印象是同口传与目睹的经验之间的差别成正比的。

但是，即使我们假定大批小所有者非常喜爱他们国家的政府，而且一点也不想进行新的实验，他们仍然不可能像贵族那样对现存的制度怀着炽热的爱。因为那种制度使贵族有了生气与活力，他们不仅从这些制度中得到了社会上一切阶级都共有的人身与财产的安全，而且除了这些一般的利益之外，还尝到了权势的一切甜头——荣誉、权力和酬金。要使任何一个政权稳定，大量有产者或甚至全国大多数人对它有好感是不够的，问题是这种感情是否如此强烈，以致使他们有可能在保卫它的时候不避艰辛和危险，甘冒死亡的风险。这便是需要考虑的真正要点。

这一论点有助于解释，在违背广大人民愿望的情况下，一个积极的少数怎么常常会实现政权上的改变。就愿望来说，人民都站在当局的一边，但是当有必要作出个人安逸、财产和安全的牺牲时，政治上的同情也许不够有力到把愿望坚持到底。在旧政权存在的时候，曾经阻止他们竭尽全力地保卫它的同一种不冷不热的感情，将使他们静静地屈从于新政权，或者屈从于任何别的及时取得成功的政权。

当土地掌握在富有而有权势的贵族手中时，情况就大为不同。这些贵族在保卫现状的时候，不仅一般地保存了整个制度，而且特别是维护了他们本阶级的特权。这种双重动机强烈到足够克服人类天生的惰性，激起他们的精力去积极反对一切可能危及、哪怕是间接地危及与他们的财富和权力不可分地联结在一起的制度的革新。正因为人数少，所以使他们更易于联合，这一点对他们努力的成效是非常有利的。与此相反，当土地在无数小所有者之间分割以后，联合的困难却使个人的斗志涣散。

这些便是使财产的极度再分割，尤其是土地的极度再分割不利于政权稳定的原因。这些原因可归纳为两类：第一，这类群众在现存制度中缺乏某种特殊的利益，这种利益具有如此强烈的吸引力，以致使相当数量的一批人对现存的制度有着坚定而执着的爱。他们也许对现存制度是有好感的，但是惰性太大以致在紧要关头不能作出重大的贡献。[①] 第二，由于他们人数众多，财力有限，这种情况使他们中间许多人不能经常开会，以及因缺乏任何比较小的、善于在通常情况下影响其下属人员因而在非常紧急的时刻能作好准备和保证它的下属服

① 许多人一直认为非常奇特的梭伦法是反对恪守中立的。十分明显，它的矛头是指向一大群惰性的和不热情的公民的，他们在内乱中容忍事情听其自然地发展，这样，就为少数感情激烈的人准备好胜利的条件。

从指挥的机构，所以小所有者之间难于联合起来。

不管威胁现存政权的变革可能具有什么性质，也不论这些变革是倾向于扩大还是限制目前享有的自由程度，这种财产的再分割以及随之而来的贵族政体的消失，必将大大助长社会的大动乱。这是一个应该记取的重大教训。不仅民权的维护者将找到称他们心意的平等制度，而且狡猾的、蛊惑民心的政客或幸运的将军也会在他们国家自由的废墟上寻求飞黄腾达。同一种惰性和缺乏团结使前者即使在违背多数人愿望的情况下也能在民众的旗帜下造成一次革命，而在另一种情况下也会使后者能够升起文官专制或军事专制的大旗。

但是只要财产状况保持不变，专制本身也不见得比任何别种更为民主的政府稳定多少。

罗伯斯庇尔的统治仅持续了极为短暂的时间，而波拿巴的一切军事声誉也绝不能保住他的王位。甚至他的直接继承者尽管在没有外国侵略的情况下也遭到了同样的下场。在人民曾受到自由思想影响的地方，他们决不会长期屈从于专制统治。当他们被一连串民众的变革和动乱弄得筋疲力尽的时候，他们也许向它屈服一段时间，而在未曾目睹这些动乱的新一代成长起来之后，暂时的建筑物必将倒坍。因此，政权将在民众的放纵和专制统治这两个相反的极端之间动摇不定，始终未能把它自己在两者之间确定下来。

我们可以引用所有古代真正的民主共和国，例如雅典、叙拉古斯和许多其他希腊国家、中世纪的意大利共和国、英国的共和政体①

① 指自 1649 年克伦威尔处死英王查理一世始，至 1660 年封建王朝复辟止的英国共和政体。——译者

和法国的革命政府的历史事例，来证实这些论点。

美国不能被认为是个例外，因为它的建立还不到50年，而且它所处的情况十分特殊。在此，提出其中的两个重要情况也许就足够了：第一，它不可能发生任何重大的土地战争，因为它没有邻国，所以它免除了共和国面临的主要危险——军事统治；第二，它还没有穷人。一片无边无际的肥沃处女地使这种情况成为可能。因此，使它避开了民主政府曾碰得粉身碎骨的另一块石头，即贫困居民的骚乱。

另一方面，在人民群众从来没有听到过民众的权利更没有享受过这些权利的国家中，虽然君主无需担心民主主义的反抗，但是如果他的王位失去了一批富有的所有者的支持，它必将长期处在军队首领的野心或骄纵不满的军人骚乱的威胁之中。缺少土地贵族一直是一切东方政府不稳定的主要原因，是恺撒和伊斯兰诸国王位不稳的主要原因，从而也说明了世界上许多最好的地区之所以长期稳定或衰落的条件。在一个成功的将军或一队古罗马禁卫军、土耳其卫队或近卫士兵都能在任何时候改变一个帝国命运的国家里，哪里还有财富、安全和文明发展的余地呢？[1]

也许世界上没有一个国家的君权像波斯君主的权力那样地完全不受限制了。正如在所有其他东方政府中的情况一样，人民根本

① 吉朋在谈到应召前去做保卫工作的土耳其卫兵很快学会了支配软弱的巴格达哈里发时，他作了这样的评论："每当土耳其人为恐惧、狂怒或贪婪所激动时，便拴住这些哈里发的双脚，把他们倒拖出去，剥光衣服在炽热的阳光下曝晒，用铁棍打并强迫他们用退位来换取暂缓他们无法规避的命运。""军事专制的祸害都是如此相似，以致我似乎在重复罗马禁卫军的故事。"这便是从赫赫有名的哈伦阿拉希德哈里发时代以来悲惨的衰落景象。参阅《罗马帝国衰亡史》第十卷第五十二章。

没有权力，至于贵族的势力也几乎丧失殆尽。这种情况的后果确实是令人吃惊的。除了毫无约束的统治所引起的其他弊端之外(人身和财产安全的永远得不到保障以及由此而引起的恐怖，波斯王本身及其下属官吏无休止的勒索)，波斯还不时处在争夺王位继承权的一切恐怖之中，整个王国一直遭受着战争的蹂躏。征服者的谨慎戒备，使上层社会中许多在斗争中幸免于难的人惨遭杀戮。每一次这样的战争，通过对贵族的杀戮和洗劫只是使成功的国王的权力比他的前任更加不受约束，因为只有这些贵族，才能稍微阻挡他旨意的满足。① 这些无休止的战争是由于没有有效的贵族统治而引起的(因为在政治上人民群众是无足轻重的)，因为这些纷争对所有的人，尤其是对贵族的利益是致命的，所以他们可集合在一面旗帜的周围来阻止这些纠纷。②

另一方面，如果我们看一看那些世界史上存在时间最长和最强大的政权，我们总是发现：不管它们政体的外部形式有什么不同，但是在至关重要的一点上它们是完全一致的，即在政府的构成中至少有相当数量的贵族成分。

在这些政府中，古代的罗马是最突出的一个例子，——在当代，则是大不列颠。奇怪的是，前者作为一个由民主的活力与贵族的稳定相结合而产生的令人惊讶的实例，至今仍未给予详细的研究。全部罗马

① 波斯国王阿加穆罕默德说："什么样的人我没有杀过呢?""因此这个孩子(他的侄子和继承人)可以安安稳稳地统治了。"

② 参阅詹姆斯·B.弗雷泽所著《霍拉桑记游 1821—1822 年》。

最近在波斯又发生了一起继承权的纷争。已故的国王法蒂·阿里的50个儿子在为争夺他的王位而战斗。

共和国的内政史呈现了这两种相反势力之间的长期斗争，因而这两种势力得到了十分恰当的平衡。一方面是平民大会和平民的选举、民选的护民官以及在后期还至少有一个民选的执政官。另一方面，元老院和贵族的行政机关。最初，执政官和大部分其他地方行政官是从贵族中产生的，可是后来这些人都是在两个等级中选出的。我毫不怀疑，这个奇妙的国家史无前例的强大和持久，主要在于在它的构成中这两种成分的巧妙结合。在当代，同样明显的实例是英国。自罗马帝国覆亡以来，所有英国贵族的陋习，有没有妨碍它达到强盛的顶点和任何一个国家都无可与之匹敌的繁荣呢？在现代，我们哪里找得到一个王国曾在这样长的一个时期内享受到自由与秩序的幸福呢？[①]

① 也像古罗马一样，在大不列颠，贵族政治与民主政治之间过去有过长期的斗争，但一点也没有影响到该国国内的繁荣和国外的声威。近年来，斗争已变得特别激烈，民主主义者对其政敌已取得了很大的胜利，议会选举法修正法案等等可作为明证。在大英百科全书的增补本中，"论政府"这一很有才识的文章企图证明，在任何一个政府中绝不能并存两种相反的势力。这是我所知道的企图努力用推论来反驳事实的最奇突的例子。我说事实，因为谁能严肃地否定英国的政体中不仅存在着民主的成分而且也存在着贵族的成分呢？这位作者这样问道：一个政权怎么能防止吞没掉另一方呢？即使承认最终的情况可能就是如此，但是同时也得承认它们可以长期共存，甚至可达几百年之久。确实，并不十分和睦，也许相互之间还经常有公开的或秘密的斗争，但是由各种情况所引起的这种斗争，也许在双方都并不诉诸武力的状态下一直令人惊异地拖延下去。这种状况可能是争夺的最终阶段。

为了证明这一点，我只需提及罗马与英国的历史就行了。正如我所说的一样，全部罗马共和国的内政史只不过是贵族政治与民主政治之间的斗争史。这种情况只有到双方都被军事领袖的野心粉碎的时候才结束。最好还要注意到，直到蒂勃留斯·格拉古斯时代，这种斗争是不流血的。除了贫民的增加和随之发生的致命性的内部纠纷之外，征服的扩大和因此需要维持远离祖国的大军并长期把公民投入军队，这些便是使罗马的自由终于毁灭的主要原因。古代王朝的神圣不可侵犯，只有在强有力贵族的重大帮助和支持下才能抵御胜利的指挥官及其忠诚的军队。要是没有上述的原因，罗马的混合政府可能维持多长时间就很难说了。

我还可提出存在了近四百年之久的威尼斯和至今尚存的俄国作为强大而持久的贵族政权的鲜明例证。在这两个国家中，由于前一个国家，至少在它的后期，民主力量已衰落到一无所有；而在后一个国家，它还没有上升到重要的地位。所以，这些国家在给我们提供了贵族统治长处的卓越榜样的同时，也给我们提供了不公正和压迫的令人信服的证据。但是它们还是有助于确立我目前想要作出的论点，即稳定是这种政府所特有的和不可分的特征。这就是俄国使欧洲其他邻邦害怕的主要原因。

虽然有几个莫斯科的沙皇死于暴力，但是这些事件丝毫没有干扰该国的安宁。一切事情还是像从前一样地进行，只不过是又一个皇帝被埋在他祖先的墓穴里罢了。在我们的时代，该国政府的稳定受到了更加意想不到的检验。我们见到，一位已成年的王子，除了性格的温和之外一无所长的皇位继承人，甚至没有尽力斗争就把皇位让给了他的胞弟，因为圣彼得堡的军事暴动在没有君士坦丁参加的情况下那么快地被平息了。是否有可能提出一个比贵族支持的政权更为稳定的鲜明事例呢？虽然俄国的君主自称为独裁者，而且在名义上也是专制的，因为宪法没有限制他的权力。但是，实际上他的权力是有限的，正是在这些限制之下才受到富有而最有势力的贵族的拥护。把俄国的例子同上述波斯的事例作一比较，在这两个国家中君权在名义上都是不受约束的，但只有后者，君权才真正受到限制（虽然两国的人民都没有任何势力），而它们之间竟有天渊之别！在一国，尽管存在着农奴制，但是财富和人口迅速增长，而其余的一切文明要素，也在广泛君主制许多世代以来享有的安定局面的保障下，缓慢而确定不移地发展着。而在另

一个国家里，战争、劫掠和荒芜却绵延不断。

理论和实践都证明了贵族而且只有贵族才能提供稳定。因此，不管人民是否已上升到足够重要的地位来影响国家大事，某一部分贵族总是每个可望长治久安的政权中必要的组成部分。

但是，在家庭子女间平均分割土地的法律或习惯则完全消灭贵族。那么，我们是否不得不做出反对这样一种实践的结论呢？

第十章　道德上的后果

在论述了家庭所有子女间平均分割地产的经济与政治后果之后，我只需比较一下这一制度与另一相反的制度在道德上的后果就行了。

我首先要谈到反对平均制度的最常见的论点之一，这就是：根据长子继承权的规定，必然只有一个家庭成员是无所事事的。反之，如果所有子女都能得到父亲相等的一份遗产，就无人必须工作了。一个人无所事事总比许多人都无所事事好些。

我必须承认，在我看来，这一异议是肤浅而无远见的。事实上，假定现在第一次采用这种平均制度，那么不管它的直接后果是什么，在我看来，它的更为持久的最终后果必定正好与上述论断相反。这一制度因缺乏一批这样的人（他们摆脱了谋求生计的麻烦）所引起的弊端，恰恰具有相反的性质。

在任何一个第一次废除了长子继承权的国家里，确实会发生这样的情况，即在前一种制度下须自谋生财之道的殷实家庭较年幼的子女，现在他们发现已有足够的财产来维持满意的生活而无需设法增加他们的收入了。如果这种情况毕竟是一种弊病，尽管一点也不清楚这是否是一种弊病（因为如果一个人没有必要为他的生活而劳动，那么他为什么必须这样做呢?），那么这种弊病也不大可能长期持续下去。

因为，如果这一代人不去增加他们的财产，显然，当这些财产最终在他们的孩子间平均地再分割之后，每一个孩子都将比他的父亲更不富有，从而有必要从事某种有利可图的职业。如果人们不去增加他们的财富，虽然风险少，但是在一代或至多两代的时间里，他们的子孙将贫困得足以促使他们尽力工作。确实，这是一种奇特的反对意见，如果它有什么好处的话，那么它好就好在证明了它所竭力反对的制度反而使每个人如此富足以致免除了辛劳的必要！

不幸的是，人们尚未想出这样的妙策。据说，人在破落的时候，会遭到这样的责难："拼死拼活地操劳来挣口苦饭吃"，而且他的确也躲不开这种初时的咒骂，我们也不可能想出什么办法来使他免除这样的命运。

正如我所说的一样，这种平均制度的真正弊端，具有一种与上述异议所作的推想恰恰相反的性质。它的趋势是使一切人都处在同一水平上，阻止任何一批人上升到这样一种地位，由于他们优裕的境况，使他们免除谋生的必要，从而也摧毁了一切闲暇，而这种闲暇乃是知识与文明的进步最必要的条件。这样的一批人对任何一个社会的重要性是不可能被估计过高的，因为它决定着一切知识和文化的发展。

凡是我们考虑到每一个国家在法制的进步、技术与科学的发展、生活与风俗的雅致等方面的利益，总之，考虑到崇高的宗教和道德情操在整个社会上的盛行，我们同样都将不得不承认：一批免除了挣钱的苦役而有时间培养他们智能的人，对整个国家具有多么大的价值呀！

波拿巴把英国人称之为商业国民。如果他把这个词使用到美国人的身上，那么他也许更公正得多。在美国，商业活动就是一切。追求货币的热情普遍占上风，从缅因州岩地到路易斯安那州的沼泽都一味崇拜财神菩萨。为了追逐财富，科学技术、文学、高尚的思想风度，甚至连娱乐都一律被忽视了。不管这样一种制度对于广阔而肥沃的国土的开垦和移民可能多么适用，我们仍然不能认为它是社会状态中最可喜和最完善的样板。

可是，在平均分割的习俗已存在了某些时间以后，它便倾向于产生这样一种情况，即这种因拥有财产而使他们有闲暇钻研知识的人数逐渐变得越来越少。这是从以上全部研究中直接得出的必然结论。我们已在辽阔的法兰西王国普遍看到了这一事实的例证。在那里，富有的地产所有者和房产所有者的人数在迅速减少。①

当我们在论述瑞士的情况时，已经提到了缺少士绅阶级所引起的一些不便，因而无需在此重复。但是，除了在那里已说过的难于找到恰当的人来处理重要的法律事务之外，还有，当上述阶级由于地产再分割而行将消失的时候，我试问，在没有一个常在的士绅阶级的情况下，对每一个文明社会的福利非常必要的所有其他下

① 在工商业繁荣的地方，平均分割地产制度的后果可以部分地被抵消。因为，在上述这些部门中经常赚大钱，可大量购买土地，从而在分散的同时也存在着某种集中。总之，有某些空余的时间，因为富有的制造业者和商人的儿子有可供他们支配的时间。但是，我们必须记得，正如在分割制度长期盛行的一切地方所发生的那样，当土地一旦成为农民追求的对象时，购买土地应支付的昂贵价格将阻碍富有的资本家用资金来购买土地。此外，正如在“论地租”一章中所表明的那样，小规模的耕作方法，在养活了所有用于耕作的人手之后，只留下很少剩余，因而必定大大阻碍工商业的发展。农业与其他大产业部门的一个重大差别是它赚不到大钱。因此，如果土地并不转让给富有的工商业者，那么它必将继续再分割。这就是对动产来说，我们完全承认它的平均分割是可取的，但当它被运用到地产上来的时候，则可能是有害的一个理由。

属职务怎样来充实呢？我们到哪里去找适于执行治安推事职务的人、省议会的议员（例如，法国的省和州的议会）、地方自治市的成员、道路受托管理人（因为道路最需要按地段来管理），最后还有陪审员呢？难道我们确实可以设想，所有这些职务都同样可以由这样一批人——他们的大部分时间都用在耕作他们的小地产上，从而没有多少闲暇来阅读、思考或与别人商量——来很好地履行吗？

在法国，自“七月革命”以来，为了把选举制扩展到该王国的各个地区，通过了各种具有自由性质的法律。自国民议会时期起，首先把国土划分为省，这些省再分成那么多的州，最后又分为公社。上面提到的这些法律，其目的是要给每一个这样的行政区设立一个由某一部分人民选举的议会来处理它的地区性事务。这些法律的目的是极好的。但是，在许多公社中，由于缺乏适当的人选，至今还不可能实施这些法律。不久以前，王国的下院公开宣称：在王国2/3的公社里，在寻找具有一般阅读和书写能力同时又愿意履行市长或助理职务的人员方面，困难很大。这一声明得到了赞同的表示。因为在法国，市长是很少几种没有薪金的公职之一。虽然我们假设这样的断言未免言过其实，但竟然能拿这样的虚言来妄断的社会状况该是一种什么样的情况呢？毫无疑问，发展初等教育可消除这种严重的愚昧无知，并且在国家职务方面如果不能提供比目前更愿意担任公职的人，那么也可提供更合格的人才。然而，要是士绅阶级的人数更多一些，那么人们决不会感到缺乏恰当的人选，也不会产生因没有这样一个阶级而引起的各种弊病，这一切都完全可以避免。

非常开明的法国人曾向我诉说：许多地区都体验到，由于担任治安推事和下级司法机关职务的人的无知和普遍低能而引起的弊

病。治安推事的人数是如此之多，以致如果那里的士绅不愿意无报酬地承担这种工作的话，任何政府都没有能力给这种职务支付那样高的薪金，以诱使受过教育的有才干的人依靠它来生活。因此，这种职务不得不让才干很差的人来担任。在法国，不仅治安推事的薪金少得可怜，而且下级法院的成员也同样如此。这一批人也是很多的，因为他们判决许许多多这样的诉讼。而在英国，这些诉讼是由每季开审的地方法院的法官处理的。对于那些反对大不列颠无酬长官的人来说，首先去了解一些另一种相反制度的后果必定是有好处的。

由低能是与那些生来就豪富的人联系在一起的说法得出了一个反对被称之为给长子作准备的论点，而且他们引用了法国与西班牙的旧贵族来证明这一论点。但是，在我们断言闲暇是掌握知识的必要条件时，我们根本没有认为仅仅这一点就已经足够了。如果我们说明它是个必要的条件，那倒是足够了。民主主义者与贵族的接触迫使后者要善于利用他们的闲暇，否则他们必将失去他们的权势。在一个人民有某种权力的社会里，努力的动机是那么多，活动的领域也是那么多，从一年开四次庭的法院或州议会，一直到上议院，因此上层阶级不能不好好地利用他们的时间。总之，长子继承权提供了闲暇，而舆论、渴望显达和唯恐地位的丧失，所有这一切都保证了在一般情况下这种闲暇不致被白白浪费掉。因此，不能拿专制王国的经验中所得到的论据来反对更为民主的国家中这种做法的效用。西班牙和法国的贵族陷于无足轻重的地位，是因为他们没有活动的领域，但是在很多方面，他们也许丝毫不亚于其余的同胞。他们的无能是就他们的职位来说的，而不是相对于其他阶级来说的。在大不列颠，难道除了一大批士绅之外，还有贵族院的议员不都是些与该国任何人至少一样有才干的人吗？这些人中的大多数都是生来就有财产的。

现在，我们就要谈到一种可能是针对长子继承制固有的特权而发表的极其严肃的反对意见，即这种特权引起家庭不和，引起兄妹之间与父子之间的纠纷。如果这一异议有可靠的依据，那么它足可对这个问题作出有利于反对这种特权的裁决。因为，这种制度的后果竟是如此地与道德背道而驰，难道它还能是好的吗？

让我们首先考察一下它是怎样影响子女之间的感情的。

如果牺牲家庭中其他成员的利益而使一个人致富的制度初次被任何一个国家采用的话，我就不难设想它的后果一定是惹起对得到恩惠的那个人的嫉妒。如果我们不考虑相反的一种做法的一切深远影响，那么还有什么比仅仅早生一两年就使长子的前景与他弟弟的处境之间造成了这样大的差别更不公正的呢？在少数人由于深思熟虑而接受的“制度”尚未在多数人中产生默许的地方，上面这种想法不能不在头脑中产生反映。但事实是这种做法一旦被稳妥地确立，这种制度确实会产生这种默许。那时，把整个地产传给长子就会被认为是一件很自然的事情，而家庭中的弟妹不再比他们抱怨不能生下来都当帝王更多地抱怨这样一种习俗。他们看到这种制度是普遍的，或至少是非常普遍的，还得到国家法律的支持，所以它不是双亲偏爱的结果，那么它必然是由某些通常的实用观点而产生的。如果他们仔细想一想这个问题，那么这些便是可能产生的想法，而这样的想法就会防止他们对受惠的长兄产生任何嫉妒的感情。

我想大不列颠的例子已充分证明，情况确实是这样的。在那里确实不常听说弟弟对他们长兄怀有恶意。事实上，我相信在前者之间的不和更要多得多。这是十分自然的。一切公认的优越地位排除了嫉妒，嫉妒只能存在于有疑问的、从而存在着竞争余地的场合。根据嫉妒本身的性质来说，这是一种只能在那些处于平等地位的或自认为平等的人们之间存在的情绪，而在不平等已为人们所接受与无可争辩的场合，这种情绪就不可能产生。因此，一个家庭中弟弟之间产生嫉妒比他们与长兄之间产生这种情绪的可能性更大得多，因为长兄被认为独自占着一个地位，而其余的弟妹们自幼就习惯于对他表示一定的尊敬。

现在，让我们看一看父子之间的关系是怎样受长子特权影响的吧。我在讨论这一异议的前一部分中，已对这一制度造成家庭中弟妹们对其父亲产生任何恶感的见解作了充分的解答。根据弟妹们不会对其受惠的长兄产生嫉妒的同一理由，我们便可推断他们也不可能抱怨父亲。他们看到这种制度是普遍的，而且还受到国家法律的鼓励，因而它并不是盲目偏袒的结果，而是某种共同利益的要求。但是，只要那里没有根据去怀疑过分的偏袒，那里就不会引起反对赐惠者或反对受益者的精神痛苦。

因此，我们可以很有把握地断定：我们目前正在研讨的这种做法，不会惹起较年轻的孩子对他们父亲的敌对情绪。

但是，长子与父亲之间的关系是怎么样的呢？我承认，这里我们触及了长子继承制问题中最薄弱的部分之一。必须承认这一制度将引起地产的当前持有者与其有确定继承权者之间猜忌的倾向，这种倾向是由常常使君主与他的儿子和继承者之间不和的同一原因产生的。

长子眼前的实际情况与其父亲死后他将要占据的地位之间，他目前生活上的依从地位与呈现在他面前的富有而显贵的灿烂前景之间，存在着这么大的差别，因此也许有时有点想要搬掉夹在他目前状况与未来命运之间的障碍。当人们渴望着立即跨越在他们与追求的目的之间的时间阻隔时，这就是他们在用期望的视线甚至把并不美妙的未来镀上一层金色光彩的情况下的心理倾向。因此，我们的确可以相信，在前景确实非常吸引人的情况下，要把视线从展现在前面的并向着你召唤的乐土上转移开去，绝不是一件容易的事情。而对目前状态的不耐烦则是向往着未来的必然结果。从不耐烦到急于要搬掉阻碍他们愿望实现的绊脚石之间，仅有一步之差。

另一方面，由于父亲本人曾经是长子，所以不会不了解长子所特有的情绪。因此，甚至在并不真有这种愿望和这种不耐烦的情况下，他也易于作这样的猜测。他的态度变得冷淡，慈爱也势必随之减少，并且把这种情况的产生归咎于长子的这些邪恶的念头，而事实上这些念头尚未产生。结果双方开始逐渐疏远，这种疏远可能与日俱增，直到公开决裂为止。

这确实是长子继承制的倾向。很不幸，现在它被我们在英国目击的事实所证实。在那里最为常见的是贵族的长子和他们父亲之间的不和，如果不是完全闹翻的话。就该国的整个社会道德状况来说，我不知道还有什么东西比这种情况更为可悲的了。

但是长子的特权并非这一不幸情况的唯一原因。另一个原因，即在英国通常采取的教育方式，也大大助长了这一状况。贵族的儿子从小就从家里送进学校，一年中的大部分时间他在学校中食宿，每年可以回家探亲两三次，时间只有几个星期。当一个男孩第一次被送进学校去的时候，他迫切地期待着回家度假时节的到来。但是随着离家的生活年复一年地延长，使他逐渐减弱了对父亲的感情，并使幼年时期的父子联系松懈。当男孩子成了青年，他就喜欢自己作主。这种非常自然的感情和在学校中感受到的不受管束的自由（除通常的校规有所妨碍之外），使这个早熟的青年养成了酷爱独立和任性。父亲的房屋不再是一座在一切单调无味的学习中照亮他道路的幸福灯塔，反而被看做是一所温和的监狱，而父亲就是这所监狱的典狱长。这种年轻人已习惯于爱做什么就做什么的学校生活，他甚至以欺压比他年轻的同学为乐事，当然会感到家庭的拘束是难于忍受的了。这样，父子之间的感情就疏远了，他成了他祖先厅堂上的不速之客。中学开始的住校教育制度同样在大学中得到了继续，而只有一点是不同的，即假期要长一些。在此之前，对管束的厌恶已经在头脑中深深扎下了根子，而在大学里享受的自由又那样地助长了这种厌恶，以致外部的影响仍将远比家庭的影响在他的性格上打上更深的印记，这种性格总是与管束格格不入的。

就像这样，当孝顺的感情被破坏之后，长子继承制倾向于产生的那些向往未来的阔绰、急不可待地渴望着自由、财富和显贵时期的到来等邪念逐渐在心中冒头，是毫不奇怪的。

这便是英国的教育制度与长子继承制共同作用的结果，而不是单单由后一个原因所引起的结果。我想这一点已经可以从苏格兰的实例中看得很明白了。因为与英国相比，那里允许长子有更多的特权，但那里是以截然不同的方式来教养儿子的。

在大不列颠北部，没有大的男生寄宿学校，他们只是在白天去上学，一般在晚上以前回家吃饭。大学里的制度也与中学相同。

因此，使孩子与父亲联结起来的纽带从未中断过，经常受着管束因而从未感受到什么拘束，以及对父亲的孝顺之情，这一切一直延续到成年，从而也就窒息了那些野心勃勃的想法。否则，在长子前面的希望可能使这些想法在他头脑里滋生。这些情况也防止了一切欲念中最可怕的欲念——急切地希望父亲死去——的产生。因此，恰恰在苏格兰，父亲与长子之间发生不和之少，正如在英国这类不和发生之多一样地不足为奇。①

在我看来，该王国北部地区的实例证明：虽然长子继承制确实具有父亲与他的继承人之间产生猜忌与不和的倾向，但是通过恰当的教育制度，如果不能完全防止的话，那也可以大大减少。②

但是，除教育制度之外，还有另一个应该引起注意的极为重要的

① 我认为没有比儿子常常称他的父亲为统治者更清楚地证明存在于英国的父子之间的那种关系了。我觉得这个词确切地反映了他们之间存在的那种关系。在我一生中，从未在苏格兰听到过一个孩子给他的父亲起过这样的诨名或者任何一个同义语。

② 像长子继承权的认可对一般道德风气产生的某些不利影响一样，这一倾向也没有逃脱一位有才能的作者与非常敏锐的风俗观察者德·斯塔埃尔先生的注意。在《有关论英国的书简》中，他把对有确定继承权的人有利的那种同情程度以及由此引起对老年人的缺乏感情归咎于这一原因。老年人似乎被认为是些不能马上撇在一边给上升的太阳让路的累赘，他们多活一年似乎被认为是扣除了年轻人一年的合法权利和欢乐。人总是有特别珍爱年青时代的倾向，因为伴随着它的不仅是想到眼前的欢乐而且还有未来的希望。但是，在我们现在所说的这种情况下，当未来确实是美好的时候，在脑际势必浮现这样的想法：耽误了这么久，多么遗憾呀！与此类似的第二个感觉便是希望搬掉拖延实现那些光辉前景的唯一绊脚石了。“要是老家伙让让道，该多好。”这种想法不仅是一种深藏在内心的欲望，而且甚至经常公开地溢于言表。

一般说来，德·斯塔埃尔先生是一位非常赞扬英国的人，他曾谈到在该国的舞台上把觊觎父兄的地产而盼他们死去作为滑稽剧的主题，这种情况不仅为观众所容忍，而且甚至受到鼓掌喝彩，但是在法国必定使最粗俗的观众都要作呕。他把这种道德情感的堕落归咎于我们现在考察中的原因。

情况。它在很大程度上有助于说明在长子继承制得到普遍承认的地方，父亲与长子之间易于引起隔阂的原因。这就是在实行地产留给长子的同时，经常辅之以限定继承权的制度。这一做法对于我们所说的情况造成了很大差别。我所要推荐的制度绝不许可包括限定财产的继承人，而倒是要给予父亲按其意愿不受约束地处置他土地的自由，只有在他未留下遗嘱而死去的情况下，地产才应传给长子，并对其弟妹承担适当的义务。在普遍实行长子继承制而在父亲方面又有随意处置权的地方，继承人懂得他必须小心行事，否则他可能与他的弟妹所得相等，或甚至完全被剥夺继承权。这是一个必能阻碍长子的一切无法无天行为的屏障。但是，在财产被限定由长子继承的地方，不管他的品行如何，他的父亲无权取消他的继承权。这样，他父亲方面的一切权力都被破除殆尽，从而搬掉了防止不孝的最有力的屏障。在限嗣继承制的许多弊端中，这不是最小的一个弊端。

在关于赞成或反对地产的均等继承这一问题上，这些便是我所想到的在道德与政治方面的主要论点。如果从经济上考虑，我们在前面已经不得不做出了一个不利于这种做法的结论。我想，我们必须承认，从政治上是否得策的观点来看，这一结论也理应得到支持，并且从道德上来反对它的意见也没有足够的分量来使这一结论无效。

在某些国家，人们极端嫌恶继承方面的不均等原则，这种情况可能并不是因为这一原则本身，而是因为人们把这一原则推向了极端。限嗣继承制的采用已经引起了这样一种情况，即为了使长子成为巨富而让他的弟妹处于赤贫的境地，并且使王国的所有土地都集中在极少数人的手中。我丝毫不想去捍卫对讨论中的这一原则的任何这样一种滥用。

古话说:“最好的事物的败坏是最不幸的事。”对我们目前所说的例子也是适用的。

我关心确立的是这一原则本身,而不是它的毫无节制的滥用。

罗马天主教的滥用在法国人的心目中造成了反对一切宗教的偏见。同样,在旧政权的统治下,把长子继承制推行得过了头,普遍造成了人们对这一制度的深恶痛绝。此外,由于该王国全境实行了各式各样的继承法,因而增加了实施它的困难。由于没有一种统一的占优势的制度,因此在某个省里,家庭中较年轻的子女看到他们的境况也许比邻省中的那些较年轻子女的境况要坏得多。关于把特权给予长子的这种财产制度,在某些地区只有给贵族的土地以这样的权利。在另一些地区,所有土地都是任意分配的,传给长子的土地也并不比保留给较年小的子女的那部分遗产更统一些。以习俗为唯一法律的地方,最无足轻重的妆奁被认为足可把一个女儿从遗产的所有份额中排除出去。在某些地区,这种妆奁必须由父亲赠与。在另一些地区,则要求由父母亲一起赐予嫁妆,或者在母亲活着的时候由父亲赠赐。还有一些地区,只要父亲、母亲、祖父或祖母中有任何一个人给予妆奁也就可以了。在诺曼底,除了在结婚的情况下,女儿不能要求取得她们父母亲的任何一部分遗产,也不能从她们的兄弟或子女那里获得遗产。按照安加、都伦和缅因的习俗,分到了一个玫瑰花环作为嫁妆的女儿再也不能要求更多的东西了。①

① 夏博德拉里埃先生在立法机关上所作的关于继承法的讲话。11 年芽月 26 日(1803 年 4 月 15 日)。

在一个从前盛行过这样一些习俗的国家里，现在人们以憎恨的心理来看待一切不均等是毫不奇怪的。但是，我们没有理由再回到旧政权统治下的法国而把长子继承制推向极端。我们本国，特别是王国的北部地区给我们提供了足够的实例，而且只有在北部才能看到永久性的限嗣继承制。在特定的情况下，没有东西能超过这样一种制度的冷酷后果了，当一个限定由男性家系继承的地产所有者刚巧死去的时候，如果只留下了女儿，他的财产也许就要传给一个远亲，而自幼过惯了一切富贵生活的前一个所有者的女儿，却立刻一无所有地被抛弃在世上。如果还是要保留限嗣继承制，那么也确实不应允许如此野蛮地剥夺女儿继承一所房子的权利。无论如何，如果没有兄弟，她们就应该住进来。在其他各方面，严格的苏格兰限嗣继承制近年来已多少有点放松，现在已允许目前的财产持有人可将 1/3 的地租作为寡妇的所得产而指定给他的遗孀，并将三年的全部地租作为遗赠给所有年小子女的份额。① 但是，不管长子继承制被推行得多么过头，我们都应该常常记住：仅仅因为在某些年代和某些国家中滥用了它而反对整个原则是完全不科学的，因而没有理由妨碍我们对讨论中的这一原则的认可，同时也确认应把这一原则限制在合理的范围内。

在我看来，上述一系列论点已导致并证实了一个结论，即在地产继承方面，平等的一般原则应成为一个例外。现在，我就强制性

---

①　这是有三个以上孩子的情况。如果只有一个孩子，只能留给他一年的地租。如果有两个孩子，则留给两年的地租。

分割的政策说几句话。

如果前面的论证已经足以证明土地平均分割制是不好的，甚至在出于家长的自愿时也是不好的，当然我们就应该反对用法律来阻止他们作出不同的安排。但是，强制分割的制度还有它自己特有的缺点，在这里略举其中的某些缺点也许并不是不恰当的吧。

首先，这一制度理应受到公正的反对，因为它非常不必要地干涉了家庭的私事。在一切场合，自由应当是一般的准则，而限制则应当是一种例外。所以，在大多数文明国家里，至少允许所有者有充分的自由来处置他们大部分财产被看成是一种有益的做法，而法律又明智地把他们视为应如何处置他们财产方面的最好法官。如果认为法律可以用一条不变的规定便能比当事人自己的决定更适用于多种多样的个别情况，那么这种想法一定是徒劳无益的。除非能举出有利于某一例外的某种很有力的实例，我们在这个问题上应该坚持自由的一般准则。因此，我们反对强制分割的第一个论点就是，它违反了一般准则。如果我们再进一步考察一下这一制度的后果，那么因干预父亲在处置他财产方面的权力而易于引起的弊端不能不使我们感到吃惊。当孩子们知道不管他们的行为如何都不能因此而影响他们在遗产方面的利益时，父亲的权威必然大为削弱。既然法律已经规定家庭的财产将统统在他们之间平分，那么在这种场合善良的动机就不能保证有良好的行为，金钱利益的前景也不会加强行为的检点。因此，如果父亲没有任何有效的手段来使他的儿子守规矩，儿子自然有可能蛮横地当面反抗他的父亲。

因此，对于家庭中的一切成员来说，强制分割的法律都有削弱

父亲权威的倾向，而与此相反的限嗣继承制则只是对于长子来说才有这种倾向。这还不是一切。一般说，我们目前讨论的这种制度对子女利益的损害并不亚于对家长权威的损害。姑且不去说，孝顺的和不孝顺的子女都不加区别地一律平等对待；也不去说，父亲无法把较大的一份遗产分给他孝顺的孩子以回报他的模范行为。光是整个家庭要受一个孩子的纷扰与毫无节制的挥霍之苦，也足以说明这一制度是何等的不公正了。在父亲生前，有个儿子把所能弄到手的一切乱花一空，父亲却不得不付清他拖欠的债务，结果减少了大家的遗产，而事后他却发现自己也像一直过着正常生活的兄妹们一样富有。由于前者挥霍无度，他分得的财产至少应该有所减少，但是在强制分割制下，这个负担却由无辜者与有罪者共同平均分担，而并不是由后者单独承担的。

强制分割的法律可以被认为是对父母亲的永远讥刺，它十分明显地把父母亲视为过于霸道、过于反复无常或过于重视他们的声誉，以致不能公平地对待他们所有的子女。但是这种看法是建立在什么样的人性经验的基础之上的呢？毫无疑问，确实是建立在非常狭隘的基础之上的，——我们发现它是建立在那些国家所发生的经验之上的，这些国家的法律并不是以建立平等作为一般的准则，以建立不平等作为例外，而是采取了完全相反的政策。在改变一国的道德情感方面，法律的效果真是太明显了，以致到了无可争辩的程度。在国家最高权力机关用法令来确定长子有一切权利而弟妹一无所有的地方，在很多情况下，受到政权机关支持的那种门第的骄傲必定会压倒父子之间天生的感情。但是，根据这样一种在人类天生的真正感情已被不公正的立法颠倒了的社会情况下的经验，来攻击通常情况下的父亲的公平，无疑是把结论建立在非常狭隘的基础之上的了。此外，在这样一种制度下，人们常常感受到的、特别是一家的女儿最常感受到的艰难，父亲是没有力量防止的。土地也许是由一个远房的被继承人遗赠给他的限嗣的，他本来很可能有办法供养他自己的较年小的孩子，而且我们也不能设想他非常关心那些尚未出世者们的利益，尽管他们可能是他的后裔。

永远保持门庭荣华的欲望，尽管也许不足以窒息心中对亲生子女的慈爱，却可以很容易地克服头脑中的一切迟疑和不安。但是要有效地防止由这一根源产生的一切弊端，禁止限嗣继承制，至少禁止那些永久性的限嗣继承制也就足够了。

在强制分割的法律已获得通过的国家里，例如在“大革命”期间的法国就是如此，其主要目的无疑是要消灭贵族，以及培植近似于普遍均等的财产制度。为了阐明我的论点，就算家庭成员之间平均分配各种财产是可取的，但仍然绝不能由此做出结论说：为了确保达到上述目的，侵犯留遗嘱的自由是必要的。

看来，通过这一法律本身就在很大程度上证明了它的无益。因为，如果在一个国家里人民的意见也像他们的代表所表达的那样赞成均等，那么还有什么必要来强制推行它呢？为什么不允许人民自由地表达这种意见和完全用不干涉个人自由意愿的办法来鼓励它呢？当用间接的办法能够达到同样的目的时，法律就绝不应该诉诸直接的强制。仅仅用法律规定，每一个没有留下遗嘱而死的人，他的全部财产应在他的子女间平均分配，便必可取得相同的一般结果，然而在特殊情况下仍需作出例外规定。这样一种法律要长期存在而不影响那些起初反对它的人的感情以利于它所支持的这种做法，是极其不可能的。此外，没有立下遗嘱而死的人数是非常多的。因此，即使承认土地的平均分割如同其他财产的平均分割一样，就像人们所希望的那样尽善尽美，强制的法律仍是完全不必要的，仅仅为了这一理由，它就应该被废弃。确实，这只是一个从反面来驳斥它的论点。但是，我们已在上面看到它还应该受到正面的有力反驳。

在不止一次地论及限嗣继承制问题之后，我将提出一些关于这一制度的看法来结束这一继承地产最优方式的研究。正如强制分割的法律是平等原则的极端运用一样，我们可以把这一制度看做是不平等原则的极端运用。它的主要弊端如下：

首先，从经济观点来看，我提出下述一点作为反对限嗣继承制的理由，即它妨碍所有者在他的地产上采取那些本来他会采取的改良措施。因为受到这种约束的土地所有者，既不能出售他的任何一部分领地来改良其余的土地，又不能为此或为其他目的而借钱。

在那些没有一大批拥有大量资本的农场主的国家中，人们觉察到这一不便具有特别严重的性质，因为这些农场主可以在很大程度上把他们的资本投放在土地上，而这些资金地主是无法取得的。这就是法国"大革命"前农业非常落后的一个主要原因。许多贵族的大地产有一半抛荒。分裂这些大片荒芜的地产所产生的变化是法国在革命战争中所显示出来的力量的主要源泉——这种力量部分地由物质的原因、部分地由道德的原因产生的。土地耕种面积的迅速扩大提供了做出这些非凡努力的手段，而新生的、人数众多的所有者在支持他们获得地产的事业中所得到的利益，则产生了拥护这种新秩序的有力动机。

如果说这种限嗣继承制的弊端在大不列颠尚未如此严重地为人们觉察的话，那么这是因为长期以来该国产生农场主的中产阶级人数不但多，而且他们的财富也相当殷实的缘故。此外，在英国，永久性的限嗣继承制一直是不允许的。

可以用来反对限嗣继承制的第二个异议是：对社会上大多数人来说，这种制度是非常不公正的，因为它对少数大家庭垄断土地是那样有利，而又那么无情地剥夺了其余一切人拥有一块地产所具有的和农村生活所带来的那种安全、独立和乐趣。至于人的天性偏爱这种生活方式，看来我们不需要引用比那些经常把土地分成小块来出售的国家中所发生的情况更好的明证了。

我在前面已经说过，在法国，为了拥有土地就得支付非常高的地价。并且还说过，一个人为了积蓄足够的钱来购买一小块土地，常常要苦干多年，他所支付的这笔钱是完全与地租不相称的。由于前面已详细说明过的理由，虽然小土地所有者发觉给这么大的地价要比仅可指望取得地租收入的小土地出租者稍微有利些，但如果不去设想他们对土地的偏爱是因为从土地的占有中可得到安全、独立和欢乐，我们就不能充分说明他们为什么如此渴求土地了。在每一个国家里，按支付地价的比例来说，从土地上取得的收入，事实上比从其他投资中所能取得的收入要少。

第三，限嗣继承制之所以受到强烈的反对，还有这样一个理由，即它可用来诈骗债权人，使债务人的家庭得以免除铺张浪费的法律后果，而把重轭套到不应承担责任的那些人的脖子上去。

在一个限嗣继承地产的所有者死去以后，不管他欠了多少债务立刻都被取消，继承人取得了他已被免除了一切债务的被继承人的财产所有权。对这样一种制度的不公正作详细的论述是完全没有必要的。但是某些人也许要说：人们为什么信任已经变得这么穷的土地所有者呢？他们不会不知道这种法律。如果他们提供了信用贷款，他们就要自己对危险负责，而且自己要注意到可能的后果。在回答这个问题时，我可以说：对于不给赊欠的商人来说，特别是对盛行限嗣继承制的国家中不愿赊销的商人来说，他们最好还是马上停业。因为，如果他们拒绝按大人物自己规定的偿债期来赊销货物，他们很可以确信，他们将完全不能卖东西给他们了。甚至因拒绝同某个贵族做交易，他们就不难看到他们自己被整个贵族所离弃，因为贵族和士绅之间彼此有一种同情心。如果他们坚决对所有贵族概不赊欠，那么一定会是什么样的后果呀！其后果必定是，他们的生意不可避免地衰落下去，而某个更能满足有财有势者愿望的竞争对手必将走运，生意日见兴隆。这种反诘的错误就在这一点上，即如果概不赊欠还没有普遍，就决不能这样做。而相反的做法即使避免了赊账方面的危险，也就必定会招致败落。再者，只要存在着没有受过多少损失而为了做到生意甘冒一切风险的贪婪商人，拒绝赊欠就根本不可能成为普遍的惯例。经验充分证实了这一论点。在一切通常的商业部门中，竞争是如此剧烈，以致尽管赊销给那样一些人可能招致危险，因为他们的继承人大概不会偿清他们的债务，但是除了对某些声名狼藉的人之外，发生拒绝赊账的事还是非常少见的。商业上受到排挤的恐惧

压倒了对不能偿付债款的担心。

上述这些反对意见都是根据社会的一般利益提出的。

下述意见是由于考虑到那些赞成限嗣继承制的家庭的特殊利益而提出的。但是，在已经谈到了某些这类弊端之后，再来详细叙述本题的这一部分就没有多大必要了。在严格实行限嗣继承制的地方，为了使一个人豪富，而对家庭中所有较年小的孩子，特别是对女儿的不公正，想必大家都是很清楚的。我说特别对女儿不公正，是因为即使儿子在没有任何财产来开始他们事业的情况下，由于他们长兄和身居高位的亲戚的资助也能在社会上发迹。但是出身贵族家庭的纤弱千金将会变成什么样子呢？她们自幼就在奢侈生活中养育成长，不习惯于任何一种匮乏，因而完全不适于用自己的努力来防止穷困（即使自尊使她们有可能用勤勉的工作来降低家庭的声望），在父亲故世之后，她们的遭遇是何等悲惨呀！那时她们就必须用富足、安逸和显贵来换取贫穷、依附和永久独身生活的前景了。

在旧政权统治下的法国，推行绝对纯粹的限嗣继承制使较年小的儿子和女儿在遗产中得不到多少或根本得不到任何份额。他们，尤其是后者，被推进了女修道院和寺院，作为防止穷困潦倒或羞辱家庭尊严的最好保证。在限嗣继承制并不这样严格以致不准给年小的家庭成员作出某种安排的地方，也许儿子没有很多理由来抱怨这种制度的。因为，在他们的事业中，这种制度给他们保证了很大的贵族权利的有利条件。如果没有这一制度，那么他们多半要置身于相当低微的地位。可是女儿的命运就严峻得多了。

但是，在限嗣继承制给个人带来的一切灾祸之中，无一可与在那种情况下女孩子所遭到的不幸相比的，这种情况就是父亲身后没有留下儿子因而须授予男性家系的产业也许落到一个远亲的手上，这时家中的女孩子必将立刻陷于贫困的境地。我在前面已谈到了这一点。像这样一种容许妇女的利益必须为一族的虚荣而牺牲的制度，是任何一个文明社会立法机关的耻辱。只要财产还保留在同一个家庭里，女儿在窘迫的时候总还会有兄长的保护。但是一旦财产落入另一个亲戚的手中，这些从来不知道穷愁为何物的孩子还有什么活路呢？

我们已经说过，限嗣继承制对家庭还有另一个弊端，即父亲对他长子的权威必将因此而大大削弱。当对长子的胡作非为失去了一切有效控制的时候，继承人受到限制的程度只能促使他热切地等待着，令人厌烦的期望让位给占有的光明这样一个时期的来临。[①] 另一方面，这种制度会十分有碍于父亲报答他其余孩子的、多半是女儿的孝顺。她们的关切和不知疲倦的照料，使他得到了安慰和延长了他的迟暮之年。如果他没有积蓄一笔动产，当他死的时候，可以肯定，他晚年的安慰者和依靠者将被抛进贫困的深渊。

如果在盛行限嗣继承制的每一个国家尚未充分感受到它的这些后果，那么这是因为人们还没有严格地按照它来做，或者因为其他原因而缓和了它的后果。因此，在英国，这种制度的固有后果并不像在法国或苏格兰那样明显可见，部分是因为那里的限嗣继承

① 从前，我听说一位限嗣继承财产的所有者把这一点作为将他的长子送到印度去的理由。他说：“一个继承人留在家里，除了希望他父亲死之外，就无事可做了。”

制不是永久性的，部分是因为英国的贵族更易于屈尊俯就，常常通过联姻的办法来充实他们空空的钱库，并且用平民钱箱中得来的款项分配给许多后裔。可是，在苏格兰并没有像旧时法国修道院那样的变通办法，大部分较年小的儿子长期以来一直依存于家庭的势力，并凭靠它来走向世界各地另谋出路，而女儿则常常留在家里永远过着独身生活。

另一方面，立法机关并不是用出售一部分财产的办法，而是用允许在财产上附加一定负担的办法，试图纠正限嗣继承制的某些弊病，在此之后，家庭中的长子开始感到伤疤上的疼痛。他继承了名义上有大量收入的大片地产，但实际上他也许还不能享有收入的一半。我们可以设想，他要用其余的一半来支付寡妇所得财产、弟妹们分得的财产和其他负担。[①] 他还得支撑这样一种人的声誉和排场，这种人的财产并不是用他实际上享有的数量而是用他名义上占有的财产，不是用他不得不花费的岁入而是用估算他的财产所能提供的岁入来衡量的。因此，他的各种开支经常超过他的收入，确实，这种处境决不是令人羡慕的，而只是永远促使他去借债。

自从苏格兰放宽了限嗣继承制的原则以来，这种地位的不幸是如此确凿，以致在该国的许许多多土地的实际所有者，他们自己最急于要取得至少出售他们一部分遗产的自由。

在回答这些反对限嗣继承制的许多意见方面，我所能听到的

① 在苏格兰，为了矫正缺点，现在加在限嗣继承遗产上的负担也许已达到了相当大的程度。

有利于这种制度的论点，其源概出于下述两种考虑：第一，出于对家庭利益的考虑；第二，出于对整个社会的某些假想利益的考虑。

据说限嗣继承制有助于家庭永久的尊严和福利，保存贵族免于衰落以维护政府的稳定。

在回答这些论点中的第一个论点时，我可以这样说，就算限嗣继承制对某些家庭的福利确有贡献，而不只是对每个家庭中的一个人的豪华有所帮助。根据上面的考察来看，至少可以说这种说法是很可疑的。这种说法用来作为支持这一制度的理由，仍然是极为不足的。如果根据目前详细阐明的论证来看，那么这一制度是不利于整个社会的，我们一刻也不能为了少数家庭的局部利益而去捍卫这一制度。这一制度的拥护者说：但限嗣继承制不仅仅对少数家庭有利，政府可借助于它所提供的力量来维持整个社会的秩序。对于这种说法，我可以老实奉告：对于这一目的来说，限嗣继承制是不必要的。在没有这种制度的情况下，承认长子的继承权利就完全足以维持为此目的而需要的财产积聚。因此，它自然使我提出对限嗣继承制的最后一个异议，这是一个政治性的异议：这种制度给贵族的权力过大，势必使“少数人”毫无控制地统治“多数人”所引起的一切弊端永久化。

第十一章　总结

现在，在结束了政治经济学中论述“财富的初次分配”这一重要部分之后，概括地观察一下以上提出的学说也许是有益的。

首先，我们已经知道：在生产活动中，存在着以这种或那种方式互相协作的四个阶级，从而他们在共同的成果中各自取得一个份额。这些阶级便是：劳动者、雇主、资本家和地主。其中的最后一个阶级，在许多场合，有时甚至在农业中都是无关紧要的。

很明显，劳动、资本和土地的生产率愈高，在这些取得全部产品的不同类别人员之间分配的产品数量就愈多。此外，在一定的生产率水平下，每个阶级所得份额的数量必定取决于分配的比例。一切阶级的所得取决于下述两个条件：1. 总产量；2. 总产量在各阶级之间分配的比例。

前一个条件取决于劳动、资本和土地的生产率发展程度，后一个条件则是由下述原因决定的。

如果我们就上述四个阶级在生产财富中所起作用来考虑，我们将发现可以把他们归并为两个类别。其中有一类人更多地使用头脑；而另一类人则更多地使用四体，或者使用外界的东西。我们可以把前者称为“劳心”阶级，后者则称为“劳力”阶级。这样看来，雇主的劳动主要是脑力劳动，正是他，才是制订生产规划的人。同时，他必须依靠另一些人用体力和工具来协助，因为只有通过这种协作，才能使他的生产计划付诸实施。就雇主的身份来说，他本质上既不是土地或资本的所有者，也不是用他双手来劳动的普通劳动者。他是一个支配着资本的有知识的人。一方面，他能够用他的知识来帮助增加人类舒适品的总量；而另一方面，财富的物质源泉的所有者，需要有一个能够把这些物质源泉转化为最大利益的指导头脑。于是，就产生了根本不同的两类人，他们彼此之间有了相互的需要。一个集团是由雇主单独构成的；而另一个集团则是由劳动者、资本家和土地所有者联合组成的。由于他们在身份和地位上的这种显著差别，引起了他们利益上的不同。第二类成员的目的是借出他们的劳动、资本或土地给那些愿意为使用它们而支付报酬的人，也就是说借给雇主。另一方面，雇主想要借用这些生产手段，以期在付清一切费用之后还有足够的剩余来补偿他们自己的操劳和所担的风险，那时，一类人希望借出这些手段，而另一类人希望借进它们。我们自然可以设想：前者渴望为其借出物收取尽可能多的报酬，而后者则要尽可能给得少些。

这两类对立的人员之间的竞争，决定了每一类人所取得的份额。并不是第二类中的所有三部分人协同一致地联合起来反对雇主，而是雇主与他们三部分对手中的各个部分之间分别进行斗争的。

根据上面所说的情况，我们便可推断：劳动者、资本家和地主所取得的数量总是易于弄清楚的，因为这一数额是载入契约的；而雇主实现的数额，由于不是事先确定的，所以一般说来要弄清楚是有困难的，而且必须通过间接的手段才能查明。因为，甚至连雇主本人也常常不能确切地知道他自己的收益。

我们说过，雇主绝不会为了使用他的才干而被迫到不得不要求使用某个所有者的土地。因为，如果是新殖民的国家，那么土地就不属于任何人，因而可以由先来的移民占有，或者可以用自己的资金或借来的资本购买。最后，还有商业和制造业的许多部门向他敞开大门。由此得出结论：即使在欧洲故国，土地所有者也没有能力把农业经营者的利润压低到大大低于其他行业中的通常利率之下，更不用说压低到耕种他们自己地产的农场主通常得到的利润率之下了。在社会发展的初期，有大片土地尚未开垦，土地所有者与雇主之间不可能存在竞争，因为后者随时可以取得前者的身份。只要这种状况继续存在，后者分得的份额必定完全取决于雇主一方与资本家和劳动者另一方之间的竞争，因为那时还不存在地主阶级，即收租者。因此，我们暂且可以不去讨论他们，而把我们的注意力完全集中在另外三个阶级上。

上面所提到的不同阶级之间的竞争表明了一个事实，即这种竞争是建立在每一类人希望为他自己取得尽可能多的总产量的一份这一简单原则的基础之上的。现在的问题是，什么原因限制着这种可能性呢？

第一，关于劳动者，我们已经知道：分配给他们的份额在总产量中所占的比例差不多是由提供的劳动量与基金量（即预定用来支付劳动基金的流动资本）之间的比例决定的。劳动量是由两个因素组成的：待雇的人数以及一天中一般用于劳动的时数和一年中一般用于劳动的日数。

可是，这一份额最终将取决于两个方面：一方面是用于生产生活必需品的劳动与资本的生产率水平；另一方面是气候条件决定的生活方式或舆论认为劳动者生存所必要的生活方式。这些最终原因中的前一个不仅影响劳动者收入的数量——实际工资；而且，正如在“毛利润”一章中所阐明的那样，还改变着分配给他的份额在总产量中的比例。可是，必须引起对这样一个论点的注意，即生产率的提高使实际工资增加，同时却有减少劳动者收入在总产量中所占比例的倾向。因此，前者也许在增长，而后者却保持不变或甚至比以前更小。

第二，资本家的份额是由下列原因决定的：

1. 提供的贷放资本与需要的借入资本之间的比例；

2. 取决于雇主预期在付清了全部生产成本之后所得到的称之为“毛利润”的余额的大小，因为这个余额是要在雇主与资本家之间进行分配的。很明显，如果这一原因丝毫不影响借贷资本的供求量，那么它也必定大大影响借款者的顽强程度，使他们倾向于或易或难地顺从贷款者的条件。在资本利息高的地方，资本的供给量就大。但是，我们现在正在考察的这个原因，也可能通过增加或减少借款者的数目或资本的需求量来间接地影响利息率。因为，在毛利润高的地方，就会诱使更多人用借贷资本来参加实业，而又使那些已经从事实业的人扩大他们的企业。反之，当利润下降的时候，就发生相反的影响。此外，我们知道，如果不是因为一方面政府和不以生产性使用为目的的个人时常借进大量货币资本，而另一方面则随着国家财富的增长，借贷资本的比例有不断增加的趋势，那么这一原因的单独影响就会显示出来。

由于利息，即资本家的收入依赖于毛利润率如此之大，我们就有必要懂得这种利息是由什么原因调节的。于是，我们用相当长的篇幅来阐明决定利息的两类原因：

1.用于生产生活必需品的劳动与资本的生产率高低以及固定资本的各种组成部分；2.实际工资率。

第三，雇主的份额，部分地取决于毛利润率，从而取决于调节毛利润率的原因；部分地取决于利息率，即净利润率，因而也取决于决定利息的原因。我们知道雇主是社会财富的实际分配者，其他阶级通过这种代理人从总产量中领取他们的份额。用货币来支付这些份额的制度一旦确立，雇主也就立刻把消费者所急需的所有各式各样的商品供给他们。

在地租产生以前，这些便是决定全部收益在劳动者、资本家和雇主之间分配比例的原因，而在地租产生之后，这些原因仍然起着作用。这时，唯一的区别仅在于：由于某些原产品的价格昂贵，某些土地的所有者能够要求，而且雇主，即农场主，也有能力给土地所有者支付总收益的一部分。因为，既然这些土地的产量仍然不变，而新的需求又不能像从前那样便利地得到满足，从而引起农产品的价格或价值的上升，所以雇主现在必然能够以从前一样高的比率来支付劳动者的工资和资本家的利息，尽管它们在总收益中所占的份额更小了。如果涨价的商品是工人阶级的一部分常用食品，那么就以这些商品而论，他们的份额无疑将与从前相同，因为他们必须消费的商品价值的上升对他们不可能有利。但是现在总产量中较小的一个部分通过交换将足可买到所有那些他们惯常取得的其他商品，不管是各种食品、服装和家具也罢，还是燃料也罢。因此，劳动者的份额尽管在整个总产量中的比例减少了，但是他们的境况仍将完全像从前一样。此外，我们也不能认为在资本家的利息方面会发生任何变化，因为利息额仍与从前相同，所以现在它构成了已经升值的总收益中的一个较小的比例。但是，既然这些阶级，即劳动者和资本家的份额都减少了，雇主即农业经营者就必将保留着总收益中的一个更大的部分，从而除了企业的通常利润之外，他将有一个余额。如果他继续耕种他自己的土地，他也许就不会用一个特殊的名称来把这一余额同他其他的收益区别开来。但是如果他将土地出租给别人，那么他将在地租的名义下坚决要求收取这一余额。这样在社会上便产生了一个新的阶级，这个阶级在不需操劳与不担风险的情况下，从他们土地上取得一笔收入，正像资本家靠他们资金的利息来生活而无需亲自监督一样。我们也知道：这种本质上构成地租的新收入，不管它以地租的名义付掉与否，要是不降低原先由其他阶级从总收益中所取得的比例是不可能产生的，虽然实际工资、利息率和雇主的通常利润绝不会因此而受到影响。如果不扣除这一部分收入，一种或所有各种收入实际上就会增加。

在价格上涨的时候，如果像先前一样分配，那么三部分人都能受益。但是由于他们不能长期不断地比他们在其他情况下与其他行业中的同伴得到更多收益，因此土地所有者能够把全部利益都弄到他自己手里，并且通过扣留一部分产品来干扰先前的分配比例。所以我们可以十分正确地断定：地租的产生是已往分配制度发生变化的**直接**原因，而价格的上涨则是一个较为**间接**的原因。

然而，地租只是在它存在的地方才能影响分配。看来，这是不必多说的。但是由于除了农业部门之外，其他产业部门都不提供这种收入，甚至由于还有许多土地也是免除了地租的，因此在所有这些场合，它的产生决不能影响总产量在劳动者、资本家和雇主之间分配的比例。

我们已经表明：如果没有劳动与资本耗费的相应增加，就不可能满足对某些产品的需求，这些产品价格的不断增加，在最肥沃或位置最好的土地上便开始产生地租。这种需求的不能满足只能由最肥沃或位置最有利的土地数量有限所造成的。那么，这便是产生地租的一个基本原因。但是，不论这一数量多么有限，如果最好的土地尚未普遍地据为己有，就无人同意因使用了一部分土地而支付地租。因此作为一种独立的收入来说，地租的存在不仅必须以地产的确立为前提，而且以所有最好的土地都已经被占有为先决条件。因此，产生地租的第二个基本原因便是，最好土地之普遍据为己有。

以为所有最好的土地都被耕种为其条件，那也不是绝对必要的。因为，倘若有些大土地所有者喜欢保留他们的一大部分林地以便享受狩猎的乐趣，或把他们领地的一部分用做花园和游乐场，那么甚至在一国所有最好的土地变为耕地之前，谷物等的价格可能上涨到足以在那些想利用他们的地产来谋利的所有者的土地上产生地租。我提出这一情况仅仅是为了表明：最好的土地之普遍据为己有，对导致这部分收入的产生是一个必要的条件，而它们之全部被耕作则并不是那么完全必要的。

在确定了地租产生的原因之后，第二个问题便是什么原因限制了它的上升呢？我们知道，由于还存在着在肥沃程度上或位置上比最初占有的土地较差的但尚能生产某些产品的其他土地，这就使地租的上升不至于超过某一点。这样取得的供给暂时阻止了价格的进一步上涨，从而制止了地租的上升。要是没有这些较差的土地，除非人口停滞或减少，否则就不可能限制原产品价格的上涨，从而也不可能限制地租的上升。[①] 但是，由于甚至肥力很低的土地也能生产一些东西，还由于它们也许及时得到了很大改善，更不用说从那些已耕种的土地上还能取得更多的收成了。因此，在很长时期内，国家不可能到达它的领土再也不能生产更多农产品的地步。只有到它的领土不能生产更多农产品的时候，而且也只有在那个时候，除了上述的那个原因能限制地租上升之外，它的上升才确实是不受限制的。

因为地租的产生是由于最好土地的数量有限的结果，所以过了某个时期之后，它的上升是由于第二等土地数量的有限，再过了一段时期之后，它的进一步增加是由于第三等土地的数量有限，如此等等。因此，每一等不同质量的土地限制着所有质量在它之上的土地的地租，同时由于每一等土地本身不是无限的，所以这些限制也必然是暂时的。

我们也已指出，地租的产生是土地上生长的某些产品价格上涨的结果。地租一旦产生，它又反过来成为其他原产品，例如牧草、牛和木材价格上涨的原因；并且由于这些东西的涨价，甚至使贫瘠和完全没有开垦的土地都可以给所有者提供一些地租。我认为我们也已证明：为了收取地租而把任何适于耕种的土地变为牧场或树林，这样的事所以可行，是这些土地提供了某些这一类的收

① 当然，这个论点是以国外的供给不在我们考虑的范围之内为条件的。

入，所以荒地是首先从这类产品上产生地租的。因此，在土地贫瘠地区的土地所有者，例如多山的苏格兰的地主，对牧草的兴趣大大超过了对谷物的兴趣。在气候寒冷地区的劣等土地上，早在谷物之前，牧草就提供地租了。

在结束这一问题之前，重复一下另一个见解也许不是毫无用处的。如果人的劳动只生产一种产品，或者如果人们还不知交换为何物，那么与分配有关的每一个阶级的状况就完全取决于他们所在行业中资本和劳动的生产率，同时还取决于总产量的分配比例。但是，发生了分工与采取了交换之后，那时，这些不同类别的人的境况好坏，取决于其他行业中的劳动与资本的生产率水平与取决于他们自己行业中的劳动与资本的生产率水平完全相同，甚至常常还要超过一些。因为我们知道，就最必需的商品来说，这类商品的生产率普遍地影响着分配，即使属于每个阶级的比例和数量没有受到其他产业部门状况的影响，它们的购买力也因此而受到重大的影响。如果任何一个行业的这种状况保持不变，分配的比例也没有发生变动，那么很明显在其他一切部门中的劳动和资本的生产率愈高，在该一行业中的劳动者、雇主、资本家和地主的份额将能使它们分别支配的几乎所有财富要素的总量就愈大。因此，每一个阶级对劳动生产率普遍提高的兴趣，丝毫不亚于靠牺牲其竞争对手来增加它自己在共同储备中的份额的兴趣。

第十二章　论国民收入

“收入”这个术语是在所有政治经济学著作中经常使用的、而在本文中也是常常出现的一个术语，因此明确了解它的意义成了头等重要的事情。同时，它是一个不能在本文一开头解释清楚的术语，因为要把它弄清楚，就需要彻底弄懂全部分配理论。

这一点具有很重要的意义，因为某些最优秀的作者曾非常含糊不清地使用收入一词，甚至与产业的年总产量相混淆。[①] 那么我们怎样把它与后者区别开来呢？

首先，我可以指出：由于收入本身通常被分为总收入和净收入，因此首先确定总收入是什么将是可取的。只要没有作相反的规定，那么总收入总该是好理解的。收入可定义为：一国年总产量中，实际用于直接满足其居民在该年度中的物质需要的那个部分，在这样使用了这部分产品之后，丝毫没有减少国民财富的源泉。正因为它直接满足了人们的需要，所以它如果帮助了生产的话，那也只是间接的。

首先，地主的地租，资本家的净利润即利息和雇主的企业利润

① 施托尔希先生大概是其中之一。在他出色的《政治经济学教程》中，他就犯了这个错误。他说：“总之，一个国家的收入就是它的年产量”等等。第三卷第十四章。

都属于收入。关于所有这些都是毫无疑问的。非常明显，不管被分为这些不同部分的这部分年总产量是什么东西，所有这一部分东西不是实际上被它的各个所有者消费的话，就至少是完全用来满足人的各种自然欲望而并非为了将来的生产，但同时丝毫没有妨碍原先存在的社会财富的源泉。一年中所生产的全部用做地租或毛利润的东西，也许被这些收入的占有者用他们认为适合的方式消费掉，而丝毫不会有损于社会的土地、劳动或资本的数量和质量。至此，问题已经清楚了。

但是我们要对工资说一些什么呢？它们也是一部分国民收入吗？

如果我们假定工资不是像通常一样由雇主垫付的，而是直到产品完成时才支付的，那么目前的情况就不会像前面那种情况那样令人捉摸不定了。很明显，劳动者得到了一部分制成品作为他的劳动报酬之后，他也许把这些实物直接消费掉，或者为了同一个目的把它交换成其他生活必需品来满足他本人和他家庭的需要，而丝毫没有侵占社会财富的源泉。土地、资本和劳动都一点也没有因此而受到损害或减少。当然，土地是完全不成问题的。至于资本，我们应该记得，在本文开头所作的考察中指出：当我们把资本作为一种与劳动连结在一起的国民财富源泉来说的时候，我们的意思只能是指固定资本，也就是除了称之为流动资本的垫付工资之外，通常包括在这一更为一般的术语之下的一切东西。

这是一个十分重要的区别。

只有资本才是国民财富的直接源泉，即直接力量，它包括所有先前列举过的那些组成部分，例如农业家的种子和制造业者的原材料，各种劳动工具和用于生产目的的建筑物，用于生产或做其他用途的牛，以及为了改良土地和为了更新和修理上述一切东西而聚集的财物，相对于作为工资来垫付的流动资本来说，所有这一切都叫做固定资本。我们之所以非常恰当地把它命名为固定资本，并非完全由于它更为耐久，而是因为当其在生产中使用时，它一直保留在其所有者的手里，或者至少一直保留在利用它的人的手上。而另一种资本为了能够为其占有者利用，必须完全离开他本人而成为别人的财产。当前者被使用的时候，它直接导致生产，但在此期间，实际上对谁都没有好处。后者只是间接地有助于财富的创造，尽管它按其被消费的比例满足了劳动人口的一切物质需要。[①]因此，全部流动资本被他们用做他们的日常必需品，而丝毫无损于国民财富的源泉。恰恰相反，只有这样，才能维持劳动者的体力，而他们的人数也不致减少，因而也间接地提供了社会财富的源泉。

现在，如果我们以最初假设的情况来说，即直到产品制成以后才给劳动者支付报酬，而且他们以实物形式来领取整个产品中属于他们的份额，很明显，这样就根本不需要流动资本。仅仅这一点就足以表明这种资本不是生产中的直接力量，甚至对生产也不是必不可少的。但是，如我所说，它仅仅是因人民群众的极度贫困而给予他们的一种必要的方便。[②]

下面的情况将使这个论点变得更加清楚。我们假设有两个地区，其中之一由于土地被少数人占有，因此出租后便成了相当大的

---

① 一种资本是直接生产性的，但并不直接满足人们对物质方面的需要；而另一种资本则直接满足了人们物质方面的需要，但不是直接生产性的。

② 请参阅第二章“生产”。

农场，并且用租佃农场主雇佣的劳动者来耕作；而另一个地区的土地则分散在许多很小的所有者手上，他们每个人只需要他自己的家庭成员的帮助就能充分利用他的小地产。很明显，在第一种情况下，如果以通常的方法来支付工资的话，农场主为了给他的计日工支付工资就必须有流动资本。但是在第二种情况下，根本不需要有同样的一笔基金，不可能有这种需要，因为每个所有者的土地都不超过在他自己家庭成员的帮助下便可恰当地利用的范围，从而不需要雇佣劳动力来帮助他耕种。由于他和他的家庭成员不从别人那里领取报酬，因此他们当然必须依靠他们自己的物资来生活，也就是靠以前生产出来的东西来生活，直到他们目前的生产完成为止。维持现有的劳动量所必需的一切东西，就是劳动者的物质需要得到充分满足所需要的东西，而且我们的确不可能有任何理由认为，当他们自己就是他们发放薪饷的出纳员而在一年中依靠他们在上年中生产的东西来生活时，为什么财富的创造不能像他们在必须依靠富有的资本家给他们的垫付基金来维持生活的情况下一样顺利地持续下去。这里提出的这种情况并不是仅仅为了说明上述论点而想象出来的、尽管是可能的但毕竟是虚构的例子，而是在许多国家中事实上存在着的情况。欧洲许多地区，许多土地在小所有者手里，这些土地竟如此之小，以致在耕种他们的小地产时除了他们自己的家庭成员之外，不需要任何帮助。法国、萨瓦、瑞士和比利时，地位如此低微的土地所有者多的是。

由此可见，是到生产结束之后才支付实物工资呢（这是观察这个问题的最简单的方法，也是彻底弄清劳动者和他们的雇主之间买卖关系的最简单的方法），还是从称之为流动资本的基金中逐渐垫

付工资，实际上并没有什么区别。在任何一种方式下，工资都是被直接用来满足人们的物质需要，而丝毫不减少国民财富的源泉。因为，如果它们有助于生产，那么只是通过它们给劳动阶级提供的那个给养本身来间接地实现的。因此，工资完全符合上面我给收入所规定的含义，从而它应该与地租和毛利润一起划归在这一名称之下。

综上所述，便可得出如下结论：如果我们沿用通常的分类方法把全部社会财富或仅仅是它的年再生产量分为资本和收入，那么我们应该注意这里所讲的资本仅仅是指固定资本。因为，正如我们刚才看到的一样，所谓流动资本实际上就是劳动者的收入，事实上它可以被认为是在共同的劳动成果中以另一种形式垫付给他们的份额。因此，一国的总财富，或者仅仅是它的年总产量，均可分为固定资本和收入。

我们由此发现，收入之不同于年总产量，仅仅在于它不包括所有用来维持固定资本的那些物品，从而解决了我们一开始就提出的问题。除此之外的一切东西，都可以在一年中用于满足人民的直接需要而消费掉，也丝毫不会侵占国家繁荣的各种源泉。

根据现在所说的一切，我们明确地规定了资本（即固定资本）与收入之间的区别。前者是由所有那些直接生产性的物品所组成的，但只是间接地满足人们在物质方面的需要；后者是由直接满足人们的物质需要的物品组成的，而且如果是生产性的话，也只是间接的。

在明确了总产量与收入（它只是前者的一部分）之间的区别之后，还需弄清后者本身是否可以像通常所做的那样再分为总收入和净收入。如果可以的话，那么它们之间在哪一点上存在着真正的区别呢？我们已经知道，收入是用来满足人们的物质需要的。为了使生产可以继续下去，人就得生活。由此可见，某一部分收入对未来财富的发展是不可缺少的。那么，到目前为止，收入虽然不是生产中的直接力量，但对生产的延续间接上仍然是必要的。

现在的问题是，为了使目前的财富源泉不致减少，以及国家的繁荣不致因此而衰落，必须创造多少收入呢？我们可以把这种收入称为“必要收入”。[①]

为了使这个问题得出一个结论，让我们考查一下组成这一收入的各个部分。

首先，就地主的地租来说，我们可以毫不犹豫地断言，它并不构成任何一部分必要收入。其理由是，为了保证土地的耕作，土地提供地租绝不是必要的。在支付了全部费用之后，如果它能带来足够的利润，这就足够了。有各种方法可把这类土地利用起来。首先，土地所有者可用他自己的或借来的资本耕种土地，资本所得的通常收益，在没有任何作为地租的余额的情况下将是一个不使土地闲置不用的十分足够的诱因。其次，所有者也可把土地交给管家管理，让他领取固定工资作为他在管理农场中操劳的报酬。[②]在这种情况下，资本当然也是由所有者提供的。当然，在乡绅拥有大地产的国家中，常常采用后一种经营方式，因为他们把领地的大部分出租给租佃者的同时，宁愿把更为靠近他们住宅的土地置于自己的控制之下。但是，根据他们的生活习惯，他们非常不宜于担

① 这一用语是从施托尔希先生那里借来的。

② 这种人在英国叫做地主代理人或地产管理人，在苏格兰则称为农场管理者。

任农场经营者的职务。由于土地是他们自己的，为了恰当地把农业方面的事务管理起来，他们不得不把这方面的工作主要委托给某个有经验的人。必须指出，不论土地所有者用这些方式中的哪一种方式来耕种他的地产，虽然他的土地不仅没有提供可严格地称之为地租的收入，而且即使它提供的收入小于通常的毛利润率，但他一定还是有利可图的。既然手中有了土地，假如它会产生比资本的净利润即利息多一些的收入，那么把土地利用起来，对他来说必将是有利的。如果它提供的收益一点也不多于利息，那么倒不如靠着把这笔资本贷给别人所得的收入来生活为好。但是，如果它能产生更多的收益，那么尽管这一余额很少，但也足可诱使他去亲自把土地利用起来。第三，土地可能连同其他地面一起出租给佃户，当租佃农场主支付完全从好地上得来的地租时，他将发现，如果质量差的土地很可能产生合理的利润，那么耕作这种土地对他还是有利的。这是一种经常发生的情况，并且引起了地租是由肥沃程度很低的土地支付的这样一种错误想法。因出租了整个土地而收到一定数额地租的土地所有者，也许很自然地断定他是从所有出租地上得到收入的。其实，他的收入可能只应该归功于一小部分土地。在另一方面，为了利用他的资本，农场主就必须有一定数量的地面，并且只有在搭配一定数量质量更差的土地以便任其改善和耕种的条件下，才同意为好地支付很高的地租。甚至佃户也会发现，把他的资本用在土地上是有利可图的，虽然这种资本并不能提供通常的毛利润率，但既然从事了农业，他就不可能监督该一资本在其他产业部门中的使用情况了，因而必将乐于从使用在农业上的资本中获得仅略高于其利息的收入。当然，在租期长的情况下尤其是这样。从所有这些情况来看，我们可以得出一个结论：对于土地的耕作来说，地租决不是必要的，不论支付地租与否，土地仍将利用来生产。因此，地租不可能构成我称之为"必要"收入的一个部分。

然而，资本和企业的毛利润却与此不同。如果资本得不到利润，那么雇主就不可能把它使用于生产，而资本的所有者也必定不得不用它来满足他们的物质需要。因此无论从选择的可能性还是从它的必然性来看，资本必将白白地被消费掉。由此可见，除非劳动能够单独进行生产，为了使生产得以继续，某种毛利润是绝对必要的。甚至在利润非常低的情况下，也将诱使资本家移居国外，或至少用他们的资金购买外国的证券，更不必去说那些因年收益的微薄可能导致非生产性地花去他们资本的人了。因此，为了防止国民资本的减少，绝不能使毛利润下降到一定的利润率以下。我们当然不可能说清这个比率是什么。按照保证外商投资的便利和人民的节俭或不节俭。这个比率在不同的国家和同一国家的不同时期是不同的。只要看到这一点就足够了，即在任何地方，在一定时期内，毛利润不能下降到低于某一点，否则就会危及国民财富的主要源泉之一。为了避免这种灾难不管需要什么样的最低利润率，它总是构成上述定义中所说的社会"必要"收入的一部分。

就资本的净利润来说，情况看来是不同的。虽然毛利润将下降到如此之低，以致它既不能满足靠借入资本来生产的雇主的需要，又不能满足贷出它的所有者的要求。因为，前者发现他不值得为了这样微薄的报酬而去承担风险和麻烦，而后者则不能单靠利息来生活，但绝不意味着资本一定被白白浪费掉。唯一的区别仅在于，资本家将不得不亲自使用他们自己的资金来经营管理，因而有固定债券利息收入的阶级也必将不复存在。但是就国民财富来说，这是完全无关紧要的事情。只要该国的资本被生产性地使用了，那么不管由资本所有者本人还是由那些为了相同目的而借入资本的人去使用，都是无关紧要的。唯一的差别仅在于，在不依靠亲自管理而能从资本中得到收入的时候，毛利润便可分为净利润和企业利润，因而可能成为不同个人的财产。反之，根据相反的假设，由于这两种收入总是与同一个人联系在一起的，因而它们将是难于区分的。

由此可见，资本能给它的所有者提供一种从它的使用者的收入中分离出来的收入，对于维持社会财富来说，看来并不是必要的。可是，我们必须牢记：资本的所有者监督他自己的资金使用变得愈加需要，他把财产转移到其他有更高利息可使他过闲居生活的国家的引诱力就愈大。如果毛利润下降到不多于毗邻国家中所能获得的利息，那么这种大量转移资金的引诱力很可能成为不可抗拒的。由此可见，虽然毛利润率被提高到能够给所有者和使用者提供各自独立的收入似乎并不是同样必不可少的，但是从另一方面看，一定的毛利润率对于维持国民资本不致减少看来还是必要的，因而它也是社会必要收入的一部分。

只有一种收入尚待我们去考察，这就是工资收入。正如资本家要有收入一样，劳动者也要有收入。如果资本家赚不到利润，他就既不可能有任何用他的资金来进行生产的动机，也不可能有长期这样做的能力。同样，如果劳动者的辛苦一无所获，他就不可能想去劳动，也不可能获得维持他体力，甚至维持其生存所需的物质资料。虽然资金不能增殖，但资本家可以靠它来暂时维持他自己的生活。然而，如果劳动者一无所获，他必然很快死亡。因此，某种数量的工资对维持这一原始的财富源泉是最为绝对必要的。做这种用途的收入即使足以维持现存的劳动者，那也是不够的，它还必须使他们能够把许多健壮的孩子抚养成人，才能充分维持人口的实际力量。如果工资收入达不到这种水平，那么劳动的数量必然越来越下降，必然使社会财富的主要源泉之一衰竭。

为此目的所需要的工资量，不可能比为了防止国民资本的减少所必需的利润率说得更确切些。特别是由于以下两个原因而使工资有极大的差别。这些原因是1.气候条件，2.舆论的状况。

不管生理学家用什么理由来说明这个事实，生活在寒冷地区的人总比在气候温暖的国家中生活的人所需要的食物要多得多，看来这是无可置疑的。甚至在英国与意大利南部之间在这方面的差别看来也是很大的。我毫不怀疑，苏塞克斯的乡下佬和伦敦运货马车的车夫所消费的食物量，在俭朴的、惯于靠一点冷冻食品和通心面来生活的那不勒斯人看来一定是非常大的。难怪罗斯船长告诉我们，惯常在每天毫不困难地吃二十磅鱼、海豹或鲑肉的爱斯基摩人，正如他所看到的一样，既不比用一餐简单的大麦饭来满足这一本能上需要的、精神饱满的阿拉伯人更为健壮，也不比后者更为活跃。[①] 据说，甚至加拿大的船工每天也要吃8磅或10磅肉。德国的北方人早就以他们所能狼吞虎咽的食物数量而驰名于世，而且我敢说，他们没有一个人习惯于更节俭一些的生活，只要亲眼

① 请参阅罗斯船长的《到极地的第二次航行》。

一见这种人的一顿正餐，无不为人胃的惊人容量而大开眼界的。如果我们现在来看一看印度和其他热带地区，那么其差别之悬殊该是多么令人惊奇呀！

根据以上和许多其他相同的事实来看，我们便可非常清楚地确定，与气候温和地区的居民相比，气候寒冷国家的土著居民消费的食物更多，从而也可能需要更多的食品。除此之外，他们还有许多另一种迫切的需要，例如燃料、衣服和温暖的住宅方面的需要，但如果前者也感到有这方面的需要，那也只是很少的。在温暖的气候中生活的人常常在露天活动，对他们来说，住宅和住宅的设备并不那么重要，而对一年中大部分时间呼吸着寒冷而潮湿的空气的人来说，它们是最为重要的了。在英国的天空底下，要完全进入古罗马诗人所认为的那种真正幸福的境界，不是一件容易的事情。

“在柔软草地上逍遥，
在流水之边，在大树的绿荫底下行乐养息身体，
而所费不多。”[①]

其次，虽然社会的看法不能改变事物的性质，也不能赋予对生存并非完全必需的东西以绝对的必要性，但由于什么是必需的这样一种信念给人们的影响还是像现实一样大，因此在目前这种场合，它们之间就没有多少差别了。如果劳动者认为某些舒适品是不可缺少的，他们就会下决心去取得它们，一般说来，如果决心十足，他们就肯定会成功。但是为了达到这一目的，他们必须毫不迟疑地去承受牺牲，因为牺牲是他们胜利的必要条件。在这种情况

① 卢克莱修《物性论》第二卷。

下，道德上的约束是一定要付出的代价。如果他们认为目前的工资收入还没有达到他们舒适生活所必要的水平，他们必然克制自己，不去结婚。这样，劳动人口暂时会下降，直到工资率因而上升到足以使他们能够支配那些他们认为不可缺少的物品时为止。

由此可见，无论是从实际需要还是从主观的看法来说，为了防止劳动量的减少和国民财富的发展受到它主要源泉之一的阻碍，一定的工资率是必要的。但是，就像在多数问题上的看法容易发生变化一样，在不同的国家里，人们对这个问题的看法也有很大差别。在某些国家，如果人民群众尚未占有高级生活消费品中很大的一个份额，那么他们是不会满足的；而在另一些国家，如爱尔兰，如果仅仅有一小块可维持家庭生活的马铃薯地和一间可以容纳幸福的小两口子的土屋，就可毫不迟疑地举行婚礼了。

所以我们应该满意地说：虽然世界各地工资的标准远不是相同的，但每个国家都有一个标准，工资不能降低到这一标准之下，否则就会引起人数的减少，生产中使用的劳动量也将随着减少。

在分析了"收入"之后，现在我们发现，在收入的各个组成部分中，一定的毛利润率和一定的工资率对维持国民财富使它不致减少是必要的，而地租和净利润对这一目的来说则不是必要的。由此可见，根据上面所给定义，只有前两种收入才构成"必要"收入。为了方便起见，我们可以把这一目的所要求的比率（正如我们所知，它在不同时期和不同国家有很大差别）称为"必要"利润和"必要"工资，[①]如果我们清楚地懂得它们并不一定总是能实现的，因

① 这些用语均引自施托尔希先生的著作。

为就工资来说，我们已经在前面驳斥了这方面的错误见解。[①] 但是直截了当地说，如果它们不能实现，那么社会财富不能不下降。如果我们现在从总收入中减去必要收入的数量，其剩余部分便构成了社会的“净”收入。所以，社会的净收入包括土地的全部地租和资本的全部净利，还可能包括一部分企业利润和劳动工资。因为如果企业利润本身超过了我所说的必要利润，也就是说，如果按目前的利润率它超过了足以确保在生产中使用的资本不致减少，那么该剩余部分将构成一部分净收入。同样，如果劳动者所领取的工资超过了维持其现存的人数和人力，其超过部分也应归入同一个类别。

因此，这些便是社会净收入的组成部分。无论它们存在于什么地方，它们总是包括全部地租和资本的全部净利，也可能包括一部分企业利润和一部分劳动工资。

然而，为了阐明不同阶级占有的全部净收入的总额，在这里有必要注意到一种可能有的情况：就这些阶级分别而论，确实属于该项收入的总额仍然不一定给整个国民净收入提供精确的估计。因此，如果我们假设一个国家劳动者的报酬是如此之低，以致不仅剥夺了他们在社会净收入中的全部份额，而且甚至于使他们不能充分维持他们自己和他们后代的生活。为了对该国的实际净收入有一个正确的估计，就必须从社会地位更高的那些阶级所占有的收入量中扣除至少等于劳动者必要工资量中的不足部分。如果把这一部分减去之后，前者仍留下某种净收入，那么从全国来看，仅仅

① 参阅“论工资”一章。

这一余额应该包括在净收入项下。因为，如果地主、资本家和雇主非生产性地花费掉也许完全被看成是他们的全部"净"收入，那么，毫无疑问，社会财富就会减少。但是这一用语所具有的基本意思则是，这一部分年收入如果被生产性地使用，则一定会增加国民财富；如果不是这样，至少也不会减少国民财富。由此看来，很明显，在这样一种情况下，不同阶级的全部净收入不能准确地代表该国的净收入。

上述例子证明，不同阶级的净收入总额不一定是该社会的净收入总额的真正尺度。但是，还有另一些原因，它们有时使个人的净收入成为国民净收入的一个极其不合理的尺度。交换一产生，对个人甚至对阶级来说，商品的价值完全变得像商品的数量一样重要。任何商品价格的突然下跌，可能成为许多人破产的根源，而它却增加了别人的财产。如果价格暴跌，我们所说的这种商品的购买者也许会发现，他们自己的净收入的增加是以牺牲生产者的必要收入，甚至有可能是以牺牲他们的资本为代价的。① 如果一批人的收入特别高只是因为另一批人的收入非常低，或者简直一无所有，那么在这样的情况下，个人的净收入便提供了对社会净收入的一种不恰当的估计。因此，为了确定确切的社会净收入，我们必须从前者的收入中减去至少相当于应留给后者的必要收入所要求的数额。同样，任何商品价格的猛涨，如果它与生产成本的增加无关，那么一批人净收入的增加是以牺牲他人的收入为代价的，虽

① 如果价格大跌，与这种商品生产有关的一切阶级，无论是地主、资本家、雇主，还是劳动者的收入都可能受到损失。

然一般说来，由于这些人可以适当地减少对有关商品的消费，所以这种情况对任何人的财产来说，不像发生相反情况——价格突然暴跌时具有那么大的破坏性。因此，许多人的必要收入因此而受到损失的话，那也不至于经常受到重大的侵占。

一切垄断的倾向则完全与此相同。它们的作用在于持久地把某种消费品的价格提高到超过自由竞争足可保证其不断供给的那种价格，从而把社会上其余人相应的一部分收入转移到少数受惠者的钱柜中去。虽然起码可以说，垄断决不能增加一国的财富，因为垄断给一个人的东西是从另一个人那里拿来的，但如果垄断实际上没有侵占任何一个阶级的必要收入，那么由此得来的利润还是应当被认为是社会净收入的一部分。如果取消一切限制，那么，从整体来看，这部分净收入当然还是完全一样大的，而且很可能更要大得多，但这不是目前所要讨论的问题。我们仅仅想知道，假定存在着垄断的话，那么它们所获得的超额利润是否可归入该国的一部分净收入。我们知道，这要取决于它们侵占该社会中其余人收入的程度。如果它们控制很严以致严重地侵占了其他阶级的必要收入，为此就必须把这一侵占部分从它们超额利润中扣除出来，否则全部超额利润将属于国民净收入。

由此可见，净收入仅仅是年总产量中国民财富所能增长的部分，正如我们所知，因为所有余下的部分仅能维持国民财富达到它目前的数量所必需的。由于同样的理由，它是唯一可以听其所有者随意花费，而不致减少普遍繁荣的那部分年收入。我们已经阐明了净收入与总收入之间的区别，并且揭示了它的各个组成部分，关于这一问题没有什么需要再说的了。

可是在结束本章之前，注意到由上面提出的那些原理所产生的某些影响也许是适当的。

首先，很明显，根据净收入的定义来看，这种净收入是政府可以从中随意抽取行政管理所需的税收，而不致侵占现有国民财富的源泉的唯一基金。如果这些税负侵吞了社会的净收入，毫无疑问必将严重地阻碍财富的进一步增长，但如果它们不超出这一限度，就不会因此引起绝对的衰退。然而，当这种基金已不再能满足国家日益增加的迫切需要时，势必侵占必要收入和资本，从而严重地危及社会的繁荣。

由此可以推断，对财政部说来，唯有社会的净收入才具有重大意义。因为一个国家之所以为其邻国所畏惧并在世界政治舞台享有显赫的地位，是完全与其政府所能支配的收入成正比的，至少可以说财富就是力量。所以我们必须肯定：对外关系中的尊严地位完全取决于整个社会所拥有的净收入数量。在其他国家的心目中，一国的重要程度并不取决于它的总产量，而是取决于它的净产量，而净产量不过是净收入的不同说法罢了。[①]

因此非常可能发生这样的情况，有两个国家，一国在幅员、人口及总产量方面都超过另一国，然而在政治力量和重要性方面则不如对方。如果后者的净产量大于前者，情况就会是这样。那么，比较小的总产量怎么会提供更大的净收入呢？这将由两国各自利

① 正如我们在前面已看到的那样，总产量与总收入不同，因为它不仅包括总收入，而且还包括更多的东西，但是净产量与净收入则是完全相同的。

用各种生产资源的智慧与技术来决定。其中一国取消了一切垄断和限制，积累在个人手中的大量资本使他们能够采用很细的劳动分工、购置最昂贵的机器以及用其他各种方法，大大促进了农业、工业和运输业中的生产；由于免除了过境税，与此同时，建成了极好的公路、许多运河和铁路使该国各地之间的商业往来变得非常便利和经济，由于该国政府的明智，各邦都宣布了自由贸易，所有这一切措施使财富的源泉更富有成效，从而增加了净收入，结果它在总产量中所占的比例，与处于相反条件下的国家相比必定高得多。如果后者的领土和人口在数量上都要大很多，尽管它的总产量也可能更大些，但是前者不仅净收入与总收入之比而且甚至净收入的绝对量都可能更要大得多。因为，如果生产劳动处在许多不利条件之下，那么社会净收入确实可以缩减到非常小。

为了证明这一论点，我也许要提及我们在研究地租原理时所提出的论点。在那里，我们看到：没有一种农业制度像每个人经营他自己的小地产，特别是像用铁锹和钉耙来代替犁耙的很小的土地所有者的耕作制度那样，对增加土地的总产量更为适合的了。我们知道，其原因就在于其他耕作制度都不能在土地上花费那样多的劳动量。可是，由于这种劳动仅借助于极简陋的工具，谈不到使用一切昂贵的农业机械，其结果必然是，与花费的劳动相比，其收入毕竟只能是极少的。因此用这种方式耕作的国家，尽管它的领土也许很辽阔，人口也很多，但它的净收入一定是小的。那么，根据上述原理来看，它在政治上的重要性一定比这些条件似乎可以保证的要小。

由此看来，政权的稳固和抵御外敌入侵时一定程度的安全均属于净收入大的可喜结果。这还不是全部。由于它是一切储蓄得以形成和新资本得以积累的唯一资金来源，因此它的数量愈大，这种储蓄的能力就愈大，国民财富的增加也就愈快，所以一个拥有足够净产量的国家也不可能长期没有用种种方法取得的大的总产量。我之所以说用种种方法取得者，是因为那些有利于社会净收入的变化可能常常不仅暂时而且甚至持久地降低某些生产部门的产量。

这样看来，拥有大量资本的农场主所采用的最先进的耕作制度，不可能从土地上生产出像每个人耕种他自己一小块土地的小所有者所能获得的数量一样多。可是从前一种经营方式中取得的大量净收入有利于资本的增加并必将导致制造业和商业的增长，从而完全可能最终生产出比另一种耕作制度在相同时间内所能获得的总产量更多的总产量。确实，这一产量中的产品品种至少在最初将是各式各样的，它将包括更多制造的财富和较少农业的财富。但由于前者的大部分将运往国外交换谷物、原材料等等，因此到商业完成它的工作时，也就是当生产全部完成时，该国的两种财富之间所存在的差别比最初设想的要小。

因此，凡是有利于增加净收入的一切因素，归根到底也必然会导致农业和制造业总产量的增加，尽管大部分农产品也许不是本国生产的。

可是，企图否认某些阶级，例如雇主—资本家和大地主，为了增加净收入而不惜牺牲一切的倾向所带来的极为严重的恶果，是枉费心机的。为了提高地租或利润而采取的一切改变，例如流动资本之转化为固定资本，至少在一段时期内无不降低年产量和减少整个社会使用的劳动量，从而损害了工人阶级。农业中发生的这种变化则具有使一部分现存的农业人口过剩的特有趋势，从而使他们的人数由于贫困而变得稀少。在某些情况下这种现象是长期的，在另一些场合则可能是永久的。所以许许多多人被迫迁居城市并一心想在其他生产部门中找个职业。如果在不同的制度下，那么他们在农村中本来是可以找到工作的。姑且不说他们与完全改变职业相联系的痛苦，我们也有充分的理由可以确信，以牺牲农业人口为代价而使工业人口增加到超出了一定的限度，决不是我们所希望的。道德上的、政治上的以及经济上的种种弊端，看来是同工业人口的过分增加分不开的。

除了所有这一切之外，农业制度的某些改变，在它们确实大大减少土地总产量的同时，甚至并不一定增加土地净收入的总额。把谷物地变为牧草地就是这种改变之一。因为通过这样一种改变提高了地租，而从土地上取得的全部净收入却并不一定因此而增加。这是由于，如果增加了前一种收入，那么现在能够用来投放在农业上的资本就要比以前少，实现的利润量也必将减少。因此，地租和利润一起组成的总量不仅不比过去多，甚至可能比过去少。有人一定要说：像这样从农业中游离出来的资本，总会找到另外的投资场所。我并不想否定这一点。但我们还得承认，这种资本至少丧失了一种有利的使用场所，而且从整体来看可能也是对人民的幸福最为有利的使用场所。此外，还有一部分资本是与土壤那样地混合在一起，以致无法把它同土地分开；而其余的资本则在从一个生产部门转移到另一生产部门的过程中所经历的那种形态上的变化，使它在价值上很可能蒙受相当大的损失。可是，如果这种资本属于农场主而不属于地主,那么在租期届满时,采用新制度可能对后者是有利的。在这种情况下,无论造成什么样的损失,都不可能使地主受到影响。总之,如果现在可以用比以前更少的资本来经营农业,那么不仅农业劳动者阶级,而且还有农业资本家都因这种改变而受到损失。相同的资金早先只能满足一块中等大小土地的各种需要,而现在必将可用来装备一个土地面积大得多的农场。因此,农场的数目必将减少,而现有的一部分承租人也将完全失去职业。①

因此,谷物地之变为干草地或者牧草地,必将具有牺牲农村人口而使城市人口激增的特有趋势。因为,在这种情况下,不仅农业劳动者而且资本连同它的所有者必将被迫从农村流入城市。这种后果也必将是持久的。

有一切理由可以认为上述的变化在整个大不列颠将日甚一日地继续发展下去。从国外运进粮食是件容易的事情,而从国外运进干草、鲜肉和鲜奶,即使不是不可能,也是相当困难和昂贵的。因此,随着社会的发展,牧草地必然逐步代替谷物地。在地租一章中,我们已经知道,在大不列颠,如此普遍的大地产所有制非常有利于这种改变,从而促进了土地上使用的人数的减少和城市人口的增加。

① 就农业制度来说,地主与租地者之间在利益上的这种区别,在苏格兰的一些地区如此地为人们所熟知,以致经常在租契上载入一项条款以防止租佃者翻耕的土地超过规定的部分。现在我重又想起了一个鲜明而恰当的实例,我很熟悉的一个地产承租人,他过去常常想法规避这一协议,终于偷偷地集中了他所能找到的一切马匹和犁,在夜幕降临时开始动手,而在天亮之前已翻耕了在他支配范围内的每一寸草地了。

工业人口消费的肉食品大大超过农业人口的消费量。他们很容易顺从的这种变化，非但不能使他们像人们所希望的那样节俭起来，却反而促使他们浪费和奢侈。在工资收入有保证的时候，由于他们不知道这种收入能维持多久，储蓄似乎不太值得，他们决心至少在眼前要享受一下。此外，非常艰苦的劳动和劳动中令人厌倦的单调乏味，就使得作一些补充和调剂更为必要。人的生活不能没有一点欢乐，日常的生活条件越是艰辛劳累，他就越是时时感到需要有某种破例的兴奋。紧张的劳动和无所作为导致相同的结果。纵欲一方面可消除厌倦；另一方面可暂时恢复耗尽的体力，减轻生活上的劳累和单调乏味。[①]

因此，在工业城市中，工人酗酒的讨厌景象时有所见。只要他们的工资许可，他们常常纵情享受昂贵的饮食。由于这些奢侈生活习惯的盛行，在城市中劳动人民所消费的肉类远比农村为多。此外，农村中的劳动者不能正好在他们需要的时候，那么容易地得到他们想要得到的少量肉类。如果农民自己是土地所有者或者是小佃农，毫无疑问，他们总是尽可能靠他们小农场上的产品来维持生活，而这种产品由于前面已提到的那些原因，主要是植物类产

① 科利尔一家过着一种人们所能设想的最艰苦和最难忍受的生活，大部分时间都是在地下的污浊空气和脏水中度过的。可是，他们非常不注意节约。虽然他们的工资并不低，但要是说他们也曾积蓄过的话，那也确实是难得的。在有钱的时候，他们生活奢侈并且恣意挥霍。我访问过一些棉纺厂，那里最好的纺纱工每月赚 10 镑，一个家庭每年通常可赚到 150 镑。但是，工人的不注意节约竟达到了这样的一种地步，以致他们中随便哪个人，如果刚好在发工资前的周末收到信件，就不得不向雇主借六便士邮费；每当工厂因大修或其他原因而停工时，他们就到处乞讨。在苦干和享乐方面：法国人都比英国人较有节制。

品。

因而，工业人口的增长确实造成了对鲜肉的更大的需求，从而更有利于把谷物地变成牧草地，更不必说制造业主迅速增长的财产以及由此出现的中产阶级人数和财富的增加，使各种农产品，尤其是使干草和鲜肉的消费量都有了极大的增加。如前所述，干草和鲜肉的价格往往比粮价上涨得快得多，从而大大促进了相同的改变。

根据这一切，我们可以推断出什么样的实际结论呢？概括地说，就是下面这些：像大不列颠这样一个国家，有利于工业人口而不利于农业人口增长的趋势是那样地强烈，因此立法机关的政策就不应该再进一步促进这种趋势。毫无疑问，要是没有地产的极端集中，它们两者之间的不平衡状态一定比目前要小得多。现在人们从工业人口过度增长中所感受到的无论经济上的还是政治上的弊病都是非常严重的。工业人口愈多，为国外市场制造商品所雇用的人数在这一阶级中所占的比例就愈大，从而他们的生活来源必须部分地依靠这些商品在国外的销路，部分地依靠从遥远的海外不断进口食物来解决。我们姑且对进口食物一事不如评述，只要指出，即使我们同意这样的假设，即如果有支付进口食物的收入来源就不可能有供给缺乏的危险，但是这些收入来源还是易于为各种意外事件所中断。战争、关税壁垒、尤其是工业国的竞争以及现在进口这些商品的地区制造业的发展，所有这一切都促使国外市场比国内市场具有更为不稳定的趋向。而时尚的变化则非常容易引起对制造品需求的波动，甚至在本国国内也是如此。把上述那些不稳定的原因与时尚的变化加在一起来考虑，我们对那些

主要为别国生产的工业部门所面临的极大的不稳定，就会有某种足够的估计了。

马尔萨斯先生曾说过，不能认为卡罗来纳生产的棉花运往利物浦，再以它的成品向美国出口是一种自然而持久的状态，因为美国为自己制造的时期一定会到来。同样的看法也可适用于其他国家。非常明显，除非大不列颠有某些特别有利的自然条件，否则就不可能有任何理由去设想它将永远以比有关国家生产的商品更为低廉的价格，把制造品供给世界上的大部分地区，更没有资格去设想没有其他人能够和它竞争，并以同样低廉的价格供给邻近的或者相隔很远的国家。如上所述，除非大不列颠在制造业发展方面拥有某些无可匹敌的、天然的有利条件，那么这种说法至少是正确的。大量廉价的煤也许是它在世界各国唯一著称的自然资源。至于卓越的劳动分工和机器的巨大改进，虽然它们如此有助于降低商品的价格，但所有这一切都可能为外国所采用。的确，自上次战争结束以来，法国和其他欧洲大陆国家所作出的迅速进展足可证明这一论点是正确的。特别是法国，20 年来所有棉织品的价格均已大大下降。此外，欧洲大陆尚待发现的煤矿也是可以弄清楚的。有充分理由可以确信，在许多至今尚未开发的地区都有煤，而只需利用资本把它开采出来就是了。在比利时和法国的南部，甚至现在就已获得了大量的煤。在北美，煤已得到了利用，并且据说蕴藏丰富。许多地区也可充分利用水力并已取得显著的经济效益，鲁昂的大部分制造厂就是使用这种动力的。

以事物的永久性为基础，而与战争和保护关税立法等难于避免的不测事件相联系的这些情况，足以证明建立在专为国外生产

的庞大制造业基础之上的那种社会繁荣是很不稳定的。当挫折确实像它们一定会出现的那样来临的时候，由此引起的苦难将是难以估计的。成千上万的人，也许千百万人几乎都有可能被解雇，被剥夺生存的权利，或听凭他们依靠同胞的赈济过着朝不虑夕的生活。这是令人不寒而栗的人类不幸的顶点。从政治观点来看，这种灾难也并不稍小。在不大的区域内聚集着大量人口，从而为狡诈的家伙迫使他们无休止地劳动准备了条件，他们也最易于为变化无常的命运所摆布。无休止的沉重劳动使他们永远不能受到认真的教育，这种状况，对任何一个政府，特别是对民众政府来说，只能是一个持久性的危险根源。在这样一种社会状态下，共和政体的形式显然是不可能的，因为只有强大的常备军，才能保证社会的安宁。拥有一切能支持政府的手段——强大的君主制度、贵族和军队，基础稳固而强大的英国已经不止一次地在获悉工业区暴动的消息时吓得发抖。那么在同样的紧要关头较为软弱的统治必将变成个什么样子呢？两年来，我们难道没有见到仅仅法国的一个城市，即一个织工的城市，几乎成了政府的敌手而且能将对抗延续到超过一星期之久吗？这个政府不也是由基督教世界中最大的军队之一防卫着的吗？对此类事件的恐惧必定促使上层和中层阶级为了维持社会秩序而放弃某些防止专制势力的措施，在我们自己的国家里就已经发生了这方面的一些实例。

这些话都指出了由于工业人口畸形发展所引起的一些弊病。我根据这种情况以及前面谈到过的情况得出的推断是：像大不列颠这样的国家，部分地由于地产的过分集中，部分地由于社会的自发发展，与农业人口相比，工业人口的增加有着这样强烈的趋势，

正如我们所知，甚至这种增加是以减少农业人口为代价的，因此无论如何不去鼓励这一不可避免的趋势就成了政府的职责。

确实，如果为了抑制这种进程，现在倡议制订一个限制粮食或其他植物类食品进口的制度，那么我必定很难同意这样一种措施。但是，在这些规章制度已存在了相当长时间，以致许多人的状况已有赖于它们的继续存在的时候，那么这种情况就又当别论了。取消这种限制一定会使一部分农业人口失业并扩充工业城市中的人数。假如被取消的限制确实重要，至少一定会产生这种后果，要避免这一进退维谷的困境是不可能的。如果废除谷物法不能大大降低面包的价格（像某些人要我们相信的那样），十分明显，这些法规至少就是无害的。如果这种后果不是因废除了这些法规所引起的，那么是否准许它们继续被塞在法律全书里，对国家来说则是无关紧要的。全部好事仅限于扫除了一个无用的法律，如此而已。只为了这么一点微不足道的利益似乎不值得如此大吵大嚷。那么，废除谷物法的狂热鼓吹者大概一贯认为这件事将使面包的价格发生很大差别，如此等等，但是如果不抛弃以前种植谷物的大片薄地，从而也决不会使这些土地上耕种的人口过剩，这种情况就不可能发生。所以如果我们也像很多人一样，认为谷物法仅仅对地主有利，而只有他们才对它的保留感到兴趣，那么这种看法是非常错误的。谷物法的废除给劳动者带来的影响比其他任何一个阶级都要大，因为他们最不能忍受收入的任何减少。无疑，对这个问题的一般回答总归是：他可以到随便什么地方去找工作嘛。但他们要到哪里去呢？由于刚才所示的理由，在农业方面，他们不可能有什么机会找到工作的，所以他们得跑到大城市去，而且要尽力使那

些原先掌犁的手去适应操作织机或珍尼纺纱机。这些过剩劳动力在此期间所遭受的苦难程度是无需详述的。最后，农业人口与工业人口之间的这种不平衡必定还要进一步扩大，这绝不是人们所希望看到的后果。这还不是全部。我现在正在考察的这种变化，必然非常严重地压迫着那些已把资本用于改良不付租金的劣等地上的租佃者和小土地所有者。由于这些土地被认为从来没有提供过别种收入，所以粮价的大幅度下跌而不致严重地侵占这种资本的利润是绝对不可能的。因此，如果没有严重地侵占上述资本的利润，那么粮食价格就不可能发生相当大的下跌。同时，由于已与土地混合成一体的资本不可能从土地中抽出来，因而租佃者或小土地所有者无法逃避他们的损失。他们如果不愿完全放弃这种资本，那么，尽管处在明显的不利地位，他们还得用新的投资来继续耕种这种土地。

但是，如果我们不再坚持这一论点，我们就假定由于该小农场主发现靠经营农业已无法维持生活，因而他就急于取得而且也能够得到他的资本，并把它转移到别的部门去。现在，姑且不去详细论述由于构成这种资本的所有物品的价格下跌可能蒙受的损失。谷物便是这种资本的一个主要组成部分，而价格的下跌部分是由同他处境相似的人销售额的增加，部分是由废除一切进口限制所引起的。他的情况究竟会怎样呢？无疑，他也要成为制造业者。这种转变即使可能的话，对一个在蓝天下长大的、自动只习惯于务农的人来说，也是一种痛苦的变化。他成功的机会也必然是大可怀疑的。至少在很长的一段时间内，他的境况是不可能非常令人羡慕的。他大概有点像诗人沃兹沃思笔下的农失蒂斯伯里·瓦尔，当他来到伦敦时，还是按照他从小就养成的老习惯，主要忙着观看街道上空飘过的浮云，而他最爱去的地方则是“铁匠铺”和“草料市场”。

耕种自己地产的小土地所有者一定在更大程度上感受到与租佃者同样的灾难，因为不仅他们的利润而且他们的地租都要因此而减少。虽然在英国，这一阶级的人数也许并不很多，但是在作一般性的论证时，就应该把他们考虑在内。谷物价格的下跌或迟或早终将引起货币工资的下降，但是许多小土地所有者即使可以从中获得利益的话，那也不可能是很多的，因为他们除了自己家庭成员的劳动之外，如果还曾雇用过劳动的话，那也只是很少的。

在这里写一篇关于谷物法的论文，当然不是我的目的。我只是想说明，完全废除一个国家早已习惯的谷物进口的各种限制所引起的弊病，一定会超过这样一种措施的鼓吹者看来一般都会承认的限度。这种做法，不只是影响富有的地主，而且将非常严重地损害农业劳动者、租佃者和小土地所有者这样一些重要阶级的利益。我们也已看到，要是投入土地的资本不被大量毁弃，也未招致从一种行业转变为另一种行业的过程中更加无法避免的损失，那么上述情况是不可能发生的。总之，所有这些不利因素大大减少了从取消谷物贸易限制中预期能够获得的利益。虽然过了若干时间之后，人们也许已不再感受到这种损失，国民财富也可能增长到超过在贸易限制制度下所能达到的数额，但是，在我看来，这种好处究竟在多大程度上应当被视为足以促使立法机关去造成近在眼前的这样大的一场灾难，还是大可怀疑的。特别是在考虑到上述利益必须以牺牲农业人口而使工业人口进一步增加为代价来换取的时候，立法机关是否会采纳这种做法尤其值得怀疑。因为根据我们的推断，工业人口已经如此之多，以致它不仅成为个人受苦的一个经常性的根源，而且成了一个危及“国家”的原因。

如果能拟订出这样一种方案，它在保持目前谷物的平均价格的同时，将不致给国家带来在这种生活必需品的价值普遍大大超过其他国家的情况下往往要发生的那些带有破坏性的不稳定因素，那么继续维持这样一种制度也许是有利的。毫无疑问，这可能要给予输出品以相当于进口税的补助金，以便万一谷物发生过剩时农场主可利用出口谷物来免除损失。然而，这样做就得拿出相当大的一部分税款，国家也许不会很愿意这样做。作为这种办法的替代，英国目前的谷物法看来已收到了良好的效果。自从它颁布以来，粮食价格总的说来是稳定的，大体上比前些年低。

如果对谷物进口的任何限制现在才第一次被提出的话，那么使我去反对它们的同样一些理由，也会促使我去竭力抵制业已存在的谷物关税的任何增加，看来，这是无需多说的。这里，一般原理又成为适用的了。如果说我们走回头路是一种不大明智的方针，那么我们至少也不能在同一条道路上前进得更远。这样一种企图，除了与政治经济学的一切正确观念相对立之外，还不能不激起社会各个阶级之间的互相对立，并把社会冲突的火种撒遍全国。

图书在版编目(CIP)数据

论财富的分配/(英)乔治·拉姆塞著;李任初译.—北京:商务印书馆,2017
(汉译世界学术名著丛书:120年纪念版:珍藏本)
ISBN 978-7-100-14089-8

Ⅰ.①论… Ⅱ.①乔… ②李… Ⅲ.①庸俗分配论 Ⅳ.①F036

中国版本图书馆CIP数据核字(2017)第137966号

汉译世界学术名著丛书
(120年纪念版·珍藏本)
论财富的分配
〔英〕乔治·拉姆塞 著
李任初 译
张友仁 校

商 务 印 书 馆 出 版
(北京王府井大街36号 邮政编码100710)
商 务 印 书 馆 发 行
南京爱德印刷有限公司印刷
ISBN 978-7-100-14089-8

2017年12月第1版　　开本710×1000 1/16
2017年12月第1次印刷　　印张22¼
定价:105.00元